LES AVENTURES

DE

Mlle MARIETTE

CONTES DE PRINTEMPS

PAR CHAMPFLEURY

DEUXIÈME ÉDITION

PARIS

LIBRAIRIE DE L. HACHETTE ET Cie

RUE PIERRE-SARRAZIN, N° 14

1856

PRIX : 1 FRANC

LES AVENTURES

DE

Mlle MARIETTE

TYPOGRAPHIE DE CH. LAHURE
Imprimeur du Sénat et de la Cour de Cassation
rue de Vaugirard, 9

LES AVENTURES

DE

Mlle MARIETTE

CONTES DE PRINTEMPS

PAR CHAMPFLEURY

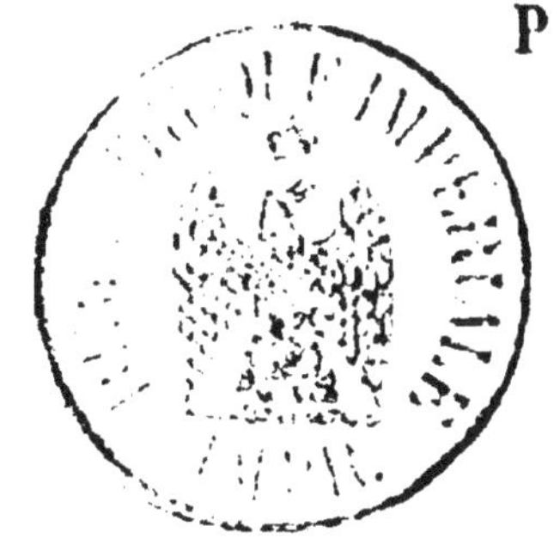

DEUXIÈME ÉDITION

PARIS

LIBRAIRIE DE L. HACHETTE ET Cie

RUE PIERRE-SARRAZIN, N° 14

1856

Si le présent volume était rempli de gens comme il faut, habillés avec des pourpoints de riches couleurs et galonnés de mille rubans et de mille broderies d'or et d'argent ; si les personnages avaient la tête couverte de toques au-dessus desquelles se balancent d'élégantes plumes aux mille brins délicats ; si leur conversation était tout à fait choisie et empruntée aux auteurs du grand siècle ; s'ils se faisaient mille compliments flatteurs et si des paroles d'amour sortaient de leur bouche sous une forme galante ; s'ils faisaient danser des mots dans le bal de leur imagination, on pourrait le critiquer ; mais la rougeur nous vient au front après avoir terminé la lecture de ce volume, dont nous ne parlerons pas.

Il est temps que des œuvres *distinguées*, de *bon goût*, viennent faire trêve à ces misérables productions d'un *réalisme* effréné que rien n'arrête.

« Je viens de la campagne, disait le peintre Boucher, et j'ai trouvé la nature *crue.* »

L'aimable et galant peintre parlait sensément. La nature a besoin d'être arrangée ; elle est maladroite dans ses combinaisons : elle offre des saules pourris, des bossus et des misérables qui ont à peine une blouse pour se couvrir.

Pourquoi perdre son temps à peindre les sentiments d'une classe sans portée et sans éducation, plongée dans la matière jusqu'au cou, et répugnante à considérer?

M. Thiers avait raison quand il s'écriait, en 1827, que l'aspect d'une chaumière misérable, avec une mare devant et quelques canards pataugeant dans la boue, ne pouvait émouvoir comme la vue de la colonnade du Louvre. Choisissons nos sujets dans un ordre de choses élevé, et nous saurons plaire à une plus grande classe de lecteurs.

Qu'importent ces amours de bas étage, que tout le monde a éprouvées? L'art n'a-t-il pas une mission plus élevée?

Racine, quoiqu'il pût avoir étudié l'amour à des origines peut-être sans grandeur, ne se contenta point de peindre des seigneurs et des princesses : il transporta le théâtre de ses amours dans l'antiquité.

Raphaël, qui aima la Fornarina, a su la noyer avec ses pinceaux dans une harmonie éclatante et en faire une figure presque angélique.

L'art est là, et il faut l'hébétement orgueilleux des Hollandais pour oser mettre en parallèle la *Vache* de Paul Potter avec la *Transfiguration* du divin Sanzio.

La peinture des mœurs contemporaines n'a rien d'intéressant : ne les voyons-nous pas nous envelopper de toutes parts? Comment veut-on que je m'intéresse à la représentation d'un facteur de la poste aux lettres, quand il vient tous les matins m'apporter mon journal? à un garçon épicier qui me pèse mon sucre? à un bourgeois tel que j'en rencontre tous les jours sur les boulevards?

Le prosaïsme de la vie moderne soulève le cœur; et vous croyez que je vais m'intéresser à des livres aussi prosaïques que la vie même!

On pardonne à Walter Scott d'avoir mis en scène des petites gens, parce que le grand romancier nous peint le peuple des siècles passés. Ses bourgeois, ses marchands, ne sont pas habillés comme ceux d'aujourd'hui, et on admire la vérité de leur langage dans la bouche d'hommes d'une autre époque.

Il existe assez de chroniques en France pour les dramatiser, les mettre en action, en tirer des *romans historiques*, c'est-à-dire prendre de grandes figures de la politique, les entourer de personnes de basse extraction et les faire agir de manière à produire un heureux artifice auquel s'intéressera toujours le public.

Mais la vie moderne n'est pas instructive. Est-il rien de plus facile que d'observer des individus qui se promènent devant vous, de les écouter causer, de reproduire leurs conversations comme par la sténographie? Il ne manquerait plus que de donner en tête leur portrait au daguerréotype!

Instruire en amusant, moraliser en instruisant, tel doit être le but d'un grand peintre de passions.

C'est avec de telles tentatives, souvent répétées, qu'on corrompt le public, qui ne se plaît plus aux grandes choses. Aussi, l'épopée est impossible aujourd'hui, l'épopée est morte.

Quand, autrefois, un poëte passait des années à écrire un poëme de dix mille vers, qu'il châtiait son langage, qu'il épurait sa pensée, qu'il rejetait dix mots avant d'avoir trouvé le mot noble, qu'il ne se contentait pas d'un vers heureux, mais qu'il lui fallait une tournure particulière, chacun lui en tenait compte; aujourd'hui il ne trouverait pas dix lecteurs qui lui sauraient gré de son temps et de ses efforts. La bourgeoisie, le peuple, à qui les révolutions ont donné une importance sans égale, se contentent de lire la représentation de leurs mœurs.

Aussi la noblesse n'achète-t-elle plus de romans : elle laisse ces productions éphémères dans les mains de ses couturières et de ses blanchisseuses. Que la noblesse continue à ne pas permettre que le roman franchisse le cordon sanitaire prudemment élevé contre la littérature; un jour viendra peut-être où de nobles esprits, les Saint-Victor, les Polmartin, les Faucoucourt, les Gontier-Margo, qui ont conservé en eux les saines doctrines de l'art, livreront au public des œuvres caressées avec amour.

Chaque jour voit paraître ces plats romans, écrits par des esprits grossiers, sans tact, qui se plaisent à peindre les passions en y apportant tout ce que la vie offre de petit et de misérable. Voyez l'intérêt que nous inspire Mlle Mariette et son *amant* Gérard (car le mot *amant* est écrit en toutes lettres). Encore, s'il s'agissait d'une duchesse, on pourrait pardonner à l'auteur. Il règne dans la haute classe de la société un certain quant à soi, des façons de s'exprimer qui font que la passion la plus échevelée s'enveloppe d'un manteau couvert de broderies.

Le réalisme tire la vérité du puits, la montre nue et sans aucuns voiles. Il serait bon que le gouvernement s'occupât de mettre un terme à ces productions insensées qui partent de volontés arrêtées, qui ont un corps de doctrines, dit-on, et qui se montrent menaçantes parce qu'elles se sentent appuyées par des lecteurs sans instruction.

On ne redoute pas de pareilles œuvres : on les laisse passer, le mieux est de n'en pas parler; mais nous ne saurions trop gémir sur une littérature qui prend tous les jours de nouvelles forces et se fait un jeu de tuer le beau langage en France (1).

(1) Cet article, écrit par un critique âgé de cinquante-sept ans à peine, a tellement frappé l'auteur, qu'il a cru devoir le réimprimer en tête de son livre.

A MISS G——E.

Quand paraîtra ce roman, qui a été écrit pour vous, miss, peut-être ne vous inquiéterez-vous plus de son succès. Peut-être moi-même voudrais-je en changer la dédicace, imitant ces écrivains qui envoient à un prince leur livre avec de nombreux témoignages d'admiration; mais le prince n'ouvre pas sa boîte à décorations : l'auteur, mécontent, déchire sa première dédicace et l'envoie à un second souverain, dans l'espoir de le trouver plus gracieux.

Quoi qu'il arrive, miss, cette dédicace restera dans vingt ans telle qu'elle a été écrite en 1851. Chaque ligne est de l'histoire, et je ne veux pas mentir à l'histoire. D'ailleurs, une autre ne trouverait peut-être pas d'intérêt dans ces peintures d'un monde particulier, qui n'avait pas encore trouvé de biographe sincère.

Je n'ignore pas les cris que fera pousser ce livre : on voudra déshabiller les gens, disserter si leur cœur bat plus ou moins fort, ou chercher si des lois autobiographiques n'ont pas présidé à l'enfantement de ce roman, de même qu'à l'Opéra on serait heureux de soulever le loup derrière lequel brillent vos grands yeux noirs. Laissez aller les méchants propos; assis à ma table, j'écoute en riant toutes ces paroles inutiles qui ne trouveront jamais la véritable clef de ce roman intime : une seule, celle qui aime, découvre un morceau de portrait dans ces mille portraits fondus en un seul. Un seul, celui qui a aimé, croira que j'ai connu sa Mariette; car tout homme a eu une Mariette.

« Que m'importe qu'on me qualifie mal ou bien, si vous recouvrez de fraîches couleurs ce que j'ai de mauvais, et reconnaissez ce que j'ai de bon? » dit Shakspeare.

Paris, janvier 1851.

LES AVENTURES DE MADEMOISELLE MARIETTE.

I.

Le bal d'étudiants.

Gérard demeurait avec son ami Valentin ; tous deux vivaient en bonne intelligence et demandaient seulement aux arts quelque distraction à leur pauvreté. Tout d'un coup Gérard se sentit pris de dégoût pour la peinture, la poésie et la musique ; il lui semblait ne manger que des gâteaux à ses repas. Valentin, qui comprenait la situation d'esprit de son ami, lui dit un jour :

« Viens aux champs, nous avons encore le moyen de dîner à la campagne.

— Ah! la campagne! s'écria Gérard, j'aime la campagne, mais quand je la regarde avec une femme. Ce qui me tue, Valentin, c'est que j'aime et que je n'aime pas. Dans ce moment-ci j'aimerais la première femme venue : mon pauvre cœur est sec comme de l'amadou ; c'est mon cœur qui est ennuyé et qui se meurt de rester sans travailler. J'ai peur qu'il ne se rouille.... Que je voudrais aimer!... As-tu remarqué comme la nièce de notre restaurateur change ? elle pâlit, ses yeux se creusent ; jamais je n'ai vu une petite femme si distinguée ; voilà la femme qu'il me faudrait. N'est-ce pas pénible de penser qu'une si aimable personne se fane au milieu des odeurs de la cuisine? Elle abîme ses jolies mains à toucher les poêlons, elle les brûle au feu; ce serait un bel acte que de retirer cette jeune fille de là.

— Qui la nourrirait? demanda Valentin.

— Moi.

— Avec quoi?

— C'est vrai, dit Gérard, avec quoi?

— Tu sais qu'il faut aussi des robes.

— Ah! oui, des robes, dit tristement Gérard.

— Des chapeaux! s'écria Valentin.

— Il faut des chapeaux.

— Et des bottines; rien n'est plus coûteux que les bottines; les femmes usent beaucoup de bottines.

— Je n'avais pas pensé à tout cela, dit Gérard. J'ai aimé un peu dans mon pays une petite ouvrière, et je la promenais beaucoup le soir. C'étaient les gens très-riches et d'un certain âge qui menaient leurs maîtresses au spectacle. Nous donnions une petite bague à celle que nous aimions, et nous ne pensions guère à les habiller. Cependant je le comprends; et je ferai en sorte de trouver de l'argent pour acheter une robe, un chapeau et des bottines.

— Mais je ne te vois jamais parler à la petite nièce du cuisinier, dit Valentin.

— Dame, elle ne me parle pas non plus: quand elle m'apporte un plat, elle se sauve. Il y a trop de peintres dans cet endroit; elle leur monte à déjeuner chez eux tous les matins; certainement quelqu'un dans le nombre lui fait la cour.

— Qu'importe?

— Et si elle se moquait de moi? non, non, je trouve cette petite demoiselle fort aimable, mais je ne lui dirai pas un mot.

— Écoute, dit Valentin, j'ai rendez-vous aujourd'hui avec Mariette, que j'ai beaucoup aimée dans le temps et qui m'aimait aussi; je crois qu'il lui revient une sorte de caprice qui la tient depuis hier; je vais la trouver au restaurant : veux-tu que je te présente? Elle doit avoir une amie, connaître quelque femme qui soupire comme toi après l'inconnu. Qui sait? »

Les deux amis s'habillèrent pour aller au restaurant de la rue Sainte-Marguerite. C'était un endroit où les peintres, les architectes des ateliers voisins, venaient prendre des repas économiques. Sans se rendre compte du motif qui le poussait, Gérard avait déployé des manchettes extravagantes, dont il n'usait qu'aux grands jours de cérémonie.

Ces manchettes consistaient à tirer la chemise beaucoup plus bas qu'il n'était dans l'ordre et à la laisser pendre par l'ouverture des manches de l'habit. De longs cheveux plats et roides, une cravate blanche, un habit à larges basques et à grandes poches sur le côté, représentaient la suprême toilette de Gérard, qui entra ainsi vêtu dans le restaurant, avec la persuasion intime qu'il était très-bien habillé. Il ne se doutait pas des critiques et des rires sournois des habitués qui encombraient l'établissement.

Gérard et Valentin ne fréquentaient pas les peintres; ils avaient l'habitude de s'attabler au fond de la boutique, dans une seconde pièce noire et enfumée qui donnait sur la cuisine, ce qui permettait de causer avec l'hôtesse, de s'en faire bien venir, par là d'attraper quelques morceaux moins durs. Mlle Mariette était déjà arrivée; Gérard fit une grimace en entrant : telle était sa manière de se donner un maintien vis-à-vis des personnes qu'il voyait pour la première fois.

Le dîner ne fut pas long : généralement il se composait de bœuf bouilli, de veau, de pruneaux et d'eau fraîche. Rien ne fut changé pour saluer l'arrivée de Mlle Mariette, qui ne parut pas mécontente de ce repas léger. A la faveur d'une si modeste dépense, il était permis d'aller le soir prendre du café et lire des journaux dans un café du quartier de l'Odéon. Mlle Mariette suivit les deux amis et parut assez froide aux avances de son ancien ami Valentin; en entrant elle prit un journal et se mit à le regarder de près avec la plus grande attention, ce qui valut un grand coup de coude à Gérard, qui se pencha vers Valentin.

« Elle ne sait pas lire, dit celui-ci.

— Quel journal tenez-vous là, mademoiselle? dit Gérard, qui, placé en face d'elle, affectait de ne pas en savoir le titre.

— Tenez! dit Mlle Mariette, le voilà; il n'est pas plus amusant que les autres. Je ne comprends pas qu'on invite une femme à venir au café et qu'on s'occupe à lire des journaux.

— Tu as raison, dit Valentin, mais c'est le métier de Gérard.

— Hélas! mademoiselle, reprit celui-ci, je suis un peu comme les comédiens; ils ont un jour de congé, ils peuvent aller se promener, ils doivent avoir assez de gaz à respirer tous les jours; pourtant leur plus grand plaisir est de s'enfermer dans une salle de spectacle pour voir jouer leurs confrères. Je suis correcteur et rédacteur du *Petit journal;* rien n'est plus fatigant, et cependant, aussitôt que je trouve le moindre journal, je ne peux m'empêcher d'y jeter un coup d'œil.

— Ne faites-vous pas passer un peu trop vos manchettes, monsieur? s'écria Mlle Mariette, qui changea subitement de conversation.

— Vraiment? dit Gérard, intimidé par la moindre remarque sur son compte.

— Il est bon, dit Mlle Mariette, d'avoir du linge blanc, mais il ne faut pas avoir l'air d'en faire parade.

— Que deviens-tu, maintenant, Mariette? demanda Valentin.

— Je ne suis pas riche, j'ai mis à la porte le comte Marie qui m'ennuyait; mais je vais débuter prochainement à l'Hippodrome.

On parla toute la soirée de différentes choses, et il fut convenu qu'on reconduirait Mlle Mariette rue du Mail, où elle couchait depuis quelques jours chez une de ses amies; mais il arriva que Mlle Jenny avait retrouvé un ancien adorateur et ne pouvait recevoir Mlle Mariette. Valentin proposa à Mariette de lui tenir compagnie; il avait des travaux pressés de gravure et il devait veiller, ce qui fit que Gérard fut obligé de passer la nuit sur un fauteuil et Valentin sur une chaise, Mlle Mariette occupant l'unique lit qui servait aux deux amis.

De bonne heure Mariette fut levée, quoiqu'elle eût causé jusqu'à deux heures du matin avec Valentin, conversation qui n'avait pas été perdue pour l'oreille de Gérard. Malgré les supplications et les prières de Valentin, Mlle Mariette s'était montrée d'une froideur absolue. Son ancien amour était passé, bien passé; elle venait passer la nuit chez les deux amis par le simple motif qu'elle n'avait pu rester chez Jenny et qu'il était trop tard pour rentrer à son hôtel garni. Ainsi elle prévenait Valentin qu'elle avait conservé de l'amitié pour lui, rien que de l'amitié, et qu'il la désobligerait fort en lui parlant de sentiment. Valentin, qui avait inventé des travaux de gravure pressés dans la persuasion qu'un rapprochement ne serait pas long et qu'on le supplierait de quitter son *bois*, fut tellement blessé, qu'il travailla toute la nuit, l'esprit chagrin et ne disant mot.

Quand Mlle Mariette partit, elle trouva Gérard brisé et fatigué d'avoir passé la nuit sur le fauteuil; il s'était emmarmotté la tête dans un capuchon, ses cheveux lui tombaient sur les yeux : il était pâle et faisait la grimace.

« Ah! qu'il est drôle, ton ami Gérard! » dit-elle à Valentin.

Dans la journée, on vit arriver Mlle Jenny, qui cherchait après Mariette; son inquiétude était bien marquée dans de longues dents qui, jointes à sa taille et à une certaine brusquerie de démarche, l'apparentaient avec le cheval. On dit que Mlle Mariette n'était pas perdue, et Gérard chanta son éloge. Il la trouvait spirituelle à l'impossible.

« Nous irons ce soir au bal, dit Jenny; vous y verra-t-on?

— Non, dit Valentin; après une pareille nuit de travail, je n'ai guère envie de danser.

— Ni moi non plus, » dit Gérard.

Cependant, vers les quatre heures, Gérard parla subitement de bal; il n'avait jamais été dans cet endroit. S'amusait-on beaucoup avec les étudiants? et quantité de questions qui amenèrent ce mot de Valentin :

« Je crois que tu penses à Mariette?

— Peut-on dire cela? s'écria Gérard. Est-ce qu'elle va d'habitude à ce bal?

— Dans le temps, on l'y voyait beaucoup.... et puis elle s'est rangée, personne ne l'a plus rencontrée dans Paris; mais aujourd'hui Jenny t'a bien dit qu'elles iraient toutes les deux ensemble.

— Ah! dit Gérard.

— Si tu aimais Mariette, dit Valentin, il ne faut pas te gêner; moi, j'en ai assez : elle m'a beaucoup tracassé pour faire la paix, mais je n'aime pas les anciennes maîtresses, on se connaît trop; s'il arrive que pendant deux ans on s'est oublié, il ne faut pas plus d'un quart d'heure pour revenir à la même situation où l'on était quand on s'est quitté. Mariette m'agace avec ses mensonges; tu l'as entendue : elle a quitté le comte Marie, ce n'est pas vrai; elle est engagée à l'Hippodrome, ce n'est pas vrai; elle va débuter, ce n'est pas vrai. Tu l'as vue lisant un journal au café, et elle ne sait pas distinguer un A d'un B. »

Gérard se dit que toutes ces récriminations venaient de l'amour-propre un peu froissé de Valentin, qui s'était vu refuser une réconciliation. Pour la seconde fois, Gérard essaya la toilette des grands jours, et, contre son habitude, il sortit seul, en invoquant un dîner en ville. Il alla dîner dans une taverne anglaise, réputée pour son grog, et il n'en avait pas bu deux verres au dessert qu'il se tenait à lui-même des conversations intéressantes.

Aussi il sortit très-vite, parlant tout seul et filant sur les trottoirs comme une flèche. Il faillit renverser plusieurs promeneurs sérieux, qui crurent avoir affaire à un fou et qui se seraient bien gardés de lui demander des explications. En traversant la rue, Gérard coudoya une voiture et parut étonné de ne pas l'avoir jetée par terre. Son dîner n'avait pas duré plus de dix minutes, car il mangeait avec la fièvre; il arriva au bal à l'heure où les quinquets s'allument : les musiciens n'étaient pas à leurs pupitres.

Ne sachant à quoi passer le temps, Gérard sortit du bal et courut les quais, où il tint des monologues sans fin. Il faisait des déclarations, préparait des quantités de réponses à des questions qui n'existaient pas. Il entra dans la boutique d'un épicier pour acheter des gants, tant était grande son agitation; et ce qui prouvait le désordre de ses idées était le fait de mettre des gants, car jamais personne ne lui en avait vu.

Il s'arrêta longuement devant la boutique d'un charcutier; il en eût rougi s'il avait été de sang-froid, craignant le ridicule plus qu'un crime : en effet, il paraissait s'inquiéter démesurément des paniers pleins de truffes et des oiseaux qui passent leur tête par la croûte d'un pâté; cependant Gérard n'avait pas la mine d'un gourmand. Peut-être eût-il déconcerté un fin observateur, car il ôta son chapeau et parut saluer toutes les variétés de cochon qui se plient aux exigences des gastronomes ; ensuite il fit sa grimace habituelle, ayant la mine de narguer tout l'étalage.

Le vrai est que son attention n'était nullement attirée par le jet d'eau efflanqué dont quelques gouttes retombaient sur le dos d'une tortue ennuyée : Gérard se mirait dans une glace dont on apercevait quelques miroitements à travers le jet d'eau, les andouilles et les pâtés ; il passait la main dans ses cheveux, arrangeait le nœud de sa cravate blanche, et il eût donné six mois de sa vie pour pouvoir se regarder en pied à ce moment suprême. Après cette reconfortabilité de toilette, il rentra au bal en enjambant trois par trois les marches de l'escalier. Ayant vérifié que Mlle Mariette n'était pas dans la première salle du bal, il descendit quelques marches dans la rotonde, où se trouvaient d'habitude les personnes plus distinguées. Tout à coup il s'arrêta brusquement et se soutint contre la rampe de l'escalier pour ne pas tomber.

Mlle Mariette venait de passer, avec sa jolie mine rieuse, au bras d'un jeune homme vêtu élégamment. Elle s'appuyait sur lui, et le jeune homme lui parlait bas à l'oreille, comme un amant qui dit des phrases douces et charmantes. Gérard respira tout son souffle pour se remettre, et remonta brusquement vers les musiciens. Un quart d'heure il se promena la tête baissée, mais l'œil aux aguets, cherchant à tout voir et à ne pas être reconnu.

« Voilà M. Gérard ! s'écria la grande Jenny, qui se planta brusquement devant lui. Quel hasard ! je ne vous ai jamais vu ici.... Avez-vous rencontré Mariette ?

— Non, dit Gérard ; serait-elle avec vous ?

— Oui ; elle se promène avec un monsieur qui lui a offert un bouquet. »

Gérard pensa qu'il était arrivé trop tard et se trouva puni de s'être regardé au miroir du charcutier.

« Mais il perd son temps, Mariette va se moquer de lui.

— Ah ! dit Gérard, qui reprit ses sens.

— Je ne sais ce qu'elle a depuis quelque temps, reprit Mlle Jenny, elle prend plaisir à faire aller les hommes ; elle a trente-six amoureux qui lui envoient des lettres, qui courent après elle, qui ne demanderaient pas mieux que de la rendre heureuse ; pour les éviter, elle couche chez moi. C'est une drôle de fille : elle a planté là le comte Marie, qui ne lui refusait rien ; elle avait des toilettes magnifiques ; un jour elle s'est sauvée de chez lui, laissant tout, et ce n'est pas un homme mesquin avec les femmes. Si elle lui avait dit : « Tout est « fini ! » il lui aurait laissé emporter les habits et les bijoux qu'il lui avait donnés avant la brouille ; mais cela la regarde, qu'elle s'arrange, elle verra plus tard.... »

Mlle Mariette coupa court à la conversation en reconnaissant Gérard.

« A la bonne heure, dit-elle, vous avez supprimé les fameuses manchettes.... Si nous faisions un tour dans le bal ? »

Gérard marcha à côté des deux jeunes filles avec le plus brûlant désir d'offrir son bras ; mais il avait honte de sa cravate blanche, qui était un emblème un peu parlementaire au milieu des foulards de couleur et des chapeaux de fantaisie que portaient les étudiants. Il se sentait gêné dans son habit à grandes basques, par trop magistral, et ses longs cheveux, plats et noirs, paraissaient lui donner des airs de ressemblance avec un maître d'étude en goguette. Aussi ce manque de confiance en soi paralysait-il les meilleures intentions de Gérard : il était aussi malheureux dans son costume qu'un homme dans des bottes trop étroites.

Mlle Mariette lui ayant demandé de la faire danser, il répondit que cela n'entrait pas dans ses habitudes, confirmant sans le vouloir les idées de séminariste qu'on pouvait tirer de sa physionomie. Au dedans, Gérard comprenait qu'il jouait un mauvais rôle ; mais il ne se sentait pas le courage de jeter de côté sa timidité et son amour-propre, et, profitant d'un moment où Mlle Mariette tournait la tête, il s'esquiva du côté de la buvette et demanda du grog. L'ancienne boisson qui sommeillait se réveilla à la chaleur de la nouvelle ; en un instant Gérard eut repris tout son courage. Il reparut au bal et trouva Mlle Mariette au bras d'un nouveau jeune homme ; mais celui-là n'appartenait pas à la classe des favoris de la mode : il était simplement et largement vêtu.

Il portait une sorte de houppelande large, d'une couleur marron, avec des boutons d'acier reluisant ; sa cravate était pleine de couleurs joyeuses ; en l'examinant de près, on pouvait suivre des perroquets qui se perdaient dans les plis. Le chapeau était large sans être ridicule. Ce jeune homme avait de grands yeux gris, la figure réfléchie, cependant agréable.

« Monsieur Gérard, dit Mlle Mariette, je vous présente l'ami Thomas, mon peintre ordinaire. »

Gérard salua et se mit immédiatement en rapports faciles avec M. Thomas, qui invita la société à boire un peu de vin cuit, ajoutant qu'il méprisait complétement ceux qui buvaient du café, des liqueurs, de la bière, et que le vin seul convenait à l'homme. Gérard, quoique choqué, se garda de répondre sur le moment, ayant le pressentiment que l'ami Thomas exerçait une certaine influence sur Mlle Mariette.

Ce fut dans l'arrière-salle d'un marchand de vin attenant au bal que la bande se rendit. On apporta un énorme saladier, et l'ami Thomas déclara que, seulement en l'honneur des dames, il voulait bien permettre qu'on introduisît du sucre et des citrons dans la boisson.

« Quoique Mariette, dit-il, sache bien se passer de ces frivolités quand nous courons les bois et les champs le dimanche, et que nous entrons dans la première cabane de paysans. Eh! Mariette, voilà bientôt le printemps; allons-nous courir dans les prés! C'est la seule femme, ajouta-t-il, que j'aie connue avec le courage de suivre un peintre. Elle ne se plaint pas d'abîmer sa toilette : l'an passé, nous allions à l'île du Bas-Meudon, un jour de pluie; ma parole, elle avait eu l'air de choisir exprès un chapeau à plumes.

— Oui, c'est ce jour-là que je ne suis pas rentrée, pour la première fois, chez le comte; pourquoi avais-tu amené à l'île ton ami Alexandre?

— Qu'as-tu fait d'Alexandre? dit le peintre Thomas.

— Nous sommes en froid depuis quelques jours. Cet homme-là a trop d'attachement pour ses bottes vernies; il les fait briller au soleil comme s'il avait des diamants aux pieds; il croit trop à l'influence du vernis.

— Peut-être, dit Gérard, pense-t-il que les femmes se laissent prendre au vernis comme les alouettes au miroir.

— Ce n'est pas vous, dit Mlle Mariette, qui abusez du vernis. »

Gérard rougit un peu de cette malice, et déclara qu'il saurait en porter comme un autre si les circonstances l'exigeaient.

Pendant que l'ami Thomas, qui représentait les doctrines rustiques, se prononçait pour les souliers en gros cuir avec une bonne quantité de clous à la semelle, disant qu'il se présenterait ainsi chaussé dans le monde, Mlle Jenny, qui était sortie, reparut accompagnée d'un homme excessivement frisé et grêlé.

« Vous allez couper les cheveux à monsieur, » dit Mlle Mariette en montrant Gérard du doigt.

Un maçon aurait pu tomber du haut d'un toit sur la tête de Gérard, que celui-ci n'eût pas été plus effrayé.

« Comment...? s'écria-t-il.

— N'avez-vous pas entendu, jeune homme? dit Mariette au perruquier; j'imagine que vous avez tout apporté?

— Oui, mademoiselle, du linge et des ciseaux.

— Vraiment! s'écria Gérard, est-il possible?

— Certainement, vos longs cheveux me déplaisent.

— Ah! mon Dieu! s'écria Gérard, qui se trouvait humilié à l'idée de la perte de sa chevelure.

— Regardez l'ami Thomas, dit Mariette; il est rasé, et ça ne lui va pas plus mal.

— C'est que....

— Vous serez bien plus gentil, dit Mlle Mariette.

— Croyez-vous?

— Sans doute, dit la grande Jenny; vous paraîtrez plus jeune.

— Allons, Gérard, » dit Mariette.

Gérard se sentit faiblir, car c'était la première fois que Mlle Mariette retranchait le *monsieur* en l'appelant par son nom. D'ailleurs le grog et le vin cuit avaient légèrement bouleversé la tête de Gérard, qui se livra au perruquier. Les longues mèches plates tombaient sous le ciseau sans trop de regrets de la part de leur propriétaire.

« Tenez, regardez-vous maintenant, » dit Mariette en lui présentant une petite glace de cabaret.

Gérard se regarda et fut tout étonné du changement qu'avait apporté cette simple opération.

« Comme vous avez été bien obéissant, dit Mariette, je vais vous embrasser. »

Sans façon elle l'embrassa sur les deux joues.

« Attendez maintenant que je refasse le nœud de votre cravate.... Dieu ! que ce garçon-là ne s'entend pas à s'arranger ! Donnez-moi le bras et remontons au bal ; je veux que vous dansiez avec moi, quoique cela ne soit pas dans vos habitudes. »

En ce moment, Gérard se serait jeté dans le feu pour Mariette, tant elle allait au-devant de ses désirs. Il n'avait jamais osé rêver une créature si séduisante, et il dansa sans trop de gaucheries, profitant des libertés d'un bal public d'étudiants pour serrer Mariette d'une manière qui aurait peut-être paru trop significative dans des endroits plus réservés.

Un moment, il crut qu'il allait tomber faible, enivré par les douces et tièdes chaleurs de la personne de Mariette, qui se laissait aller sur son épaule, et il fut incapable de danser le « cavalier seul » de la pastourelle ; car une grappe de cheveux de sa danseuse avait frôlé sa bouche.

Le bal terminé, Mariette prit le bras de Gérard et le pria de la reconduire chez elle ; Gérard était trop plein d'émotions et de souvenirs pour parler.

« Si je vous aimais, mademoiselle Mariette ? » demanda-t-il sur le ton de l'interrogation.

Il était trop défiant et trop peureux de se voir refuser pour dire franchement : « Je vous aime ! »

« Vous auriez peut-être tort, dit Mariette, qui ne voulait pas répondre plus franchement que celui qui lui donnait le bras.

— Eh bien ! je vous aime, Mariette.

— Voilà un amour venu bien vite ! »

La conversation en resta là ; Gérard reprit peu après :

« Je vous aime, Mariette, et je ne me lasserai pas de vous le dire.

— Ce n'est pas déjà si mal, dit Mariette.

— Mais, je vous en prie, ne vous amusez pas de moi; c'est une affaire sérieuse quand j'aime, et, si vous croyez ne pas répondre un peu à mon amour, dites-le moi, afin de ne pas me rendre malheureux. »

Mlle Mariette répondit qu'elle était fatiguée d'amour et d'amoureux, qu'il lui était impossible de répondre aussi vivement à de pareilles questions, qu'elle ne croyait plus aimer jamais de sa vie, et qu'il serait sans doute dans l'intérêt de Gérard de ne plus penser à elle.

Cette conversation mena jusqu'à la porte de l'hôtel garni où demeurait Mlle Mariette; Gérard demanda la permission de monter la reconduire jusqu'à sa chambre; mais il obtint seulement de revoir Mariette chez Mlle Jenny.

Tout le long du chemin, Gérard fut tourmenté de la conduite à tenir avec Valentin : fallait-il lui cacher ce qui était arrivé au bal avec Mariette? fallait-il tout dire? Il prit un moyen terme, qui était d'affecter un violent mal de tête et de se coucher en priant son ami de ne pas lui parler. Le lendemain, il se leva au point du jour pour continuer son système de mutisme, et sa première idée fut de courir chez Mlle Jenny; mais il craignit de la déranger et de ne pas rencontrer celle qu'il cherchait; il attendit ainsi jusqu'à deux heures de l'après-midi et fut tout surpris de ne pas recevoir de réponse quand il eut sonné cinq ou six fois : Mlle Jenny était sortie. Gérard revint attristé de ce contre-temps, et sa tristesse augmenta considérablement, car de cinq jours il ne put rencontrer Mariette. Désolé, il écrivit une lettre qui lui demanda beaucoup de diplomatie : Gérard aurait jeté son cœur sur le papier; mais il craignait que ses lettres ne fussent lues et commentées en public.

Il comprenait le ridicule des choses d'amour écoutées par des étrangers; et il se défiait d'autant plus de Mlle Mariette, que la coupe de cheveux improvisée au cabaret lui prouvait une femme pleine de caprices singuliers, peu soucieuse, sans doute, d'un attachement sérieux. Il écrivit donc à tête reposée une lettre exagérée, dont il pouvait se moquer lui-même le premier, si Mariette s'avisait d'en donner connaissance à ses amis. Mlle Jenny vint le prévenir que le lendemain Mariette l'attendrait à deux heures, rue du Mail.

Gérard, qui demeurait dans le fond du faubourg Saint-Germain, ne mit pas plus de dix minutes à courir au rendez-vous; mais, arrivé chez Mlle Jenny, il se trouva en présence de trois femmes qui lui firent perdre contenance.

« Je n'ai pas compris grand'chose à votre lettre, monsieur Gérard, » dit Mariette.

Gérard fut atterré du *monsieur* qui avait été rétabli en tête de son nom; ce n'était plus l'aimable fille qui l'avait embrassé au cabaret, ce n'était plus la jolie danseuse dont la tiédeur lui donnait des frissons, ce n'était plus la franche Mariette qu'il avait reconduite.

C'était une nouvelle femme, froide et indifférente, qui avait l'air de le rencontrer pour la première fois, qui ne s'intéressait guère à lui et qui méprisait hautement sa déclaration.

Gérard, glacé par cette froideur, ne parla plus; les trois femmes le gênaient et empêchaient ses paroles de sortir. Jamais il ne put entrer dans l'imagination de Gérard qu'on pût avouer son amour devant trois femmes; à peine osait-il l'avouer devant celle qui avait tant d'intérêt à le savoir. Il rentra désespéré, la mine chagrine, alléguant, pour tromper son ami Valentin, un mal de tête perpétuel.

II.

Deux soirées bien employées.

A quelques jours de là, Valentin en souriant :

« Je te l'avais bien dit, Gérard, que tu deviendrais amoureux de Mariette.

— Pourquoi?

— Est-ce que je ne sais pas tout? tu as eu tort de me le cacher.

— Moi, dit Gérard, je n'avais rien à te cacher; si je rendais compte de mes moindres actions, je parlerais toute la journée.

— Je ne t'en veux pas, Gérard, mais j'aurais pu t'être utile si j'avais su ce qui se passait. Mariette se plaint de ne pas te revoir.

— Vraiment! s'écria Gérard avec un grand accent de joie.

— Elle ne démêle pas grand'chose à ton caractère, mais tu ne lui déplais pas; pourquoi ne retournes-tu pas chez Jenny?

— Parce que Mariette m'a reçu plus que froidement après une lettre que je lui ai écrite.

— Il ne faut pas écrire, puisque je t'avais prévenu qu'elle ne sait pas lire. Jenny lui aura lu ta lettre; tu écris plus mal qu'un chat, Jenny lit comme une enfant de quatre ans : comprends-tu l'effet qu'a dû produire ta déclaration ainsi écoutée par lambeaux?

— J'ai eu tort, dit Gérard.

— Il n'y a pas de mal; Mariette m'a chargé de te dire de passer après ton dîner chez elle; elle t'attendra, elle veut te parler.

— Il n'y aura pas d'autres femmes? demanda Gérard.

— Non; elle sera seule.

— Est-ce bien sûr? dit Gérard.

— Certainement.

— C'est qu'il faut se défier de tout; il peut y avoir des gens cachés je ne sais où, dans des armoires, qui m'écouteraient pour se moquer de moi quand je serai parti.

— Allons, tu déraisonnes; tu n'as pas déplu à Mariette, et elle veut te revoir. Elle m'a même chargé de te conduire.

— Tu ne resteras pas, dit Gérard.

— Mais non; aussitôt que je t'aurai présenté, je vous laisse. »

L'heure du dîner n'arrivait pas assez vite pour Gérard, qui, vers les trois heures, annonça une grande faim, se disant que, puisqu'on lui avait donné rendez-vous après le dîner, il n'avait qu'à manger immédiatement pour avancer l'heure; mais Valentin lui fit entendre qu'il serait décent de se présenter seulement entre sept et huit heures du soir. Gérard, qui avait passé la nuit entière à travailler, se trouvait délassé par cette agréable nouvelle.

« Je m'explique maintenant ta coiffure, dit Valentin, et je reconnais bien là les fantaisies de Mariette.

— A-t-elle souvent des idées pareilles? demanda Gérard.

— Tous les jours il lui en pousse une ou deux; mais tu t'y habitueras. »

Le septième coup de sept heures n'était pas sonné que Gérard ne tenait plus en place. Les deux amis se mirent en route et trouvèrent une fenêtre éclairée au second étage qui donnait sur la rue.

« C'est là, dit Valentin; elle t'attend.... »

Le cœur de Gérard battait fortement en montant l'escalier; il cherchait à s'expliquer les contradictions de la conduite de Mariette, d'abord si aimable; froide ensuite, et envoyant un rendez-vous pour terminer. Gérard perdait son temps à vouloir se rendre compte de *un et un font trois*, qui est la règle absolue de beaucoup de femmes.

Valentin frappa à la porte, et fut reçu par une vieille vêtue à la mode de campagne. Gérard fut tout d'abord ébahi par une grosse fumée qui remplissait la chambre, et qui cachait la lampe comme le brouillard d'hiver cache le soleil. Il y avait huit personnes dans cette petite pièce, qui toutes fumaient suivant divers procédés et dans divers ustensiles.

Mlle Mariette, en peignoir blanc garni de dentelles, étendue sur un divan, tenait une longue pipe turque et se servait de son pied pour soutenir le fourneau de la pipe. Ses pieds, remarquables par leur petitesse, étaient comme nus dans de délicates pantoufles de cordes de soie tressées à jour. Sous le peignoir, il n'y avait rien que Mlle Mariette : du moins pouvait-on le présumer par une jambe nue qui se montrait au moindre mouvement; les plis du corsage avaient été disposés par une couturière habile et drapaient la gorge à la manière des statues antiques qui ne veulent rien laisser d'ignoré. Gérard, ému par ce costume léger, salua timidement la maîtresse de la maison, se demandant s'il n'était pas victime d'une plaisanterie terrible de femme; car son rendez-vous était singulièrement compromis par la foule de figures étrangères.

C'étaient le peintre Thomas, avec une grosse pipe flamande d'où sortaient des flots de fumée; la grande Jenny, et une longue personne pâle et mélancolique, qu'on appelait Mlle Pauline; des fumeurs inconnus, et la vieille, connue sous le nom de la mère Pierre.

« Avant de m'en aller, dit la vieille, y a-t-il quelqu'un dans la société qui veut que je lui tire les cartes?

— Bah! mère Pierre, vous n'y croyez pas, à vos cartes, dit Thomas.

— Elle m'a annoncé des choses agréables aujourd'hui, dit Mariette, et je vous engage, Gérard, à voir un peu. Y croyez-vous?

— Peut-être....

— Les cartes, c'est des bêtises, dit Mme Pierre; il faut y croire quand elles sont bonnes, autrement ne pas s'en inquiéter.

— C'est dommage, reprit Mariette, que Gérard n'ait pas entendu raconter les amours de la mère Pierre dans son jeune temps; il y a l'histoire du chêne, surtout, qui est fort délicate.

— Une autre fois, dit Mme Pierre, je la raconterai à monsieur; il a une figure qui me revient.... Mais ce n'est pas tout ça, je suis pressée, je vais faire un tour de cartes. »

Gérard laissa la société autour du feu, et s'écarta pour écouter les prédictions de Mme Pierre.

« Je vois bien des femmes dans votre jeu, » dit celle-ci.

Mariette s'était levée du divan sous le prétexte de ranger quelques objets sur une étagère; elle écoutait.

« J'en vois surtout une, continua Mme Pierre, une brune, belle, qui vous aime déjà.

— Ah! je suis jalouse, s'écria Mariette en s'accoudant sur la table tout près de Gérard, qui se recula comme brûlé par un fer rouge, tant était séduisante son amie.

— Ça se rapporte assez à votre jeu de ce matin, mademoiselle, dit Mme Pierre, c'est quasi comme la dame chez qui ma fille travaille à la brochure.... Ça me fait penser que je n'oublie pas d'acheter du mou pour Finette, qui n'a rien pris d'aujourd'hui.

— Voyons, mère Pierre, dit Mariette, pas d'histoire, et continuez le jeu de Gérard.

— Vous voilà donc, monsieur, avec la femme brune, vous vous aimez tous les deux.... une lettre en voyage.... de l'argent.... une blonde qui se met à la traverse.... enfin, grand contentement, bonheur et prospérité. »

Gérard eût volontiers serré dans ses bras Mme Pierre, mais il se contint devant le monde et oublia les funestes impressions de son arrivée. Il donna l'unique pièce de monnaie qui représentait toute sa fortune de fin de mois, et chercha Mariette pour lui parler; mais elle était occupée dans une conversation particulière avec l'ami Thomas.

Valentin riait avec des amies de Mariette qui mangeaient des marrons; les deux fumeurs étrangers se contentaient d'envoyer de muettes bouffées de fumée. Gérard s'ennuya de rester isolé; ne trouvant pas de chaise libre, il s'était étendu sur le tapis, les pieds au feu; et, comme il avait passé la nuit à travailler, il s'endormit facilement, sans songer si sa conduite était conforme aux lois de la galanterie.

Ce ne fut que beaucoup plus tard qu'il se sentit réveiller par une douce voix qui chantait : « Monsieur Gérard ! » Il ouvrit les yeux et crut rêver, en se trouvant par terre, près de Mariette en peignoir, qui le secouait amicalement :

« Est-ce ainsi que vous vous conduisez en société, monsieur ? »

Gérard dit pour sa défense qu'il avait veillé la nuit précédente.

« N'importe, ce n'est pas aimable, et je ne connais pas beaucoup de femmes qui vous pardonneraient cette vilaine conduite.... Tenez, dit-elle en montrant ses mains gonflées et un peu rouges, voyez ce que j'ai fait pour vous ; je me suis abîmé les mains pour vous empêcher d'être brûlé. Vous aviez approché vos pieds trop près du feu, vous alliez brûler vos bottes, ce qui n'aurait pas été un grand malheur, mais vous vous seriez brûlé. Je n'ai pas voulu vous éveiller ; j'ai préféré abîmer mes mains pour vous garantir du feu en les mettant devant. »

Un autre que Gérard eût profité d'une telle prévenance pour remercier chaudement Mariette ; mais son éternelle timidité prit le dessus ; il ne répondit rien et se leva, écoutant avec indifférence Mlle Jenny qui demandait à rester couchée chez Mariette, à cause de l'éloignement de son quartier. Tout le monde partait ; Mlle Mariette était déjà dans son lit, car son habillé de soirée était plutôt un déshabillé élégant. Thomas alla embrasser son amie couchée ; les deux fumeurs qui n'avaient pas dit un mot de la soirée lui donnèrent la main ; seul, Gérard salua Mariette et sortit en lui souhaitant le bonsoir.

« Tu ne l'as pas embrassée, dit Valentin dans le corridor.

— Mais elle ne l'a pas dit....

— Au contraire, elle y compte, et tu vas y retourner.

— Mademoiselle Mariette, dit Gérard en ouvrant la porte, j'avais oublié de vous embrasser. »

Valentin, Thomas et Gérard se promenèrent longtemps ensemble dans la rue du Bac ; ils parlaient de Mariette, et Gérard ne se lassait pas d'entendre son éloge. Quoique d'une nature rustique qu'il s'efforçait d'affecter, Thomas était plein de secrètes délicatesses; il parlait de Mariette comme d'un enfant. Il craignait de la voir malheureuse un jour, et s'efforçait autant qu'il était en lui de veiller sur sa conduite. Thomas, quoique un peu chagrin, avait l'esprit sain; donneur de bons conseils pour les autres, vis-à-vis de lui-même il ne trouvait que doute et qu'indécisions.

Le chapitre peinture succéda au chapitre Mariette, et Thomas indiqua à ses nouveaux amis de la soirée ses idées artistiques et ses plans pour l'avenir.

« Je ne suis rien, disait-il, qu'un peintre de pots, de soupières et d'assiettes, qu'on traite dédaigneusement de nature morte. Oh! que non, ce n'est pas de la nature morte, quand on vit, comme moi, au milieu des grès et de la faïence. Il se passe des drames entre les marmites, les chenêts, les pelles à feu et les pincettes : ce sont quelquefois des comédies bien gaies, quand le soleil joue sur les bouteilles, les fioles, et les quitte pour aller courir sur d'autres poteries.... Je ne le dis pas à tout le monde; mais, quand je trouve quelqu'un disposé à me comprendre, je parle de mes pots comme d'amis absents. »

Si l'horloge de Saint-Thomas-d'Aquin n'eût sonné une heure du matin, la conversation se serait étendue plus longuement; mais il était temps de rentrer, le portier de la maison où demeurait Gérard n'étant pas d'humeur à se réveiller tard. Gérard avoua ingénument à Valentin qu'il ne savait pas quand il reverrait Mariette, attendu qu'il avait commis la maladresse de ne pas s'en inquiéter auprès d'elle. Valentin se moqua de son ami et lui fit entendre qu'il aurait beaucoup de mal à se faire aimer par de semblables procédés.

Heureusement, dès le matin, la messagère Jenny arriva, et surprit les amis au lit, en leur transmettant de la part de Mlle Mariette un désir de divertissement. Elle voulait une soirée donnée par Gérard, chez lui; ainsi pressé, Gérard ne put refuser une rencontre directe. Seuls, les deux amis réfléchirent à cette demande, qui les gênait singulièrement : dans un coin, était mis en réserve l'argent du terme, dont Gérard sacrifia brutalement une partie, en disant que le propriétaire serait un bien malhonnête homme s'il ne se contentait pas d'un à-compte. La discussion fut ouverte sur le chapitre des divertissements; on convint de se mettre en quête d'un ami pianiste qui égayerait les esprits par de vives chansons. La nourriture du corps demanda une plus longue controverse : les moindres observations en faisaient un gouffre dans lequel se précipitait, pour ne jamais reparaître, le terme du propriétaire.

« Bah! nous ne payerons pas pour le moment, dit Gérard; ce sera un terme sec. »

Ce jeu de mots compromit l'avenir du propriétaire, qui fut victime d'un calembour.

Vers le soir arrivèrent Mlle Mariette et ses deux amies, Pauline et Jenny. Mariette, mise très-simplement, ressemblait à une femme comme il faut. Sa voilette de dentelle brodée, qui lui couvrait la moitié de la figure comme un loup, ne dissimulait pas ses beaux yeux et aiguisait l'envie de les regarder.

Les rubans cerise de son chapeau servaient à faire ressortir l'éclat de son teint, déjà mis en relief par des bandeaux de cheveux très-noirs. Elle était enveloppée d'un cachemire jaune à palmes rouges dans lequel elle se drapait aussi coquettement qu'une femme du meilleur monde. Sur un trottoir, elle eût déconcerté ces ardents admirateurs de femmes qui poursuivent des conquêtes faciles.

Autant, la veille, Mariette ressemblait dans son peignoir à une courtisane grecque, autant elle s'était faite Parisienne distinguée par excellence. Elle jeta son chapeau négligemment sur le lit, et montra tout d'abord sa bonne humeur. Quand le musicien eut chanté ses chansons, on passa à la danse, qui fut mal interprétée par les voisins du dessous. Les rafraîchissements avaient troublé toutes les têtes; Gérard, altéré par ses fonctions de maître de maison, préoccupé par l'idée d'y mêler un peu de galanteries, allait préparer un nouveau saladier de vin cuit, lorsque Mlle Mariette, d'un coup de main subtil, renversa le vase et la boisson.

— Je ne veux plus qu'on boive, Gérard.

— Pourquoi? dit-il.

— Regardez vos amis. »

Il y en avait qui se roulaient par terre et qui essayaient de dormir, d'autres qui dormaient, un autre qui offrait à Mlle Jenny de se jeter avec elle par la fenêtre.

« Comment allons-nous les renvoyer? dit Mariette, en appuyant sur le mot *nous*.

— Plaît-il? » demanda Gérard.

En ce moment Gérard était assis dans un de ces vieux fauteuils à tapisserie qui ont été construits pour le repos des ventres importants de nos aïeux.

« Je reste, dit Mlle Mariette en se laissant couler dans le fauteuil près de Gérard.

— Vrai! s'écria-t-il en lui prenant les mains; alors je m'en vais mettre mes amis dehors, » dit Gérard, qui en une minute secoua les dormeurs, prit les buveurs par les épaules, les mit en bas de l'escalier et fit ouvrir la porte de la rue.... « Que je t'aime, Mariette! dit-il en l'attirant à lui; que je t'aimerai longtemps! »

III.

De l'amitié dans ses rapports avec l'amour.

Valentin arriva sur les onze heures du matin avec Jenny. Ce fut pour Gérard le plus beau repas de sa vie. Le pain est meilleur que du gâteau, les côtelettes ont un goût d'agneau, le beurre et les radis sont remplis d'odeurs fraîches et suaves; surtout la salade que Mlle Mariette avait accommodée donnait envie de rire à Gérard, tant il voyait de joie et de bonheur dans les herbes vertes et les tranches rouges de betterave.

C'était une jolie journée d'hiver; il faisait un petit froid sec; les pavés étaient blancs comme si toutes les ménagères de la Flandre avaient été appelées pour les nettoyer; le soleil se montrait clair sur un ciel bleu. Gérard proposa d'aller au Jardin des Plantes : on est si heureux de ne pas se quitter! il est si doux de regarder les arbres et la verdure quand on aime!

On ne se quitte pas le bras, c'est une pression continuelle, des échanges de regards, des bouches qui sourient, de petites gênes momentanées causées par le monde; on voudrait être seuls à se regarder, sans se rien dire, les mains dans les mains; on pense au bonheur qui vous attend le soir au coin du feu, sans autre lumière que les flammes d'un grand charbon de terre qui envoie sa lueur rouge sur les murs.

Dans une rue du quartier Mouffetard, on réparait les tuyaux de gaz; les ouvriers avaient ouvert une tranchée et posé une planche assez large qui servait de pont aux passants.

Mariette dit qu'elle n'osait passer sur ce pont; Gérard la prit à bras-le-corps et ne demandait pas mieux que de rapprocher sa figure de celle de son amie, mais il n'osait en pleine rue. Il était presque aussi heureux d'avoir passé Mariette sur cette planche, que s'il l'avait sauvée d'un précipice.

« Est-ce que tu as cru que j'avais peur? dit Mariette. Je l'ai fait exprès pour me serrer contre toi. »

Les mille choses de la rue amenaient ainsi mille choses amoureuses qui ne laissaient pas à l'esprit le temps de s'ennuyer; aussi Mariette remarqua-t-elle un nuage qui passa tout à coup sur es traits de Gérard.

« Qu'as-tu, mon ami?

— Rien, dit-il.

— Si.... je veux le savoir, tout de suite. »

Gérard ne répondait pas.

« Dis-le moi, je suis inquiète ; tu ne dois rien me cacher.

— Je t'aime, dit Gérard, et j'ai peur de ne plus pouvoir vivre sans toi.

— Et moi aussi, dit Mariette. Nous ne nous quitterons plus, si tu veux.

— Tu le veux bien ?

— J'irai demeurer avec toi, dit Mariette, nous serons heureux, nous ne nous disputerons pas ; je ferai tout ce que tu voudras d'ailleurs....

— Et Valentin, s'écria Gérard, qu'en ferons-nous ?

— Il n'a pas de meubles ? demanda Mariette.

— Aucuns meubles.

— Il doit le terme comme toi ?

— Il est aussi gêné que moi pour le payer.

— Alors, dit Mariette, préviens-le de ce qui nous arrive ; il ira à l'hôtel garni suivant son habitude, et tu te chargeras de payer le terme tout entier.

— Mais il ne sera pas content, dit Gérard.

— Est-il convenu que vous deviez rester toute la vie ensemble ?

— Jamais, dit Gérard. Il est loin d'avoir à se plaindre de moi ; au contraire....

— Ne crains donc pas de lui annoncer ta séparation d'avec lui, dit Mariette ; d'ailleurs vous ne pouvez plus vivre ensemble après ce qui s'est passé. Au fond, il est dépité que je sois ta maîtresse : ce n'est qu'un commencement aujourd'hui ; mais, quand il verra que je t'aime pour tout de bon, c'est à toi qu'il en voudra. On ne pardonne pas souvent à une femme qui se moque de vous, comme je l'ai fait la semaine dernière ; tu verras qu'il te dira du mal de moi, s'il ne t'en a déjà pas dit.

— Non, dit Gérard.

— Tu me caches quelque chose ; car, enfin, il t'a parlé de moi ?

— Il soutient que tu es une fille charmante.... Ah! j'oubliais, dit Gérard en souriant, qu'il t'accuse de ne pas savoir lire.

— Vois comme Valentin est mauvais!... Il n'a rien à dire contre moi, il faut qu'il invente.... Montre-moi de l'écriture, une lettre.... As-tu quelque chose sur toi? »

Gérard chercha son portefeuille.

« Je t'avertis, dit Mariette, que je n'aime pas beaucoup les écritures embrouillées.... ça me gêne.... il faudrait que je m'y habitue.... Ainsi, j'ai vu sur ta table de ton écriture que j'ai parfaitement reconnue, puisque tu m'as déjà envoyé une lettre : c'est un peu fin; cependant j'ai compris tout ce qu'il y avait dedans. »

Gérard ne pensa pas à chercher plus loin les preuves de la science de Mariette; il l'assura qu'il ne croyait pas un mot de la délation de Valentin, et qu'une pareille conduite de celui qu'il avait jusqu'alors regardé comme son ami lui donnait plus de courage pour l'explication future. Elle ne tarda pas à arriver; car, au Jardin des Plantes, Gérard se montra d'une grande froideur vis-à-vis de Valentin, et ne répondit pas à plusieurs de ses questions. Il était d'ailleurs ému de la révolution si brusque qui allait changer sa vie.

Jusqu'alors il avait vécu en communauté avec des camarades, et il allait vivre avec une femme. Plus d'une fois déjà Gérard avait été blessé dans ses rapports trop intimes avec un ami; habitué à vivre à deux, chaque séparation amenait un vide dans son existence. Il trouvait le logement morne en rentrant seul dans sa mansarde, qui d'ordinaire entendait des conversations et des discussions poussées fort tard dans la nuit; en se réveillant, il ne trouvait à qui parler, l'ennui le prenait; un mois à peine suffisait pour ramener le calme dans son existence. Que serait-ce donc, pensait Gérard, avec une femme, dont chaque jour, chaque heure, chaque minute serviraient à l'attacher de plus en plus? Mais, comme Gérard avait une nature aussi mobile que sa figure, ces réflexions passèrent bien vite, et il se trouva en veine d'esprit contre tous les animaux du Jardin des Plantes. Jusque-là son amour pour Mlle Mariette avait paralysé son esprit; mais, étant certain d'être aimé, il n'était pas fâché de montrer les trésors de finesses dont il cachait soigneusement la clef, quand il se trouvait en présence de gens qui le gênaient ou qui ne lui étaient pas sympathiques.

Mariette, élevée par le monde des artistes, saisissait les plaisanteries les plus compliquées, ces à-peu-près d'esprit qui font de tout artiste un sphinx vis-à-vis de tout provincial. Elle avait surtout une façon de rire caractéristique qui aurait pu enlaidir beaucoup d'autres femmes, qui était ravissante chez elle. Quand elle était contente, sa bouche se relevait un peu vers la gauche d'une façon irrégulière. « Si j'aime un jour une autre femme, disait plus tard Gérard au peintre Thomas, je ne m'habituerai jamais à elle que si sa bouche n'est pas droite quand elle sourira. »

Le soir même il y eut entre Gérard et Valentin une explication qui jeta du froid pour l'avenir : ils se séparèrent mécontents l'un de l'autre, Valentin un peu jaloux, prévoyant l'influence de Mariette sur Gérard; Gérard honteux d'avoir pu croire que son amie ne savait pas lire. Le lendemain, dans l'après-midi, Mariette sortit pour faire quelques courses; elle ne rentra pas au dîner, et Gérard se trouva pris par la mélancolie. Il attendit jusqu'à minuit, au coin de son feu, avec l'idée de briser son coucou, dont le tic tac monotone faisait sentir trop vivement la longueur du temps; en même temps qu'il se proposait de broyer l'innocente machine, Gérard se levait à chaque instant de son fauteuil et allait regarder les aiguilles.

Il voulait sortir et courir chez Jenny, afin de savoir ce qui était arrivé à Mariette; mais il craignait qu'elle ne rentrât pendant son absence. Était-il déjà abandonné? Il repassait dans sa tête tout ce qui était arrivé depuis deux jours; il se répétait les moindres réponses de Mariette, cherchant dans ses paroles s'il y avait des germes de séparation. Il pensa que

Mariette n'avait vu en lui qu'un objet de curiosité, et que sa curiosité était déjà envolée; il se repentit d'avoir rompu avec Valentin. A qui irait-il confier ses chagrins? les indifférents se moqueraient de lui.

Il écoutait avec la plus grande attention chaque coup de marteau de la grande porte qui lui répondait au cœur. Son oreille lui semblait entendre dix fois plus qu'auparavant, car le moindre bruit dans l'escalier le faisait tressaillir. Si quelqu'un montait les escaliers, Gérard tressaillait; mais il retombait dans l'abattement quand on ne s'arrêtait pas à son étage. Il se rappela que Mariette lui avait dit qu'elle n'aimait pas beaucoup à marcher à pied; alors il écouta les voitures qui passaient dans la rue, espérant toujours que l'heure avancée avait forcé Mariette de prendre un cabriolet pour revenir dans le quartier désert de la rue du Regard; mais les voitures ne s'arrêtaient pas : une fois qu'elles avaient dépassé le coin de la rue, Gérard n'entendait plus leur roulement, pas plus qu'il n'entendait la marche de ses voisins dans l'escalier quand ils dépassaient son étage.

Brisé par les émotions, Gérard se coucha, et laissa sa lampe allumée afin qu'en rentrant Mariette trouvât de la lumière. Il ne put dormir; il prit un livre et essaya vainement de lire, mais il lui arrivait de parcourir six pages sans avoir lu un seul mot, tant son esprit était préoccupé. Aussi se leva-t-il pâle et fatigué, ennuyé de la vie, et il se promenait dans sa chambre plus triste qu'un lion en cage, quand la porte s'ouvrit brusquement.

« Ah! s'écria Gérard, qui ne put parler, car Mariette était sautée à son cou, que j'ai eu de chagrin, va, en t'attendant!

— Ne m'en veux pas, dit Mariette, j'aurais dû te prévenir.... j'ai été partout chercher mes affaires, qui étaient dispersées depuis que je suis en hôtel garni; maintenant que je t'aime, je veux me faire belle.... Vois-tu ma petite robe et mon châle? tout ça était dans le quartier des Invalides, où je l'avais déposé chez un ancien ami; il était assez tard, c'est loin, lui m'a retenue, il m'a donné son lit et a couché sur un matelas dans l'autre chambre. Mon ami, dit-elle en remarquant que Gérard fronçait le sourcil, ne sois jamais jaloux de mes anciens amants; quand c'est fini, c'est bien fini. Nous nous revoyons, nous sommes bons amis, et c'est tout; je ne suis pas une femme, moi, je suis un garçon, et tout le monde sait que je ne me conduis pas avec eux comme toutes les femmes. Si j'aime quelqu'un, je le lui dis; est-ce que je ne te l'ai pas dit, mon Gérard? Ainsi, si on te parle de moi pour me nuire, si on dit qu'on m'a rencontrée donnant le bras à un homme, n'en sois pas jaloux, c'est un camarade à qui je donnerai le bras. Tu as vu l'ami Thomas, n'est-ce pas? Il y a huit ans que nous nous connaissons, il m'aime bien, je l'aime bien, et cependant jamais nous n'avons songé à nous aimer, c'est de l'amitié tout simplement.

— Alors, dit Gérard, il faudra écrire à Thomas de venir te voir ici, puisque tu es déménagée de ton hôtel et qu'il ne te retrouverait plus?

— Oh! j'irai bien le chercher à son atelier; cependant invite-le à venir prendre du thé pour demain, nous donnerons une petite soirée. »

IV.

De la sincérité chez la femme.

Dans la nuit, Mariette demanda des conseils à Gérard sur la conduite à tenir à l'Hippodrome : le comte Marie ne manquait pas à une seule répétition; elle serait obligée de le revoir, ce qui lui déplaisait : elle était entourée de tous les membres du Jockey-Club.

« Écoute-moi bien, Mariette, dit Gérard d'une voix émue; tu connais ma position, je ne suis pas riche, mon mobilier le chante assez haut; nous aurons beaucoup de peine à vivre à deux, puisque j'ai de la difficulté à vivre seul ; moi, je compte sur l'avenir. Réfléchis bien avant de me répondre : je te demande ou de rester avec moi, ou de me quitter demain. Je t'aime plus que je ne saurais le dire : ce que j'ai souffert cette nuit me l'a assez montré, et je serais heureux de vivre toujours près de toi ; mais, si tu avais l'amour des belles robes et des chapeaux, je ne te conseillerais pas de rester, attendu que tu ne les trouveras pas chez moi. A l'Hippodrome, il y a de l'argent sous chaque pas de ton cheval ; retourne avec ce comte, si tu crois ne m'aimer qu'un peu. Je vais te donner ma vie tout entière, et je te demanderai que tu m'aimes comme je t'aime ; si tu n'avais qu'un caprice en tête, il doit être passé. En me quittant dès demain, je souffrirai encore, mais je m'habituerai à l'idée d'un beau rêve ; au lieu que, si tu restes longtemps et que tu t'en ailles un jour, je ne pourrai plus vivre.

— J'aime mieux te dire tout, mon ami. Je suis partie hier avec l'intention de ne plus revenir ; mais la nuit j'ai vu que je t'aimais véritablement : j'étais prise pour tout à fait, et je suis revenue.... Plus de comte, plus de toilettes : les comtes sont ennuyeux ; les toilettes, je sais bien m'habiller avec un chiffon ; tu verras cet été les jolis petits peignoirs d'indienne que je me fais avec un rien : on me croirait en peignoir de satin. Je n'ai pas peur de la pauvreté ; d'ailleurs j'ai toujours vécu de ce que je gagne, et honnêtement.... Connais-tu Frédéric Guermann ?

— Oui, de réputation.

— Frédéric est mon ami : il me trouvait si belle, qu'il me mettait dans tous ses tableaux ; il me demande toujours ; car il a d'immenses peintures à faire au conseil d'État, et il a besoin de moi. Quand j'aurai envie de quelque petite toilette, j'irai travailler chez Frédéric. Ainsi, vois, Gérard, que nous pourrons vivre sans trop dépenser.... Quand il n'y aura pas beaucoup d'argent, je ferai la cuisine ; si ça gâte mes mains, tant pis ; tu ne m'en aimeras pas moins, n'est-ce pas ? »

La confiance était revenue dans le ménage, et Gérard pensa à se remettre tout à fait à ses études, que l'amour avait un peu bouleversées. On reçut une lettre, que Mariette annonça être de l'ami Thomas, et Gérard lut avec surprise quelques lignes froides par lesquelles le peintre annonçait ne pas pouvoir accepter l'invitation de prendre le thé; il priait Gérard de l'excuser, se fondant sur des particularités que Mariette seule connaissait. Il ajoutait qu'il reverrait son amie avec plaisir, comme par le passé.

« Qu'est-ce que cela veut dire? demanda Gérard.

— Thomas est tourmenté de me voir avec toi, dit Mariette.

— Cependant nous nous sommes quittés fort amicalement.

— Il ne t'en veut pas directement, il en veut au nouvel amant; il en voudrait au premier venu, si le premier venu était aujourd'hui avec moi.

— Il t'aime donc?

— Dame! dit Mariette, je ne sais pas trop; moi, je ne l'aime pas, excepté d'amitié; lui se trompe peut-être et appelle amitié quelque chose de plus; jamais il ne m'en a ouvert la bouche depuis huit ans que nous nous connaissons. Étant mon ami, il devenait nécessairement l'ami de tous mes amants, et, comme j'en ai eu plusieurs, j'ai remarqué qu'il faisait froide mine aux nouveaux.

— Cependant, dit Gérard, loin de me faire mauvaise figure, l'autre soir il est venu à moi et m'a conté sur sa peinture des choses qu'il prétend ne pas dire à tout le monde.

— C'est qu'il ne voyait pas le dénoûment; il me connaît rieuse, sans gêne avec les hommes, mais sans tirer à conséquence; il n'a pas pensé un instant que je t'aimais. Tu n'as rien fait à cette soirée pour lui donner des soupçons, tu dormais.

— Est-ce que tu pensais déjà à moi? dit Gérard.

— Dès le premier jour que je t'ai vu.... Antoine m'avait beaucoup parlé de toi il y a longtemps, et j'ai été bien contente de te rencontrer. Ce qui arrive aujourd'hui avec l'ami

Thomas est bien simple; il va consoler Alexandre comme il a consolé Charles, Louis, Frédéric Guermann ! »

Et Mariette cita une dizaine de noms.

« Oh ! que d'amours ! s'écria Gérard.

— Il n'y en a jamais que six en six ans ! » dit Mariette.

Quelque temps après, Gérard se fit répéter les noms des amoureux, disant qu'il croyait en connaître quelques-uns. Mariette se laissa prendre à ce piége innocent; elle redit les noms et les prénoms.

« Vois-tu? dit Gérard en mettant ses deux mains en l'air; il y en a dix, je les ai comptés ! tu disais six seulement !

— Tu penses, dit Mariette, que je ne les aimais guère !... »

Quoique Mariette lui expliquât que son ami Thomas lui faisait depuis quelque temps la moue pour lui donner à entendre combien sa conduite était volage, Gérard se rendit compte de cette amitié qui rendait Mariette si heureuse et le peintre si triste.

Ce jour-là fut un mauvais jour; la portière apporta un papier timbré qui était une invitation à payer le terme arriéré dans les quarante-huit heures, sauf à se voir contraindre par toutes les voies de droit. Mariette le déchirait en trois pour montrer le peu de cas qu'elle faisait des huissiers, quand on entendit une voiture s'arrêter à la porte de la maison; Mariette regarda par la fenêtre.

« C'est le comte Marie ! s'écria-t-elle en se rejetant brusquement dans la chambre.... Et la portière qui va lui dire que nous sommes ici !

— Comment, il monterait ! s'écria Gérard.

— Laisse-moi le recevoir, » dit Mariette en se précipitant dans l'antichambre, car on venait de frapper.

Gérard, écouta et n'entendit rien que quatre pas qui résonnaient sur l'escalier. Il fut pris d'un grand serrement de cœur.

« Elle descend, pensa-t-il, avec ce comte.... pourquoi descendre? Puisqu'elle ne l'aime plus.... elle n'avait pas besoin de le revoir. »

Il ouvrit la fenêtre et regarda avec précaution dans la rue; une jolie voiture découverte à deux chevaux était à la porte, avec un laquais galonné qui attendait près de la portière. La jalousie monta à la tête de Gérard, qui vit dans l'attitude du valet un homme tout prêt à faire monter une femme dans une voiture; il se demandait ce qu'étaient devenus Mariette et le comte, lorsqu'un coup de vent fit flotter au dehors de la porte cochère la robe bleue de Mariette.

« Oh! mon Dieu! s'écriait le pauvre amoureux, qu'ont-ils besoin de tant se parler? Est-ce qu'elle monterait en voiture?... Ah!... elle a laissé ici son chapeau, elle ne s'en ira pas en cheveux. »

Puis il pensait que le comte, s'il l'aimait, ne se soucierait guère qu'elle fût en chapeau ou non, qu'il était en train de lui faire les plus belles promesses, de l'éblouir par mille moyens faciles aux gens riches. « Il serait peut-être prudent de descendre, pensa Gérard, les femmes sont si faibles! Un seul mot peut la faire monter en voiture, il n'y a qu'à trouver ce mot, et on le trouve toujours, le comte brusquera l'aventure; on s'oublie, la voiture part au galop. Si je descends et si Mariette m'aime réellement, elle reprendra courage et laissera le comte s'en aller seul. »

Gérard allait descendre, lorsque Mariette et le comte firent un pas vers la voiture; la vue du comte empêcha Gérard de sortir; il n'osait pas se montrer, lui, pauvre, en face de l'homme riche. Il regardait avec colère l'habillement élégant du comte, qui était jeune, beau, la barbe taillée avec soin, les gants irréprochables de blancheur.

Gérard eut une rage sourde, et se dit que, si sa maîtresse faisait un pas de plus vers la voiture, il se jetterait par la croisée avec l'espoir de se tuer et d'écraser en même temps son rival et Mariette. Le comte parlait doucement à Mariette, et sa figure, qui souriait, laissait croire à Gérard que Mariette n'était pas insensible à ses paroles. Ils s'avancèrent du côté des chevaux : Gérard ne se jeta pas par la fenêtre.

Mariette prit le bouton de la portière : Gérard crut qu'il allait devenir fou.

« Elle monte, la malheureuse ! » s'écria-t-il les traits contractés.

Mais le comte entra le premier dans la voiture, et saisit la main de Mariette avec beaucoup d'émotion, comme s'il voulait l'attirer.

« Adieu, comte, dit-elle; quand nous reverrons-nous ? »

Gérard ne put entendre la réponse ; Mariette revint bientôt, avec quelque émotion.

« Il est parti, dit-elle.

— Vraiment ?

— Pour l'Italie ; ce garçon m'a fait de la peine, il m'aime trop.

— Tu n'as pas eu l'envie de l'accompagner ? dit Gérard.

— Méchant ! dit-elle, mais on n'est pas maîtresse de soi ; il pleurait sous la porte cochère ; c'est toujours triste de voir pleurer un homme.... Enfin, j'aime mieux qu'il soit parti. »

Gérard était froid et ne disait rien.

« Tu m'en veux, dit Mariette, de ce que le comte m'aime ?... Je n'ai rien fait pour ça; je n'aime pas les gens riches, d'ailleurs.... Il fallait se tenir devant des domestiques, j'étais obligée de faire la dame, jamais je n'ai pu le souffrir. Lui pourtant était aux petits soins ; il me menait dans des salons où on jouait, et je ne partais jamais de chez lui sans avoir une vingtaine de pièces d'or dans ma bourse.... Eh bien ! le lansquenet m'ennuyait.... L'été il m'a loué une maison de campagne à Ville-d'Avray. Dieu sait si j'aime la campagne ! Avec toutes ses bontés, le comte trouvait le moyen de me rendre la campagne insupportable. J'ai envoyé chercher l'ami Thomas, qui est arrivé avec sa pipe dans mon boudoir ; le comte l'a trouvé mauvais, il était jaloux de Thomas.... Ah ! il ne voyait guère clair ! il a prétendu que j'avais de vilaines connaissances... Je lui ai déclaré net que je partais le soir à pied avec mon ami Thomas, et que je ne le reverrais plus. Il s'est mis à mes genoux et m'a suppliée d'amener toujours les peintres, qu'il aurait soin d'en avoir toujours deux ou trois à dîner. C'est lui qui m'a fait connaître Frédéric Guermann ; il voulait avoir mon portrait en pied. Les séances étaient si ennuyeuses et si longues, que Marie avait fini par nous laisser seuls : Frédéric était aimable, il avait une façon charmante de parler mal le français qui m'amusait.... Quand le portrait a été fini, j'ai perdu de vue un moment Frédéric ; je crois que Marie se doutait de quelque chose, quoiqu'il n'en ait rien fait paraître ; tous les jours il m'amenait de nouveaux artistes : c'étaient des faiseurs de pastels, des miniaturistes, des sculpteurs.... ces portraits me faisaient mourir ! D'autant plus que c'étaient des peintres bien habillés, qui demeurent dans le quartier Notre-Dame-de-Lorette, des artistes vernis et prétentieux à l'impossible. « Ce « n'est pas ça des peintres, dis-je à Marie. Je veux mes peintres à dîner. » Marie ne comprenait pas que les peintres du quartier latin sont autre chose que les peintres du boulevard. Je fis donc inviter à dîner Thomas et ses amis, et sur la table, pour dessert, on plaça un grand pot plein de tabac. Avons-nous ri, ce jour-là, excepté Marie, qui ne comprenait rien à leurs farces ! C'est ce qui l'a achevé, puisqu'à ce dîner j'ai pris un caprice pour Alexandre, le graveur, qui doit, lui aussi, être bien malheureux dans ce moment.

— Ne vas-tu pas plaindre aussi Alexandre ? dit Gérard, que ces confessions blessaient par leur sincérité.

— Tu n'es pas juste, mon ami, dit Mariette, je ne plains pas Alexandre ; il pleurerait plein un tonneau que je donnerais toutes ses larmes pour t'entendre dire une fois de plus que tu m'aimes. J'ai fait quelquefois des folies dans ma vie : Alexandre est une de mes erreurs ; trois heures après, je le connaissais à fond et je m'en repentais.

— Parbleu ! dit Gérard, un graveur.... ils sont tous ainsi, du moins tous ceux que j'ai connus.

— Et Valentin aussi ? dit Mariette.

— Oh ! certainement, Valentin est bien l'être qui m'a mis le plus en colère.... j'avais fini par le prendre en haine.

— Alors, pourquoi le laissais-tu demeurer chez toi?

— On ne sait pas, dit Gérard ; on rencontre un jour un garçon qui a l'air aimable, qui se jette à vôtre cou, qui paraît intelligent et qui ne demande pas mieux que de comprendre.... Je me laisse toujours prendre à ces êtres-là.... Il ne savait où loger, je l'ai amené ici; il couche un jour, et puis deux, et puis huit; à la fin on se sent enchaîné moitié par habitude, moitié pour ne pas chagriner celui qu'on appelle son ami. Au bout d'un mois, je me suis aperçu que je vivais avec l'ignorant le plus ignorant que la terre ait porté; s'il avait voulu étudier encore, je ne demandais pas mieux : il y a ici trois cents volumes qu'il pouvait lire; pas du tout, il louait des romans. Il m'avoua qu'il voulait se faire poëte; moi, qui suis correcteur dans un petit journal, qui y travaille en même temps, je sais ce qu'on appelle poëte là dedans, et je sais comment ces pauvres diables gagnent leur vie. Je dis alors à Valentin tout ce que je pouvais pour l'en détourner; mais, comme il était buté sur son idée, précisément à cause de son ignorance, je lui conseillai d'étudier sérieusement un an, pendant tout le temps que devaient durer ses travaux de gravure. Il dit que oui et continua d'étudier des romans. Si encore le pauvre garçon avait voulu rester modeste, comme il convient à ceux qui ont besoin d'écouter! mais il décidait de tout, tranchait sur tout, et me répétait cinq minutes après, comme de lui, ce que je venais de lui dire avant. J'avais avec moi une ombre qui parlait, un écho perpétuel; si j'étais atteint d'une manie quelconque, il entrait dans ma manie et finissait par me la faire prendre en horreur.... ce n'est qu'une espèce de joli garçon.

— Oh! dit Mariette.

— Oui.... et tu m'as rendu un grand service, ma Mariette, de m'en débarrasser. »

V.

Intérieur du journal.

A huit jours de là, Gérard fut mandé à la justice de paix pour le payement de son terme : il apprit avec la plus grande surprise qu'il était saisi et que l'inventaire de son mobilier était fait. La portière avait donné la clef de son logement et introduit les huissiers, qui, par une sorte d'illégalité si commune en ces matières, avaient dressé un procès-verbal timbré et l'avaient fourré au milieu des papiers de Gérard, espérant que celui-ci ne s'en apercevrait pas.

Le juge de paix comprit que le débiteur avait été joué par le créancier; mais la loi est positive, il était impossible de s'opposer à la vente du mobilier, à moins de payer immédiatement. Gérard demanda si on saisissait les livres; le juge de paix répondit que oui : le débiteur avait droit à son lit et à une chaise; tout ce que pouvait faire le juge de paix était d'accorder une huitaine de répit. Gérard revint furieux, jura contre les propriétaires et confia ses peines à Mariette.

« Ce n'est rien, dit-elle, nous sauverons les livres.

— Si j'ai mes livres, dit Gérard, je m'embarrasse peu du reste. »

Mlle Jenny fut convoquée, ainsi que d'autres amies choisies pour cette circonstance : Gérard avait fait des paquets de volumes, et les amies de Mariette, à la faveur de leur longue taille élancée, faisaient le déménagement de la bibliothèque sans être trop remarquées. Au dernier voyage seulement, le portier s'aperçut d'une proéminence trop forte sous un châle : il fit entrer la femme dans la loge, se montra aussi implacable que les commis d'octroi, et rapporta chez Gérard le produit de la fraude.

« J'ai des yeux, dit le portier.

— N'importe, dit Mariette, au lieu de passer les livres par la porte, nous les ferons passer par la fenêtre. Si même nous faisions tout passer par la fenêtre?

— Ce n'est guère possible, dit Gérard. Mais, dit-il après avoir examiné le procès-verbal de récollement, ils ont oublié le fauteuil.

— C'est que l'huissier se sera assis dedans pour écrire et qu'il l'aura oublié. Il faut sauver le fauteuil.

— J'y tiens beaucoup, dit Gérard; nous l'emporterons par la fenêtre. Les volumes ne sont ni comptés ni désignés sur cet affreux papier timbré; nous avons donc le droit de les emporter. Tout le mobilier, à l'exception de la table, des chaises, de la fontaine et des livres est indiqué ainsi : divers objets mobiliers. Divers veut dire différents; deux objets qui ne se ressemblent pas sont différents; au besoin, nous ne laisserions que deux objets divers, que la loi serait pour nous. »

Tout fier de son raisonnement de chicane, Gérard posa la question du futur logement. Il se voyait à la tête d'un matelas, d'un fauteuil, de trois cents volumes et de quelques objets de cuisine.

« Te serait-il égal, dit Gérard à Mariette, de loger quelque temps à l'hôtel garni, en attendant?

— Je serai bien partout avec toi, dit Mariette.

— Alors nous irons demeurer rue des Canettes; c'est une vilaine rue, mais je suis déjà connu dans la maison : Henri Streich y demeure avec sa maîtresse. Nous serons à la porte du Luxembourg; voilà le printemps qui avance, il fera bon se lever matin et aller s'y promener. »

Le soir, il y eut un grand conseil ouvert en la chambre de Gérard pour la question du déménagement. Là, il fut décidé qu'il serait imprudent d'attendre au dernier jour, que le portier veillerait activement à l'approche de la vente; il serait bon de lier tous les meubles avec des cordes : on les descendrait facilement par la fenêtre peu élevée du premier étage, et il faudrait tenter le coup vers les onze heures, un jour de nuit noire. Justement il faisait une nuit profonde pendant la délibération.

« Ne perdons pas de temps, dit Mariette très-résolue; va chercher des cordes, Gérard; nous emballerons le mobilier, et, pendant que vous déménagerez, j'attendrai à l'hôtel et je recevrai les objets. »

En moins de dix minutes, le matelas, le linge, les couvertures, les habits, furent roulés en un énorme paquet dans lequel on fourra différents ustensiles qui pouvaient se casser et que le linge devait protéger. Quatre des conjurés allèrent attendre en bas que le signal fût donné pour recevoir les paquets. Mariette partit, et Gérard resta seul avec un de ses amis à descendre le mobilier. Tout se passa bien au début; mais le matelas présentait de grandes difficultés par son volume et sa lourdeur; des précautions étaient à prendre, aussi grandes que pour une fuite de la Bastille.

En face des bâtiments du conseil de guerre qui font le coin de la rue du Cherche-Midi, un factionnaire se promène perpétuellement sur le trottoir; on l'apercevait venant au pas militaire jusqu'à la rue du Regard; puis il retournait sur ses pas, et son absence ne durait guère plus de trois minutes.

C'étaient ces trois minutes dont il fallait profiter : encore le factionnaire n'était pas forcé par sa consigne de marcher régulièrement; il pouvait se reposer tout d'un coup au coin de la rue et empêcher l'évasion du mobilier.

L'un de ceux qui attendaient au bas, s'impatientant d'attendre, se mit à chanter à tue-tête une chanson de paysan pour prévenir Gérard de se dépêcher, et, comme il avait une voix forte et agréable, le factionnaire s'arrêta pour écouter la chanson, qui lui rappelait peut-être son village et son amoureuse.

« Taisez-vous donc, ivrogne! » cria Gérard par la fenêtre, feignant de croire que le chanteur revenait de la barrière.

Et il lança son matelas hardiment dans la rue : le matelas, qui renfermait entre autres objets de la batterie de cuisine, rendit sur les pavés un son sourd mélangé de cliquetis de ferraille; quoiqu'il fît nuit, Gérard distingua deux ombres qui enlevaient le matelas : au même instant la grande porte de la maison s'ouvrit, et un homme en sortit, qui était le concierge.

« Nous sommes perdus, dit Gérard à son ami; le portier va prévenir le poste. Sauvons-nous. »

L'ami répondit qu'il fallait attendre. Il regardait par la fenêtre.

« Diable, dit-il, voilà la patrouille grise qui arrive du côté par où le matelas s'est sauvé. »

On entendait les pas sourds des gardes municipaux, qui marchent avec précaution le long des trottoirs sans dire un mot.

« Combien sont-ils? demanda Gérard.

— Je ne vois que trois gardes municipaux.

— Alors, dit Gérard en soupirant, tout est fini; s'ils ne sont que trois, ils auront détaché deux des soldats pour conduire le matelas et nos amis au poste. Il est défendu de déménager entre onze heures et minuit. Partons vite. Je n'ai plus de jambes, je crains de me trouver mal devant la loge du portier. »

Ils sortirent et arrivèrent pleins d'émotion au logement de la rue des Canettes, où Mariette les reçut en riant assise sur le matelas encore roulé.

« Comment! le matelas est ici? s'écria Gérard. Et nos amis?

— Ils sont allés chercher le fauteuil et ce qui reste.

— Mais ils ne trouveront personne. J'aime mieux laisser le fauteuil, après ce qui est arrivé. »

Gérard raconta les terreurs que lui avaient causées la patrouille et la sortie du portier.

« Tes amis n'ont pas eu si peur que toi, dit Mariette : voyant arriver les gardes municipaux, ils ont posé le matelas par terre et se sont assis dessus, comme s'ils se reposaient; la garde n'a rien dit.

— N'importe, dit Gérard, je préfère laisser le fauteuil et ne pas m'exposer à me réveiller demain matin avec des cheveux blancs.

— Alors, dit Mariette, je veux avoir le fauteuil. »

Ainsi se conduisit cette fille courageuse, qui voulut mener à bonne fin l'expédition commencée et qui rapporta le fauteuil en triomphe.

Tranquille pour quelque temps, Gérard reprit ses travaux de journalisme, qu'il négligeait depuis la menace de saisie. Il n'est rien de plus dangereux que les perturbations de domicile, ces changements de logis qui rendent l'esprit vagabond, incapable de s'arrêter sur une idée, quand les exigences de la vie matérielle le préoccupent trop vivement.

« J'aimerais mieux payer six mille francs de loyer, dit Gérard, que de chercher à sauver pour cinquante francs de meubles. »

Mariette était également dans ces idées; elle n'aimait pas les dettes et forçait Gérard de se rendre à ses raisons. Gérard vivait alors de la correction d'un journal satirique, dit le *Petit Journal*, qui jeta pendant trois ans un assez vif éclat dans le monde des désœuvrés.

Cette feuille était dirigée par un vieillard dont toute l'existence s'était dissipée à de semblables commerces. Inconnu du public, cet écrivain, qui se plaisait à se cacher sous le nom de Saint-Charmay, quoiqu'il fût âgé de soixante ans, avait encore assez d'habileté pour s'entourer de jeunes gens spirituels et naïfs, qui dépensaient leur jeunesse et leur esprit au profit d'intérêts cachés.

Le vieux de Saint-Charmay avait conservé les habitudes littéraires de la Restauration, mais il admettait les nouveaux procédés d'esprit, qui se renouvellent tous les dix ans. Un groupe de jeunes gens entra ainsi dans la vie littéraire avec des formes neuves, qui firent de ce journal une puissance momentanée.

M. de Saint-Charmay employa divers moyens pour tenir en bride cette jeunesse indomptée qui avait besoin d'un frein. Le premier moyen était de leur faire gagner peu d'argent, afin de ne pas les rendre paresseux : ceux qui produisaient beaucoup n'étaient guère mieux payés que ceux qui produisaient peu, par la raison que leurs articles étaient tenus sous clef dans le fameux portefeuille en cuir rouge que le rédacteur en chef promenait sur le boulevard, se persuadant qu'on le prenait pour le ministre allant à la Chambre.

Un autre moyen était de conter les hauts faits des célébrités qui toutes avaient passé par la férule de M. de Saint-Charmay, à l'entendre, pour arriver aux honneurs, aux places et aux richesses. Il était encore dans les habitudes du vieux journaliste de paraître mépriser complétement ses rédacteurs, de les traiter avec insolence et brutalité, et de leur faire croire qu'échappés de son giron, ils ne parviendraient à aucun journal..

Rarement on avait vu une assemblée pareille de jeunes gens; ils s'étaient rencontrés là, arrivant des points les plus opposés, avec les idées les plus diverses et les plus contraires. Si tous s'entendaient à peu près sur la démolition, mentalement ils comprenaient une nouvelle école future. Chacun se croyait le chef d'un mouvement littéraire à venir; les uns mélangeaient leurs idées littéraires d'idées politiques qui, dix ans plus tard, devaient amener la révolution. Les autres riaient de tout, se moquaient de tout, écrivaient sur tout. Il y avait de jeunes lyriques qui attaquaient anonymement les grands poëtes, et qui essayaient de les mordre à l'aide de triolets et de quatrains perfides; il y avait des idolâtres qui ne connaissaient qu'un homme et ne touchaient à leur plume que pour parler de l'homme; il y avait des esprits chagrins qui critiquaient tout; il y avait de jeunes intrigants qui se glissaient partout à la faveur du journal, qui encensaient comédiens, poëtes, peintres, persuadés qu'on fait son chemin par le thuriférariat; il y avait des garçons de talent et des gens qui ne savaient pas l'orthographe. On ne comptait pas ceux qui ne savaient pas le français, tant ils étaient nombreux, entre autres des Russes, des Allemands, des Italiens, des Polonais, qui apportaient des indications utiles et de l'ouvrage à la rédaction, leur besogne étant péniblement faite et plus pénible à refaire.

Il y avait encore des Français qui écrivaient plus mal que les Allemands; c'étaient des gens du monde, des avocats, des marquises, des membres du Jockey-Club, des espèces de demi-attachés d'ambassade qui envoyaient des notes en apparence curieuses, mais destinées avant tout à servir leurs auteurs.

Dans ces notes on louait quelquefois des gens, le plus souvent on les attaquait; elles arrivaient par la voie de la boîte et étaient d'autant plus favorablement accueillies par le rédacteur en chef, qu'il avait un faible pour la noblesse, et qu'un cachet armorié sur une enveloppe lui rendait spirituelle la plus plate ineptie : mais les vrais rédacteurs n'étaient guère plus de dix, qui se tenaient toujours en permanence, remplissant le bureau de cris et de tapage en attendant l'arrivée de M. de Saint-Charmay. Chaque après-midi entendait discuter le numéro qui avait paru le matin. Malgré la fermeté du rédacteur en chef, qui avait la manie de croire à l'influence de sa politique, le journal se démentait lui-même tous les jours dans les questions d'art et de littérature.

M. de Saint-Charmay avait pour grand système de ne pas laisser de place à l'*amitié* dans son journal. Il permettait les attaques les plus violentes contre tout ce qui a un nom, mais il n'aimait pas l'enthousiasme. Chaque rédacteur devait au moins livrer dix articles d'*éreintement* avant de pouvoir faire passer un article agréable à quelqu'un : enfin le jour où paraissait l'article aimable était attendu impatiemment par son auteur, qui l'avait promis et qui espérait ainsi se faire des relations; mais le lendemain, les corédacteurs jaloux avaient rédigé contre la personne louangée plusieurs articles tellement perfides, que l'article de la veille devait servir à irriter davantage la personne dont il était question.

Il en était de même pour les nouvelles écoles réformatrices, qui avaient des adeptes partout : si l'adepte avait la maladresse de faire quelques lignes en faveur d'un utopiste, de Fourier, par exemple, pendant huit jours le fouriérisme devenait le sujet de cruelles plaisanteries dans le même journal. On s'imagine quelles étaient les conversations de ces jeunes gens qui apportaient dans la haine, dans l'enthousiasme, tout le feu de leurs vingt ans.

Plus d'une fois la rédaction en vint aux coups et se jeta à la tête des chaises qui témoignaient par leurs jambes boiteuses des ardeurs de la discussion. M. de Saint-Charmay, ancien garde du corps, aimait ce haut langage et contribuait largement pour sa part à favoriser les tempêtes littéraires. D'ailleurs, grand, fort et vert, malgré ses soixante ans, il criait plus haut que toute sa rédaction.

C'est au milieu de ces troubles, qui se représentaient régulièrement de une heure à cinq heures du soir, que Gérard faisait sa besogne de correcteur de journal. En même temps il était chargé de traiter la question de peinture. Avec ces deux attributions, Gérard gagnait à peu près de quoi vivre, mais son métier était pénible. Il entra dans le *Petit Journal* plein d'illusions, et les vit tomber une à une tristement; après avoir jeté sa verve follement pendant un an, il sonda le creux de cet esprit inutile, et ne chercha plus qu'à se créer une position honorable en dehors du journalisme, grave ou léger.

La première année que passa Gérard dans ce journal était tellement nouvelle pour lui, qu'il prit intérêt aux drames que le *Petit Journal* amenait chaque jour; il corrigeait les épreuves, où les gens étaient désignés le plus souvent par des initiales, sans se douter de ce que cachaient dix lignes innocentes en apparence : mais ces dix lignes brûlaient comme un fer chauffé à blanc, qui n'a pas l'apparence brillante du fer rougi. Le plus souvent les rédacteurs ignoraient le trouble qu'avait pu apporter le numéro du matin, mais le garçon de bureau entrait en disant à M. de Saint-Charmay :

« Deux messieurs désirent vous parler.

— Faites-les entrer.

— Ils veulent vous voir seul. »

Tout se passait alors dans un petit cabinet écarté d'où ne sortait aucun bruit. Quelquefois entrait au bureau commun de la rédaction un homme qui se disait calomnié, diffamé, et qui jetait des propositions de duel en demandant l'auteur de l'article. Jamais l'auteur de l'article n'était nommé, le plus souvent les articles dangereux étant envoyés anonymement. M. de Saint-Charmay, à l'ordinaire, commençait par des excuses; il ne connaissait pas, disait-il, les personnes qui n'étaient désignées que par une simple initiale; il invoquait sa bonne foi, il prétendait que l'article s'appliquait à d'autres; il ouvrait le journal, relisait l'article et cherchait à montrer le peu d'importance de la nouvelle incriminée.

Ces raisons apaisaient quelquefois les plaignants, mais elles produisaient aussi un effet contraire. Les gens de bonne foi s'irritaient de ce jésuitisme, éclataient en injures et ne demandaient pas mieux que de sauter à la gorge du rédacteur en chef. Alors M. de Saint-Charmay employait le grand moyen : il ôtait son chapeau.

M. de Saint-Charmay, qu'il fût assis ou qu'il se tînt debout, avec la redingote boutonnée jusqu'au menton, son énorme moustache grise, son teint coloré et son chapeau à larges bords, représentait plutôt un colonel de carabiniers qu'un bourgeois; mais, son chapeau enlevé, il ne restait qu'un énorme crâne chauve, avec deux rares mèches de cheveux blancs du côté des oreilles. Un changement à vue brusque devait produire la plus grande surprise chez l'insulté, qui, d'abord reçu par un militaire, se trouvait maintenant en face d'un vieillard; les grosses moustaches n'avaient pas arrêté sa colère, mais le crâne chauve lui faisait pitié; cependant quelques personnes, que ne maîtrisaient ni la crainte ni le mépris, poussaient l'irritation de l'injure imprimée jusqu'au duel; M. de Saint-Charmay acceptait, et proposait un combat sérieux, le duel à quatre pas. Gérard n'eut pas d'exemple d'une affaire menée si loin.

Si un courtier d'annonces et d'autres industriels actionnaires du *Petit Journal* livraient leur feuille à des intérêts privés, les rédacteurs l'ignoraient et n'en étaient pas plus riches, les uns étant absorbés par une poursuite continuelle de l'art, et les autres par la poursuite de femmes. Ces derniers formaient une spécialité chargée de donner une tournure galante au journal en racontant les aventures publiques et privées des lorettes, des filles entretenues et des actrices : les historiens des lorettes étaient complétement méprisés de ceux qui croyaient à la littérature et qui se servaient de la feuille satirique comme d'une massue pour tâcher d'écraser les médiocrités qui encombrent les arts.

« Nous avons beaucoup d'histoires de femmes, dit un soir M. de Saint-Charmay à Gérard, il n'en faut pas trop. Si nous remplissons le journal de galanteries, cela ne regarde que le quartier Bréda, et le quartier Bréda ne s'abonne pas. Voyons les meilleures. »

Et il lut : « Mademoiselle Mariette.... »

« Plaît-il ? dit Gérard, qui sauta sur sa chaise.

— Tenez-vous donc tranquille ; cette écriture est déjà assez mauvaise.... Voyons, vous qui avez des yeux, lisez-moi cette nouvelle. »

Gérard parcourut l'article d'un regard et s'aperçut qu'il était réellement question de sa Mariette : on racontait d'elle des aventures avec le peintre Frédéric Guermann, qui ne tournaient pas à son avantage.

« Stupide ! dit Gérard en déchirant l'article manuscrit, qu'il jeta vivement dans le feu.

— Qu'est-ce que c'est ? s'écria M. de Saint-Charmay. Comment ! vous jetez les manuscrits au feu ? Et qui vous a permis de trouver cela stupide ? Je ne vous demande pas votre avis. A-t-on vu un garçon pareil !... Prenez mon fauteuil tout de suite, monsieur le correcteur, et faites le journal ! »

Gérard s'excusa de son mieux, et dit que l'article était tellement insignifiant, qu'il ne valait même pas la peine d'être lu. D'ailleurs il était trop long ; il avait près de quarante lignes.

« Je leur recommande pourtant, à ces crétins-là, dit M. de Saint-Charmay, de me faire des nouvelles très-courtes et très-spirituelles; ils ont la rage, pour conter un bon mot, d'écrire un volume. En dix lignes on peut tout dire.

— Qui est-ce qui a rédigé cet article ? demanda Gérard.

— Je n'en sais rien, dit M. de Saint-Charmay, sans doute un de ces messieurs qui courent après les femmes. »

Gérard attendit avec impatience l'arrivée des rédacteurs; il n'était lié qu'avec trois ou quatre; il ne pouvait pas leur demander de renseignements sur l'article concernant Mariette, ses amis ne s'occupant pas de semblable littérature; mais il espérait découvrir sur sa mine l'auteur de l'article; il pensait que celui-ci s'inquiéterait de la disparition de son article.

Et il se creusait la tête à chercher quel pouvait être le motif qui avait pu engager quelqu'un à imprimer Mariette toute vive dans le *Petit Journal*. Était-ce un de ces adorateurs qui se présentent chez les femmes un article de journal à la main, comme font en province les clercs d'avoués pour les actrices ? Mais l'article était plus qu'hostile, il indiquait une certaine haine contre Mariette. Était-ce un rédacteur qui se vengeait ou une perfidie dirigée contre Gérard principalement ?

Il cherchait ses ennemis dans le journal, et en trouvait trop pour pouvoir s'arrêter à aucun. Gérard, ayant son franc-parler, ne dissimulait pas combien il était désagréable de se voir confondu avec des êtres qui croient qu'une plume est faite pour écrire des plaisanteries sur les femmes entretenues. Tout en critiquant les trois quarts de la rédaction, Gérard avait dû se faire des ennemis.

Pendant huit jours il attendit inutilement la réclamation de l'article perdu; il en parla à Mariette, qui ne sut donner aucun renseignement. Ils s'aimaient beaucoup et passaient la journée à se le dire; à part les trois heures que Gérard donnait au journal, il ne quittait pas son amie. Leur vie était tranquille et réalisait les rêves de Gérard, qui, seul au milieu de Paris, trouvait pour ainsi dire une famille dans Mariette.

Ces liaisons, qui étonnent beaucoup le monde quand on aperçoit souvent au bras d'un homme distingué une femme plutôt laide que belle, n'ont rien de surprenant. C'est un ménage réel compris autrement que le mariage de la société. C'est le mariage sans le hasard, c'est le mariage avec une femme qui n'a rien et qui a besoin de tout.

L'artiste qui a vécu quelque temps avec une maîtresse plus ou moins belle, plus ou moins acariâtre, une fois entré dans ces habitudes, devient plus rangé que le plus vertueux des bourgeois. Il adore cette femme, se laisse mener par elle et se tue de travail pour elle. Plus elle est laide et méchante, plus la femme est adorée par l'artiste, qui trouve en elle un mirage perpétuel.

Gérard, défiant de caractère, avait été rassuré par la franchise de Mariette au commencement de leur liaison; il s'attachait de plus en plus à elle et ne voyait pas de fin à son bonheur. De son côté, Mariette était remplie de soins et d'attentions : elle écoutait patiemment les discussions littéraires de Gérard et de ses amis, conversation pénible pour les femmes.

Voulait-il travailler : elle le laissait travailler; voulait-il lire : elle ne bougeait plus, récompensant d'un franc baiser les préoccupations de son ami. Rarement ils se querellaient; cependant Mlle Pauline, qui vint un matin frapper à la porte, apporta quelques nuages dans cet intérieur tranquille. Elle paraissait tellement ennuyée, que Gérard s'écria après son départ :

« Pourquoi reçois-tu Pauline ?

— Elle vient toute seule, dit Mariette.

— Je ne veux plus la voir, elle me donne des attaques de nerfs. Mais ce n'est pas du sang, c'est du coton qu'elle a dans les veines.... Ne la reçois plus ici, je ne veux pas que tu voies des femmes. »

VI.

Amours méconnues.

Gérard avait oublié l'article dirigé contre Mariette, lorsqu'un jour, à la rédaction, il lut sur les épreuves cette petite anecdote : « Dernièrement, Mlle Mariette offrait le thé en revenant du bal à trois de ses amis; il était onze heures du soir. La portière lui dit en lui remettant sa clef : « Ces messieurs descendront-ils ? »

Gérard entra dans une grande colère, et, n'osant pas faire supprimer l'article qui était composé, il changea le prénom de Mariette en un autre prénom. L'article parut ainsi modifié; mais, trois jours après, une nouvelle attaque contre Mariette fut remise à Gérard dans les épreuves du journal.

On disait que Mlle Mariette s'était vendue à un membre de l'Institut qu'on désignait par des initiales, et on donnait le chiffre de la somme. Gérard fut assez adroit pour laisser le nom de Mlle Mariette et donner à cette diffamation une tournure favorable au caractère de son amie.

« De qui est donc cette écriture? demanda Gérard au rédacteur en chef.

— C'est d'un amateur. »

Ainsi étaient désignés les rédacteurs qu'on ne payait pas.

« Mais comment s'appelle-t-il?

— Je ne sais.... il fait les comptes rendus du théâtre Bobino.

— Ah ! s'écria Gérard, heureux d'être mis sur la piste.

— Ayez soin de veiller à son article, dit M. de Saint-Charmay; en me l'envoyant aujourd'hui, ce jeune homme se plaint qu'un autre de ses articles n'a pas passé.

— Comment est-il, ce jeune homme? dit Gérard, qui tenait à recueillir plus d'une preuve.

— Je ne l'ai jamais vu, dit M. de Saint-Charmay; il m'envoie ses articles sous enveloppe. »

Gérard serra précieusement le manuscrit dans son portefeuille et ne fit qu'une course du journal à la rue des Canettes. Mariette était endormie au coin du feu.

« Mariette ! cria Gérard d'un tel accent que la jeune fille se réveilla en sursaut. Qu'est-ce que ceci ? » demanda-t-il en lui présentant l'article manuscrit.

Mariette considéra longtemps la feuille de papier.

« Tu vois bien, on veut encore imprimer des infamies sur ton compte.

— Ce n'est pas de ma faute, dit Mariette.

— Reconnais-tu l'écriture ?

— Pas trop.

— Eh bien ! lis toi-même.

— C'est bien mal écrit, » dit Mariette.

Gérard lut l'article en fronçant le sourcil.

« C'est infâme ! dit Mariette. Est-ce que tu crois cela ?

— Je crois tout et je ne crois rien : je veux savoir quel est l'auteur....

— Je ne reconnais pas cette écriture, du tout, dit Mariette.

— Il paraît, dit Gérard, que cet homme fait les comptes rendus du théâtre Bobino.

— Alors, s'écria Mariette, ce doit être Ernest, un grand blond fade, qui m'a fait longtemps la cour; je me rappelle qu'il essayait de faire jouer des vaudevilles à Bobino ; un jour, il avait oublié chez moi un grand drame qu'il voulait me lire; en allant à la campagne, le soir, j'ai enveloppé dans son drame un pâté, un poulet froid.... Tu n'as pas d'idée d'une colère pareille quand il m'a redemandé son drame. Il disait que je lui avais fait perdre plus de dix mille francs, que son drame devait être joué à l'Odéon, et que jamais il ne pourrait refaire les deux actes qui avaient servi à envelopper le pâté. Moi, je riais comme une folle ; alors il m'a dit que, puisque je lui faisais perdre la gloire et l'avenir, je devais bien le récompenser un peu. J'ai ri plus fort encore ; il est sorti furieux en me disant qu'on ne se moquait pas ainsi des auteurs, et que je le lui payerais un jour.

— Très-bien ! » dit Gérard, qui se mit immédiatement à sa table et rédigea la lettre suivante :

« Monsieur,

« Si vous êtes M. Ernest, dont Mlle Mariette a égaré jadis deux actes de mélodrame, vous avez sans doute le droit de vous venger ; mais j'ai également le droit de vous dire que je vous défends d'écrire au *Petit Journal*, ou ailleurs, la moindre ligne sur son compte. Je me verrais forcé, à mon grand regret, de vous donner des coups de canne tels que vous ne rédigeriez pas une ligne de trois mois.

« Votre tout dévoué,

« GÉRARD,

« 3, rue des Canettes. — Tous les jours jusqu'à midi. »

Gérard plia la lettre, mit pour adresse, en gros caractères : « *A monsieur Ernest, rédacteur chargé de rendre compte du théâtre Bobino, au Petit Journal.* » Et, le lendemain, il colla sa lettre sur la glace de la rédaction, en prévenant les employés du journal, qui connaissaient M. Ernest, de lui faire savoir qu'une lettre l'attendait. Deux jours après, Gérard vit avec plaisir que la lettre n'était plus collée à la glace ; il n'attendit pas longtemps la réponse : le lendemain, à sept heures du matin, un grand jeune homme fade entrait au n° 3 de la rue des Canettes, et demandait à parler à M. Gérard.

« C'est moi, dit celui-ci.

— Monsieur, dit le jeune homme, vous m'avez écrit une lettre fort dure.

— Ah ! ah ! c'est vous qui faites du journalisme avec Mariette?... Eh bien ! monsieur, je l'aime, Mlle Mariette, comprenez-vous ? »

Le grand jeune homme, qui retrouvait dans les paroles de Gérard la netteté brève de sa lettre, se sentait embarrassé de sa contenance, d'autant plus qu'une alcôve entr'ouverte lui faisait penser, avec raison, que cette scène avait un autre témoin. Gérard attendait la réponse en se tenant droit devant celui qu'il avait provoqué par sa lettre.

« Aviez-vous des motifs puissants pour écrire de tels articles ? dit Gérard.

— Non, dit le jeune homme blond.

— Alors, monsieur, veillez un peu aux scandales qui se trouvent au fond de votre encrier ; si vous savez quelque malignité qu'il ne soit pas bon d'imprimer, n'en dites rien à votre plume. Adieu, monsieur ; vous m'avez réveillé de bien bonne heure ! »

Là-dessus, Gérard reconduisit le jeune homme, qui sortit humilié.

« Il n'a pas été brave, M. Ernest, dit Gérard à Streich, qui entra dans la matinée demander si on savait des nouvelles de Rose.

— Comment ! Rose n'est pas rentrée ? demanda Mariette. Ah ! mon pauvre Streich, qu'est-ce que cela veut dire ?... »

Streich ne répondit pas à cette cruelle question. Streich était l'un des camarades les plus intimes de Gérard ; ils avaient débuté à la même époque dans le journalisme, avaient demeuré longtemps ensemble, s'étaient brouillés, puis raccommodés, et avaient fini tous les deux par se mettre en ménage. Streich demeurait un étage au-dessous de Gérard avec Mlle Rose, une jeune fille pâle et mélancolique qui offrait avec Mariette un contraste frappant. Ses anciens chagrins domestiques, l'hôpital, la misère, revenaient souvent dans la conversation de Rose ; aussi parlait-elle plutôt pour elle que pour les autres. Mariette aimait mieux faire la nique à l'avenir que de s'en inquiéter.

« Pauline est venue hier dans la journée, dit Streich, et nous étions à causer tranquillement tous les deux quand Rose est arrivée. Elle a pâli, est restée quelques minutes sans parler et a ouvert la porte. Depuis hier, je ne l'ai pas revue.

Que peut-elle être devenue? Ah! que j'ai souffert cette nuit! Je me suis mis à travailler....

— Si tu as travaillé, dit Gérard, il n'y a pas de mal; moi, je ne travaille pas volontiers quand je suis chagrin, ou alors il me faut une douleur tellement violente, que je me jette à corps perdu dans le travail pour tâcher d'oublier. Mais Rose reviendra.

— Oh! non, dit Streich, il faut que je la rappelle par le journal. »

Streich avait une singulière manie : il n'écrivait que sa vie, ses amours et les amours de Rose. De temps en temps il découpait une aventure de sa vie comme on coupe une tranche de pâté, et portait cette tranche à M. de Saint-Charmay, qui recevait avec plaisir ces sortes de biographies d'étudiants et de grisettes : les infidélités de Rose procuraient une aventure par semaine à Streich, qui en publiait assez régulièrement quatre par mois.

Ainsi, la disparition de Rose produisit un feuilleton d'un sentiment comique et exagéré; les chagrins domestiques de Streich se tournaient en mots plaisants. Il excellait surtout dans la peinture de ses recherches d'argent. Mlle Rose, ainsi que toutes ses amies, s'était frottée de littérature dans un tel milieu et lisait les journaux; elle lisait surtout les feuilletons de Streich, et, ayant surpris son secret de découdre un feuillet de sa vie pour le mettre en roman, quand elle avait commis quelque escapade, elle ne rentrait plus qu'après avoir étudié le récit imprimé de cette escapade, afin d'être sûre de sa réception.

Le *Petit Journal*, à l'insu du rédacteur en chef, servait ainsi de boîte à lettre aux amours de Streich; mais cette poste n'était pas toujours fixe : il arrivait quelquefois que le journal était plein et que le feuilleton ne paraissait pas le lendemain de la brouille. Mlle Rose, ne voyant rien paraître, croyait que Streich s'était lassé d'elle et ne voulait plus la recevoir.

Le récit des aventures demandait deux nuits de travail; M. de Saint-Charmay se faisait prier pendant quelque temps pour insérer le feuilleton : chaque brouille éloignait donc Mlle Rose pendant cinq ou six jours.

« Aussi, pourquoi reçois-tu Pauline? demanda Gérard.

— Je la reçois comme je te recevrais; je ne vois pas pourquoi Rose s'est prise subitement de jalousie.... Pauline me racontait ses malheurs : elle est très-triste.

— Il est vrai, dit Mariette, que l'étudiant qu'elle aime s'est bien mal conduit avec elle. Voilà quatre ans qu'ils vivent ensemble; elle était très-bonne pour lui, elle le soignait : c'est un gros homme qui ne pense qu'à son ventre. Il jouait toutes les nuits, et Pauline l'attendait souvent jusqu'à cinq heures du matin. Ce n'est pas gai ! A la fin son amant s'est lassé d'elle, et l'a congédiée. Que d'histoires ! il allait être reçu docteur, cela lui nuisait, son père devait arriver à Paris, il ne pourrait plus la voir chez lui. Pauline est partie le cœur gros, vous pensez; elle se retira dans une petite chambre où elle pleurait toute la journée. Mon Dieu ! que c'est bête, de s'attacher à un homme ! Je te tuerais, moi, Gérard, si tu me faisais un coup pareil ! Oui, embrasse-moi, monstre ! Vous vous ressemblez tous : il n'y en a pas un meilleur l'un que l'autre !

— Est-ce que vous croyez, dit Streich, que Rose se conduit bien en ce moment ?

— Vous vous retrouverez avec plus de plaisir. Mais ce n'est rien à côté de Pauline. Elle ne mangeait plus, elle ne dormait plus, et ça ne la rendait pas plus belle. A la fin, elle n'y tint plus, elle voulait revoir son amant; elle loua une chambre dans la maison où il demeurait. Quand il montait les escaliers, elle ouvrait vivement sa porte et tâchait de se trouver sur son passage; mais ce gros sans cœur n'avait pas l'air d'y faire attention. Elle lui parla, et il ne lui répondit pas.... Pauline, humiliée, ne voulut plus le rencontrer, et nous avons percé, dans la porte de sa chambre, un grand trou avec une vrille; le matin, quand il se lève, Pauline se met à son trou et le regarde passer; le soir, quand il rentre, elle le regarde encore.

— Tiens! dit Gérard, cela est beau : je commence à trouver Pauline intéressante.

— Enfin, dit Mariette, l'étudiant est pris d'une fièvre typhoïde.... Ah! comme Pauline était heureuse d'un côté et malheureuse de l'autre! Elle s'était installée dans sa chambre et passait les nuits et les jours à le veiller; pendant quinze jours, elle n'a pas bougé d'auprès de son lit. L'étudiant se rétablit.

— Bon! dit Streich; l'amour revient.

— Pas du tout, dit Mariette; le monstre ne l'a seulement pas remerciée, et il est parti pour son pays sans lui rien dire. Oh! les hommes!

— Et les femmes? » dit Streich en pensant à Rose.

Là-dessus la discussion s'engagea entre Mariette, Streich et Gérard, sur la quantité d'amour qu'apportaient les hommes et les femmes; quoiqu'elle fût seule de son parti, Mariette soutenait dignement les femmes et ne se laissait nullement ébranler par les preuves historiques auxquelles elle n'entendait rien et qu'elle jetait de côté, voulant raisonner sur ce qu'elle voyait autour d'elle et sur ses propres impressions.

« Je ne sais pas si les femmes aiment mieux que les hommes, dit Gérard; je le saurai quand tout sera fini entre nous deux.

— Tu sais bien, dit Mariette, que je t'aimerai toujours!

— Toujours! dit Gérard en pinçant les lèvres. J'ai peur que tu ne me quittes la première.

— Je parie le contraire, dit Mariette.

— Qu'est-ce que nous parierons? nous n'avons rien.

— Parions dix baisers, dit Mariette.

— La folle! si tu me quittes, c'est que tu ne m'aimeras plus; si tu ne m'aimes plus, je te haïrai; si je te hais, je n'irai pas te demander dix baisers, et, si tu ne m'aimes plus, tu me les donneras encore moins.

— Alors donne-les-moi tout de suite, » dit Mariette.

VII.

Clarisse Harlowe au rabais.

Ce jour-là on reçut un cadeau de l'ami Thomas, qui cherchait une réconciliation en envoyant à Mariette un joli petit chat noir avec de grands yeux verts. Une lettre était jointe qui constatait la généalogie du petit chat :

« Ma chère Mariette,

« Je passais l'autre soir par la rue de l'Odéon; devant la porte d'un épicier était une mère chatte avec deux petits, l'un jaune comme un âne rouge, l'autre noir avec une tache blanche, qui figurait une espèce de *royale* au menton. La mère jouait avec son enfant jaune; elle ne paraissait pas s'inquiéter immodérément du noir, qui, accroupi sur ses quatre pattes, jetait de mélancoliques regards sur les passants. De temps en temps, il s'interrompait dans ses observations pour dresser le nez en l'air et aspirer des odeurs vagues qui provenaient d'une case renfermant des pruneaux. Puis il se remettait à considérer les allants et venants; mais le fumet des pruneaux le tracassait : la jeunesse est si gourmande, qu'il faut pardonner la mauvaise action commise par le chat noir.

« Il profita du treillage de fer, barrière formée contre les entreprises audacieuses des gamins de Paris, pour monter à l'escalade des pruneaux. Là, il se promenait sur ces fruits avec une béatitude extrême, les léchant plutôt qu'il ne les mangeait, lorsque la mère chatte se mit à crier. Était-ce pour appeler le propriétaire des pruneaux ? était-ce pour inviter son fils à cesser ce commerce répréhensible ?

« L'épicier vint aussitôt, curieux de s'expliquer les cris de la mère chatte. Sa colère fut plus grande que son étonnement en voyant au milieu de ses denrées le jeune chat. Il le prit par le cou en le battant comme plâtre. Cet homme déploya une cruauté sans pareille; cependant il était dans son droit de commerçant. Il pensait avec raison que les pratiques du quartier qui auraient vu l'innocente promenade du petit chat regarderaient à l'avenir avec le plus profond mépris les pruneaux souillés.

« La brutalité du boutiquier m'intéressa en faveur du chat, qui s'était sauvé sur le trottoir, fuyant de nouveaux accès de colère de son maître. Je pris le chat et je l'emportai. Il a mille qualités que tu reconnaîtras à mesure, ma chère Mariette. Je sais combien tu es bonne, et en t'envoyant le chat, c'est un cadeau que je lui fais plutôt qu'à toi.

« Ton peintre et ami, THOMAS. »

Ce cadeau fit le plus grand plaisir à Gérard; dont l'enfance s'était passée au milieu des chats et qui semblait avoir retiré de cette intimité des rapports de physique et de caractère. La ressemblance venait surtout de longues moustaches roides et peu fournies qu'aucune brosse et aucun peigne n'avaient pu ramener à l'état de moustaches d'homme. Des clignements d'yeux fréquents faisaient croire aux gens que Gérard étudiait sournoisement les figures étrangères en feignant de fermer ses paupières.

Mariette partageait les goûts de Gérard, aussi le petit chat noir fut-il traité en ami. Il commença par faire le gros dos et alla se cacher sous une armoire, ce qui fut expliqué par un être mystique qui fréquentait alors Gérard.

« Les chats ne se cachent pas pour se cacher, dit-il, mais pour étudier en paix la physionomie du nouveau logement où ils entrent; de là ils écoutent les conversations, afin de savoir à quoi s'en tenir sur leurs maîtres. »

Ce mystique, nommé Barberot, eut l'honneur d'apporter le chat, à cause de la grande religion qu'il vouait à ces animaux; Thomas, n'osant se présenter, avait envoyé son cadeau par une personne de confiance. Barberot donna des nouvelles du peintre, disparu depuis la soirée de la rue du Regard; il avait peint une étude d'après le chat noir; Barberot ne trouvait pas assez d'éloges pour la façon dont était peint le mou. C'était sa manière de raisonner : il courait après le plus petit détail d'un tableau, sans s'inquiéter de l'ensemble.

« Oh ! s'écriait Barberot, il y avait des tons verts dans ce mou.... mais ce serait trop long à vous expliquer.

— Le mou n'est donc pas rouge ? demanda Mariette.

— Sans doute, il est rouge, dit Gérard.

— Alors pourquoi M. Barberot dit-il qu'il est vert ?

— Le mou a l'air rouge, dit Barberot; sans doute, mais au fond....

— Va chercher du mou au petit chat, dit Gérard; autrement nous ne nous entendrons jamais. »

La discussion n'eut pas de fin, Barberot ayant dans la tête des systèmes d'une complication extraordinaire dont il gardait la clef pour lui. Cependant le petit chat mangeait avec avidité le mou apporté par Mariette, sans s'inquiéter de sa couleur.

Dès lors le chat joua un grand rôle dans le ménage : on l'habitua à jouer tranquillement et à ne pas quitter la chambre; le matin, on le menait au Luxembourg pour lui faire prendre l'air. Gérard faillit devenir jaloux du chat, qui occupait tous les instants de Mariette. Ainsi que la lettre l'avait fait prévoir, Thomas revint voir Mariette et fut reçu à bras ouverts. D'ailleurs il avait besoin de consolation : on lui avait refusé au Salon un tableau dont il espérait un grand succès : c'était le portrait d'un enfant de l'île du Bas-Meudon, assis dans une chaise à bras et mangeant une grosse pomme rouge : sous l'enfant on voyait apparaître les bords ronds d'un vase blanc qui témoignait de la double opération à laquelle se livrait l'enfant.

La figure seule devait montrer les secrètes préoccupations de l'enfant, en apparence occupé à manger une pomme. Gérard consola Thomas, qui maudissait les peintres de belles étoffes, les amoureuses coquetteries de Watteau, que toute une fade école cherchait à reproduire par un vil sentiment d'imitation que l'époque actuelle ne pouvait accueillir.

« Ils ne peuvent donc pas faire ce qu'ils voient ? disait Thomas. Où sont-elles, leurs femmes poudrées ? il n'y a plus de femmes poudrées. Si je peins des casseroles, c'est que je les aime et que je les comprends; au moins je les vois, il y en aura toujours. La belle trouvaille que j'ai faite hier ! Je passais dans la rue, je vois au coin d'une borne un morceau de faïence coloriée : je le ramasse; c'était la moitié d'un saladier de campagne qui représentait un chinois habillé tout en rouge, en train de pêcher dans le fleuve Jaune, malheureusement mon Chinois était coupé par la moitié. On n'avait jeté que ce morceau aux ordures; je m'en allais, lorsque je vois un chiffonnier qui retire avec son crochet, de dessous le tas, l'autre moitié du saladier.... J'ai cru que j'allais sauter sur lui, mes yeux devaient lancer des éclairs. Ce chiffonnier a été brave, il n'a pas abusé de ma position. Il ne m'a vendu que deux sous sa moitié de saladier; je l'ai bien vite portée à l'homme qui met des attaches, et j'ai maintenant aux murs de mon atelier un saladier superbe, brillant comme un soleil. A propos, Gérard, vous devriez bien venir voir un jour le portrait de votre petit chat. »

Gérard, pour se réconcilier tout à fait avec Thomas, voulut l'accompagner immédiatement.

« Êtes-vous heureux avec Mariette? demanda le peintre.

— Tout à fait heureux, dit Gérard. Elle est charmante, tellement que je me demande quelquefois si je suis bien digne d'avoir une femme comme elle.

— Alors je suis content aussi, dit Thomas avec un sourire triste.... Et je vous demande pardon de vous avoir écrit la lettre que vous savez. Figurez-vous qu'on m'avait dit beaucoup de mal de vous.

— Ça ne m'étonne pas, dit Gérard; ce ne sera pas la dernière fois que vous en entendrez. Rappelez-vous ceci, Thomas; les ennuyeux me font souffrir, je les hais et je le leur dis. Ils me prennent mon temps et ne m'apprennent rien; je suis gêné avec eux, car je ne sais pas si ce que je leur dirai les intéressera. D'ailleurs, les imbéciles sont méchants sans le savoir, et vous font plus de mal que les méchants; on ne les craint pas, on les laisse aller jusqu'au jour où, par hasard, on découvre le tort qu'ils ont pu vous faire. Je n'ai pas plus d'estime pour les gens médiocres qui s'introduisent on ne sait comment chez vous; ils ont l'air de courir après votre amitié; ils vous écoutent longtemps, saisissent facilement vos ridicules, ce qui n'est pas difficile, nous en sommes pleins, et, quand ils vous ont assez épongés, qu'ils sont autant fatigués de vous que vous êtes fatigués d'eux, ils passent à un autre, et ainsi de suite.

— J'ai pris un grand parti, dit Thomas; comme ils m'ont fait perdre beaucoup de temps et que je ne savais comment m'en débarrasser, je leur ai dit un jour : « Vous vous ennuyez et je « vous amuse; vous viendrez chez moi tant qu'il vous plaira, « mais je vous préviens que chaque heure que vous passerez « dans mon atelier sera payée cinq francs. Si vous me regardez « deux heures, je vaux bien dix francs; y a-t-il rien de plus « curieux que de voir mes soupières et mes assiettes descen- « dre des planches et venir se coller sur ma toile?... c'est un « spectacle magique!... moi-même, qui suis le magicien, et qui « connais les mystères, j'en suis toujours étonné : combien de- « vez-vous apporter d'intérêt à ces opérations, vous simples cu- « rieux! » Mes gens crurent que je plaisantais et s'imaginèrent que c'était une façon adroite de leur emprunter de l'argent; il y en a qui reculèrent devant deux heures payées un peu cher; deux d'entre eux restèrent quatre heures, qu'ils me payèrent en riant. Le lendemain ils reviennent comme d'habitude, persuadés que je leur avais fait une plaisanterie et qu'ils avaient, par leur argent, apaisé une petite dette qui me rendait désagréable. Ils entrent tous les deux. « Je vous avertis, leur dis-je, « qu'on paye les heures d'avance; vous êtes deux, c'est dix « francs. » Ils rirent d'abord en voyant que je continuais à garder mon sérieux et à renouveler ma demande; ils dirent qu'ils avaient oublié leur bourse. « Tachez, mes amis, leur dis-je, de « ne pas l'oublier une autre fois, car je ne fais pas crédit. » Et je fermai la porte de mon atelier en leur souhaitant le bonjour. Je ne les ai plus jamais revus. Ah! Gérard, j'entre dans des colères sourdes quand je pense au temps que j'ai passé avec tous ces fainéants qui nous dévorent. Leurs compliments, leurs flatteries, j'en ai par-dessus la tête. Est-ce que je ne sais pas ce que je vaux? Est-ce que je ne me fais pas des compliments bien autrement agréables? Est-ce que je ne me critique pas avec des amertumes plus saignantes que tout ce qu'on peut imprimer contre mes tableaux? Il n'y a pas d'être plus orgueilleux que moi et plus humble que moi.

— Je pense comme vous, dit Gérard, mais je ne sais pas si nous pourrions confier cela à beaucoup de monde. Moi, je dis tout à Mariette, je lui raconte ce que je veux faire; elle m'écoute et elle a l'air de me comprendre. C'est comme si elle comprenait.

— Mais il y a peut-être un danger, dit Thomas: c'est de révéler toutes ces choses importantes à une femme qui peut les répéter.

— Est-ce que vous en croyez Mariette capable, Thomas?

— Non, tant qu'elle vous aimera.

— On dirait, dit Gérard, que vous présagez une rupture prochaine.

— Non, répondit le peintre.

— J'aime Mariette, dit Gérard, et je ne vois pas la fin.

— Il y a toujours une fin, » dit Thomas.

Gérard ne dit plus un mot, accablé par cette réponse. Il lui arrivait quelquefois de se laisser aller à des doutes sur la durée de sa liaison avec Mariette; il en souffrait tout en les créant, et rentrait chagrin; mais un seul mot de Mariette suffisait à déchirer ces toiles d'araignée qui emplissent l'esprit; la parole de Mariette était d'un timbre si fin et si pur, qu'on ne pouvait supposer qu'un mensonge pût s'envelopper d'une si douce musique. Gérard fut vivement froissé par la confirmation de ses doutes, venue d'une bouche étrangère.

En ce moment, il haïssait Thomas de l'avoir désenchanté, et il était disposé à trouver sa peinture détestable ; mais une réflexion lui survint : il se dit que Thomas était encore amoureux de Mariette, et que le dépit lui soufflait ce langage.

Gérard pensait que Mariette avait trompé plus d'un amant; ces amants valaient-ils Gérard? Sans trop d'amour-propre, il se croyait autorisé à se croire plus digne et plus certain de l'amour de Mariette que pas un de ceux qu'elle avait connus avant lui. Ces réflexions entrèrent davantage dans la tête de Gérard lorsqu'il rencontra dans l'atelier de Thomas un jeune homme qu'on appelait Alexandre, et qui était en train de travailler à une gravure. Thomas ayant, dans le courant de la conversation, prononcé le nom de Gérard, le graveur leva la tête et lança un regard ennemi du côté de Gérard, qui regardait les tableaux accrochés au mur, sans s'inquiéter de son ancien rival.

On ne voyait dans l'atelier que des études de petites filles dans toutes les positions : les unes mangeant la soupe, les autres se chauffant; celles-ci avec un moulin à café, celles-là lisant à la lampe; il y en avait qui traînaient un fagot plus gros qu'elles; d'autres étaient à genoux en pénitence, avec un bonnet d'âne sur la tête. Toutes ces enfants étaient habillées simplement en robes brunes, avec de grands tabliers de lustrine et de petits bonnets blancs.

« Vous devez bien aimer les enfants, dit Gérard à Thomas.

— Oui, dit Thomas; c'est ma petite fille qui me pose ces études.

— Comment! vous avez une fille? » s'écria Gérard, qui comprit alors la mine réfléchie du peintre.

Il ne s'agissait plus alors de ces amours rieuses qui durent une semaine pour ne laisser d'autres traces qu'un profil dans la tête, un couplet de chanson dans la mémoire, une couleur favorite dans les yeux. « Il a une fille! » se dit Gérard en s'en retournant chez lui.

Jusque-là, la pensée d'un enfant ne lui était jamais venue; car les faits les plus naturels et les plus probables étaient ceux qui préoccupaient le moins Gérard; aussi en était-il frappé comme d'un coup de foudre quand ils arrivaient : de même chaque idée remuait violemment Gérard pendant dix minutes. Dans un espace aussi bref, il pouvait souffrir autant qu'un autre en un mois; la mort de quelqu'un qu'il aimait lui faisait verser des larmes abondantes aussitôt qu'il l'apprenait; une colère violente s'emparait de lui pendant un quart d'heure; il s'enthousiasmait avec la même promptitude; mais colère, douleur, enthousiasme, tombaient comme l'eau bouillante qu'on retire du feu. Aussi, après s'être répété tout haut dans la rue : « Il a une fille! » à plusieurs reprises, Gérard s'arrêta à la première devanture de boutique, et regarda une chinoiserie qui lui fit oublier les enfants et toutes ses idées sur les enfants.

« Ah! bonjour, monsieur Gérard, lui dit avec son accent traînant Mme Pierre, qui revenait avec un tablier gonflé d'une foule d'objets; c'est Mlle Mariette qui m'a donné une robe, votre vieux pantalon : ce sera bien chaud pour l'hiver; je m'en vais faire une camisole avec.

— Vous avez donc vu Mariette?

— J'en reviens, monsieur Gérard.... Elle est sortie avec un monsieur.

— Qui est-ce? s'écria Gérard.

— Un petit gros qui est gentil; il m'a donné quatre sous pour mes cartes.... et puis deux sous que j'avais déjà de ce matin; ça ne va pas mal, les cartes, on me demande encore faubourg....

— Mais où est allée Mariette?

— Je ne sais pas, monsieur; le petit gros avait l'air pressé, vous le connaissez bien.

— Un petit gros! dit Gérard; comment s'appelle-t-il? où allaient-ils tous les deux? Est-ce que Mariette ne vous a rien dit pour moi?

— Oh! je ne sais pas tout ça.... Si nous n'étions pas dans la rue, je vous ferais bien un tour de cartes.... »

Mais Gérard était déjà en course, tracassé par la sortie de Mariette avec ce *petit gros* inconnu. Il espérait qu'elle lui aurait laissé un mot chez la portière; Mariette n'avait prévenu de rien. Il monta à la chambre de Streich, et fut longtemps à être introduit; car Streich, qui travaillait la nuit, se couchait une partie du jour.

« Tu n'as pas vu Mariette? lui demanda-t-il.

— Non, je dors.

— Peut-être a-t-elle frappé chez toi en s'en allant, dit Gérard.

— C'est possible, je dormais.

— Peut-on dormir de la sorte! s'écria Gérard, qui fit retomber sur la tête de Streich les tracasseries que lui causait l'absence de Mariette. Tu crois encore, lui dit-il, que les poëtes doivent travailler la nuit, enveloppés de silence.... Regarde-moi; j'emporte quelquefois mes papiers au café, et là, au milieu des joueurs de dominos, des gens qui jouent au billard, de ceux qui discutent la politique, je n'entends pas plus les hommes que si j'étais dans une île déserte.

— Chacun a sa méthode, dit Streich; il me faut la nuit et beaucoup de café.

— Tu iras loin avec ton café! dit Gérard; tu te brûles à grand feu. Lève-toi donc à cinq heures du matin, mets sur ta table une grande carafe d'eau fraîche : tu verras comme l'eau fera couler des idées claires dans ta plume!

— Nous avons trop bu d'eau dans notre vie, dit Streich, j'en ai assez.... Tiens, je me rendors, ne me parle plus.

— Comment, tu vas encore dormir? il est temps d'aller dîner.

— Quelle heure est-il donc?

— Quatre heures et demie, dit Gérard; est-ce que tu ne viens pas au Pont-Neuf?

— Je m'en vais me lever alors, dit Streich. Tu as bien fait de venir : Rose m'attend là-bas à dîner, et elle ne doit pas avoir d'argent. Moi non plus; mais nous allons manger *Clarisse Harlowe!*

— Tu vas vendre *Clarisse Harlowe?* dit Gérard.

— Sans doute.

— C'est que je n'ai lu que le premier volume.

— Tant pis pour toi, dit Streich.

— Quel commerce fais-tu avec tes livres! s'écria Gérard; ils ne sont pas même coupés qu'ils sont vendus; je ne comprends pas le peu de respect que tu as pour les livres.

— Mais tu ne vois donc pas, dit Streich, que je contribue plus qu'un autre à la vulgarisation de la saine littérature. La *Clarisse Harlowe* coûte six francs neuve; je la vends quarante sous, le marchand la revend trois francs dix sous. Les amis des lettres pauvres sont plus disposés à dépenser trois francs dix sous que six francs; ils n'achèteraient peut-être pas la *Clarisse Harlowe* pour six francs, tandis que trois francs dix sous leur permettent de lire ce livre. Sais-tu maintenant combien la baisse que je fais subir à *Clarisse Harlowe* peut être précieuse aux amateurs de livres? D'un côté, je dîne....

— Et, de l'autre, je vois des individus, dit Gérard, qui se privent de dîner deux jours pour pouvoir acheter le livre. »

Tout en causant de la sorte, les deux amis gagnèrent un cabaret qui fait l'angle de la place de l'École, où ils avaient l'habitude de dîner. Dans une salle qui leur était réservée au premier étage, une fenêtre donnait sur le Pont-Neuf et permettait de suivre des yeux le curieux et bruyant spectacle de l'endroit le plus fréquenté de Paris. Gérard avait prévenu le concierge de l'hôtel garni qu'il allait dîner à cet endroit, afin que Mariette vînt le retrouver; mais il était triste et plein de pressentiments; les paroles de Thomas lui revenaient dans la mémoire : « Tout a une fin. » Et il regardait attentivement toutes les femmes qui traversaient le Pont-Neuf, certain de reconnaître Mariette à l'autre bout du pont.

« Tu ne manges donc pas, Gérard?

— Non, dit-il, je n'ai pas faim. »

Puis il pensa qu'on devinait la cause de son ennui, et il commanda à dîner au cabaretier; car il ne voulait mettre ni

Streich ni Rose dans la confidence de ses tristesses. D'ailleurs Valentin et Mlle Jenny, qui étaient également à table, avaient mille raisons pour rire de ses tourments, et Gérard essaya de dire des folies, afin de mieux déguiser ce qui se passait en lui.

Le dîner lui paraissait exécrable, lorsque tout à coup il vit apparaître dans la spirale de l'escalier des rubans cerise sur un chapeau de velours noir. Les émotions qui emplirent le cœur de Gérard sont trop vives pour être décrites : personne ne pouvait les deviner, tant elles étaient brèves.

Un clignement d'œil rendait ces émotions intimes que Gérard masquait aussitôt par la plus froide indifférence. Il avait de féroces envies de sauter au cou de Mariette ; cependant il restait assis sur sa chaise; mais Mariette, plus expansive, commença par embrasser son ami, sans s'inquiéter si on la regardait.

« Nous t'avons assez attendu avec Giraud !

— Sans doute, dit Gérard, et c'est parce que vous m'avez attendu que je n'ai trouvé personne.

— Mon ami, dit Mariette, Giraud m'a priée de l'accompagner au marché.

— Au marché ! et pourquoi faire ?

— Il nous donne à souper ce soir. Il a vendu ses airs populaires provinciaux à un éditeur, et il veut que chacun soit en fête. Je me suis chargée de prévenir tous nos amis.

— Voilà une bonne affaire, dit Streich.

— Je suis heureux, dit Gérard ; j'ai été le premier à imprimer que ces airs populaires auraient un immense succès, et voilà ma prédiction qui se réalise.

— Aussi, il faut avouer, dit Valentin, que Giraud est un malin.

— Voilà déjà Valentin jaloux du futur succès de Giraud.

— Non, dit Valentin ; mais de Villers trouve que ces chansons ne sont pas aussi naïves que vous voulez bien le dire.

— Et tu penses comme de Villers? demanda Gérard.

— Entièrement.

— Eh bien! nous nous moquons des opinions de de Villers; je comprends que les vers de Giraud et de de Villers ne se ressemblent pas : il y en a un qui fait des vers rustiques et l'autre des vers archaïques.

— Mais, reprit Valentin, de Villers ne dira pas de mal des airs populaires de Giraud; au contraire, il a fait un article très-aimable.

— Tant pis! s'écria Gérard, je méprise complétement ceux qui pensent du mal d'une œuvre et qui en disent du bien.... Ils ne cherchent qu'à tromper le public.... La plume qui ment est cent fois plus honteuse que la bouche qui ment.... N'est-ce pas épouvantable de voir des jeunes gens de notre âge, qui ont trente ans d'avenir littéraire, débuter par des mensonges? Cela se comprend encore d'écrivains usés, condamnés à faire de la critique pour vivre; ils veulent finir tranquilles, ils n'ont plus de colères, parce qu'ils les ont dépensées dans leur jeunesse.... Mais des hommes de vingt-cinq ans qui mentent!.... Patience! nous vous rendrons un jour la vie dure; nous ne sommes pas beaucoup qui voulons parler sincèrement; mais je serais seul, que je n'abandonnerai pas une minute ce coin-là.... Je serai long à arriver, mais j'arriverai; je soulèverai contre moi des inimitiés, des haines, des calomnies, je le sais, et c'est ce qui fait ma force. Ce que je dis tout haut, je l'imprimerai; je ne crains guère mes ennemis, mais je crains encore moins mes amis. »

Gérard, d'une nature très-irritable, avait deux manières de passer ses colères : ou il ne disait rien et rongeait son frein en dedans, ou il éclatait violemment en paroles crues qui entraînaient sa pensée beaucoup plus loin qu'il n'aurait voulu.

La mauvaise foi et le manque de franchise lui mettaient la tête à l'envers : certains êtres qu'il ne cherchait pas, mais qu'il rencontrait forcément, lui faisaient mal à voir ou lui agaçaient les nerfs. Il en était ainsi arrivé à l'égard de Valentin, qui, après avoir été le clair de lune de Gérard, s'était prosterné devant les rayons du poëte de Villers; mais ce dernier, loin de partager les principes rigoureux de Gérard en matière d'individualité, se plaisait à entretenir autour de lui une dizaine de perroquets qui allaient répéter dans tous les endroits publics de Paris : « Mon maître de Villers est le plus grand lyrique de ces temps-ci. »

Gérard, qui avait horreur des camaraderies et qui se rendait compte des procédés pénibles de celui qu'on appelait un *métrique* remarquable, se plaisait à lutter seul contre l'influence des dix perroquets, et ne cachait pas sa façon de penser.

« Allez-vous longtemps parler littérature? dit Mariette. Ce n'est pas gai.... j'espère qu'il n'en sera pas question au souper de Giraud; je n'irai pas, moi, si vous vous disputez comme vous le faites d'habitude.

— Allons, Mariette, dit Gérard, soyez calme.... Mais tu ne m'as pas conté comment Giraud est venu, nous qui ne l'avions pas vu depuis si longtemps.

— Il est comme un fou, dit Mariette, d'avoir vendu ses airs populaires.... Il y a quelques jours, il passait sur le boulevard, il regarde les fenêtres éclairées du Jockey-Club. Giraud monte, demande à parler au président, et lui dit : « Monsieur, « je désirerais vous faire entendre des airs populaires que j'ai « composés.... » Le président dit qu'on ne chante pas au Jockey-Club; Giraud répond qu'on n'a jamais rien entendu de pareil. On allait donner l'ordre aux domestiques de le mettre à la porte; mais quelques messieurs s'étaient rassemblés autour de Giraud, étonnés de voir un homme distingué vouloir se donner en spectacle. Tout à coup, Giraud se met à chanter, comme un vrai paysan, ses airs de campagne : il criait comme s'il avait été en pleins champs; il n'y avait plus moyen de l'arrêter qu'en envoyant chercher la garde; on l'a laissé continuer et il a chanté tout son répertoire... Il y a un éditeur de musique qui a entendu parler des chansons et de ce qui s'était passé au Jockey-Club; il a fait chercher Giraud et lui a acheté ses airs populaires.

— Rien ne m'étonne de Giraud, dit Gérard. Il est venu un soir au *Petit Journal*, et il a fait le même tour; M. de Saint-Charmay a été obligé de l'écouter pendant une heure. Il faisait trembler les carreaux de la rédaction. « Nous avons notre « journal à faire pour demain, criait le vieux Saint-Charmay, « nous n'avons pas le temps, monsieur; c'est vraiment char« mant. » Giraud continuait toujours. Nous nous sommes moqués ensemble des faux poëtes; je l'ai mené aussi chez des poëtes tendres; j'étais certain de l'effet.... Comprenez-vous ce qu'ont pensé de ces poésies fortes et sincères tous ces jeunes gens qui se disent les amis de la nature et qui passent leur temps à chanter des moutons avec des rubans roses ?... Pour les tracasser, Giraud a fini par leur chanter le boucher de campagne; le sang coule à flots, on voit les garçons aiguiser leurs couteaux, on entend le marteau qui frappe sur la tête du bœuf; et qui est-ce qui profite de tout ça ? La boucher aux belles couleurs.... Jamais je n'ai vu des gens aussi malheureux; ils frémissaient pour leurs pauvres petits moutons de carton, qu'ils se donnent tant de peine à peigner et à poudrer tous les matins. »

VIII.

Le cabaret nocturne.

Le soir il y eut un grand souper chez Joassant, qui représenta le dernier cabaret de la littérature. C'était un endroit rue de Grenelle-Saint-Honoré, en face du passage Véro-Dodat, où passaient la nuit ceux qui revenaient tard des théâtres ou des journaux. Le cabaretier avait une autorisation de tenir son restaurant ouvert toute la nuit, sous le prétexte d'offrir un endroit pour se réconforter aux voyageurs arrivant par les bureaux des messageries voisines; mais on ne vit jamais un voyageur dans ce restaurant.

Les principaux habitués furent des Allemands étranges, employés aux correspondances étrangères dans les journaux, un ancien directeur de revues, le prétendu parrain de toutes les illustrations artistiques du romantisme, qui avait la manie de réciter des tragédies; on y voyait encore des critiques terribles qui étaient connus tout à la fois comme écrivains, architectes et peintres, et qui ne faisaient ni romans, ni palais, ni tableaux; on y rencontrait des acteurs célèbres qui ne jouaient pas et qui avaient des systèmes dramatiques entièrement neufs, c'est-à-dire de jouer Molière *carrément;* on y voyait des gens longs et maigres, à nez d'aigle, qui se disaient magnétiseurs et qu'il n'aurait pas été prudent de rencontrer au coin d'un bois.

Des écrivains scientifiques, fruits secs de l'École polytechnique, y discutaient la science actuelle avec un mépris et une certitude que personne ne pouvait combattre. Chacun de ces spécialistes amenait toujours deux amis, espèces de gardes du corps comme on en voit autour de toutes les médiocrités orgueilleuses et impuissantes....

C'étaient alors des soirées de discussions bizarres, pleines d'affirmations où la science se mêlait à la poésie, la peinture à la tragédie. Il n'existait rien dans l'école moderne qu'on n'assommât avec les grands noms anciens.

Au-dessus de ce groupe se détachait la figure de Joassant, malade maniaque qui gouvernait despotiquement ses habitués. Se croyant attaqué de la poitrine, Joassant confectionnait des tisanes vertes et particulières qui devaient lui rendre la santé; il avait pris le pli d'interrompre la discussion la plus intéressante, qu'elle fût scientifique ou artistique, pour expliquer les nouvelles combinaisons de sa tisane; et les soupeurs cessaient immédiatement leur conversation pour avoir l'air d'écouter Joassant.

Ils le craignaient en ce sens que le petit homme hâve et maigre traitait ses habitués comme des soldats prussiens, et mettait à la porte ceux qui lui déplaisaient par leurs opinions culinaires. Cet être fantastique entendait de sa cave les moindres paroles qui se disaient; on en eut des exemples par des individus qui se plaignaient de la dureté de ses tranches de rosbif et qui furent punis, la première fois, en se voyant compter une carte double, car le cabaretier n'avait pas de prix fixe.

Les soupeurs, se voyant dans la position d'un homme qui peut payer une tranche de gigot de un franc à cinq francs, flattaient le plus qu'ils pouvaient les manies de cet hôtelier maniaque. Une nuit, Joassant était monté au grenier; aussitôt qu'on l'eut entendu monter deux étages, un des habitués dit à ses camarades :

« Décidément, le beurre n'est pas frais aujourd'hui ! »

Un quart d'heure après, Joassant descendit furieux, prit l'individu au collet, lui présenta sa note et le jeta à la porte en lui disant qu'il allât chercher du beurre frais aux halles.

L'individu expulsé était grand et fort et ne reculait pas devant un coup de poing; Joassant était frêle et maigre, avec l'apparence d'un homme que le plus petit vent va renverser. On ne s'expliquait pas cette force extraordinaire qui s'emparait tout à coup de lui et qu'on l'avait vu exercer mille fois vis-à-vis des buveurs tapageurs ; on s'expliquait encore moins cette ouïe prodigieuse qui faisait qu'un mot dit à voix basse était entendu par lui à n'importe quelle distance, en haut ou en bas de la maison, éveillé ou endormi. Aussi Joassant dut-il à ces qualités surnaturelles de mener sa maison en autocrate et d'imposer aux plus turbulents de ses habitués.

La bande des impuissants, qui se tenait habituellement au rez-de-chaussée, vit arriver avec terreur Gérard et Mariette, Rose et Streich, Valentin et Jenny, Pauline, Giraud et Thomas. Ceux-ci professaient le plus grand mépris pour un certain notaire dont il était alors fortement question dans le monde dramatique. Il était arrivé qu'un notaire de Compiègne se délassait de ses travaux en composant, à ses moments perdus, une tragédie en vers. Il en faisait tant de vers par jour; il avait calculé qu'au bout de six mois il en verrait la fin, et, jour pour jour, il arriva, ainsi qu'il le rêvait, à son dénoûment : le notaire fit la connaissance, à un voyage à Paris, d'un ancien directeur de revues dont les moyens d'existence étaient de servir d'intermédiaire entre les écrivains et les libraires, entre les auteurs dramatiques et les directeurs. La passion de déclamer l'ancien répertoire céda la place à la passion d'une tragédie inédite. Partout, dans Paris, le protecteur, qui avait de longues jambes, répéta qu'un nouveau Corneille pour la vigueur, mélangé d'André Chénier pour la tendresse, venait de naître. On inventa des anecdotes attendrissantes sur le compte de ce notaire de Compiègne, qui était un honnête bourgeois d'une intelligence assez grande pour mener à bien les intérêts de sa municipalité. Tous ceux qui n'avaient pu faire leur trou dans les arts, dans les lettres ou dans les sciences, et qui se croyaient de grands génies méconnus, repoussés systématiquement par leurs confrères arrivés depuis quinze ans, firent groupe autour du notaire de Compiègne, et saluèrent sa tragédie comme on salue le Messie.

Le nombre était grand de ceux qui se réunissaient dans un café pour chanter la gloire du notaire; une pendule fut fondue exprès avec le buste du futur grand homme : mais le peintre Thomas enleva adroitement le buste, et le remplaça par une de ces honteuses tabatières de carton peint que les plaisants de société jettent à terre dans les salons pour faire croire qu'un chat malhonnête a laissé des traces de son passage.

Un pareil entourage de gens médiocres si enthousiastes éclaira bien vite ceux qui ne cherchaient que la vérité. Gérard et ses amis pénétrèrent avec beaucoup de peine dans le parterre à la seconde représentation; ils avaient lu des vers et entendu réciter des fragments. Ils ne laissèrent pas dire huit vers de cette poésie monotone, qu'ils se mirent à siffler bruyamment, protestant ainsi contre les enthousiasmes frénétiques des amis du notaire. Mariette et plusieurs de ses amies avaient été placées à divers intervalles dans les galeries élevées, et troublaient également la tragédie par divers cris longuement étudiés dans la journée.

Ce petit noyau de gens sincères fut battu complétement : un détachement de municipaux entra dans le parterre, et le balaya à coups de crosse. Gérard reçut un tel coup en fuyant, qu'il tomba dans une baignoire sur un administrateur en lunettes d'or, qui était évidemment un ami du notaire poëte. L'homme en lunettes, ayant approuvé la conduite des gardes municipaux, se trouva puni de cette parole par un violent coup de poing sur son chapeau, que Gérard lui appliqua en se sauvant de la loge.

Les femmes des galeries avaient été également expulsées ; les vaincus se retrouvèrent à la porte du théâtre, les uns contusionnés, les autres ayant reçu des coups de poing, mais tous heureux d'avoir protesté hardiment contre une telle médiocrité.

Pendant longtemps le *Petit Journal* servit de fouet aux partisans et admirateurs du notaire de Compiègne. On répandit le bruit que Gérard et ses amis en voulaient aux jours de l'auteur de tragédies et qu'ils avaient tiré au sort afin que le hasard décidât celui qui serait chargé de cette périlleuse mission. Aussi Gérard et ses amis furent-ils haïs de tous ceux qui se posaient en gens sérieux, et leurs farces pleines de fougue et d'audace indisposèrent-elles tout le Paris médiocre.

Les habitués de Joassant, qui étaient les amis les plus intimes du notaire de Compiègne, ceux qui avaient poussé le plus à la roue de sa réputation, ne furent pas satisfaits de voir arriver la bande qui manifestait sa joyeuse humeur dès l'entrée.

« A bas la tragédie ! » dit en montrant l'escalier Streich, qui poussait partout le grand cri de guerre et qui aurait été très-embarrassé de sortir de ses habitudes de calme.

Thomas déclara qu'il mangerait avec le plus grand plaisir un filet de notaire de Compiègne, et mille plaisanteries, qui ne seraient pas comprises aujourd'hui, servirent d'introduction au repas. Pour faire fête à l'auteur des airs de province, Mariette voulut l'avoir à côté d'elle à table. Streich ne quittait jamais Rose, et Gérard fut placé à côté de Pauline, qu'il voyait avec plus de plaisir depuis qu'il avait eu connaissance de ses chagrins d'amour.

« Il paraît que vous ne pouvez pas me souffrir? dit-elle à Gérard.

— Qui vous a dit cela?

— C'est Mariette.

— Mariette a eu tort..... au contraire, je vous estime beaucoup, parce que vous avez beaucoup aimé.

— Ne parlons pas de ça, dit Pauline en buvant, j'ai trop peur de mettre des larmes dans mon vin.

— Alors buvons, » dit Gérard, qui trinqua avec Pauline.

Gérard, qui ne savait pas boire, commençait à trouver Pauline la plus charmante des femmes : il lui prenait la main et elle la lui abandonnait sans rien dire.

« Gérard ! s'écria Mariette.

— Oh ! dit Gérard, reprenant tout d'un coup son sang-froid en apercevant un orage sur la figure de Mariette, orage qui s'annonçait par un frémissement presque imperceptible des ailes du nez. Qu'est-ce que tu as, Mariette? lui dit-il en courant à elle.

— Tu as bien fait de te retirer d'auprès de Pauline....

— Et pourquoi? dit Gérard.

— Ne te moque pas de moi, dit Mariette, je vois clair; tu lui as pris les mains?

— Que les femmes sont sottes ! dit Gérard. Je trouve qu'on ne saurait faire une trop grande fête à notre ami Giraud; Pauline s'ennuie beaucoup.... j'avais pensé qu'ils sont faits l'un pour l'autre et qu'ils seraient très-heureux ensemble. Écoute, Giraud; Pauline t'aime beaucoup, elle me l'a dit tout à l'heure.... Et toi?

— Je n'en sais rien, » dit Giraud.

Gérard retourna auprès de Pauline.

« Giraud vous adore, Pauline; et vous?

— Je le veux bien, dit-elle. Mais que dira Valentin?

— Comment.... Valentin? s'écria Gérard.

— Hélas! j'en suis autant fâchée que vous, Gérard.

— Tant pis pour Valentin, dit Gérard; d'ailleurs, c'est un paresseux. Pourquoi ne fait-il pas une belle chose? on l'aimerait.... mais on ne peut pas aimer un homme qui ne fait rien et qui est la serinette de de Villers.

— Vous avez raison, dit Pauline, j'aime beaucoup les airs provinciaux de Giraud; dites-lui de ma part qu'il me fera grand plaisir s'il veut en chanter un.

— Mon cher, dit Gérard au poëte, tu es adoré : Pauline veut que tu chantes quelque chose; elle est prête à prononcer que les rossignols chantent comme des oies à côté de toi. »

Alors Giraud se mit à entonner la chanson du vin, qu'il avait composée la veille et qui devint plus tard une des plus populaires de son œuvre. Ces poésies réveillaient dans les esprits parisiens blasés l'amour de la campagne.

L'odeur des foins, les prairies vertes, les grands bœufs étonnés, mirent un terme aux poésies byroniennes, intimes, clair de lune, sceptiques et moyen âge, qui devenaient fastidieuses par les nombreux imitateurs qui se traînaient en rampant dans des rhythmes devenus faciles.

Giraud composait la musique en même temps que les vers, et il ne savait pas distinguer un dièse d'un bémol; mais il se ressouvenait des mélodies de campagne, quand la nourrice berce son enfant, quand le garçon de charrue siffle en conduisant ses chevaux, quand la cuisinière nettoie sa batterie de cuisine; il avait compris le sens de toutes ces mélopées traînantes, il les avait ramenées à des rhythmes plus civilisés, et il en ornait ses chansons. Aussi la fortune de cette école rustique fut-elle vivement faite par le peuple, habitué jusque-là à de mauvaises chansons de goguettes.

« Allons, dit Gérard en s'en retournant, voilà un ménage de plus. Crois-tu, Mariette, qu'ils s'aimeront longtemps?

— Non, dit Mariette.

— Pourquoi?

— Ah! pourquoi.... on n'en sait rien. Pauline s'ennuie trop.... Elle regrette toujours l'ancien.

— Elle a bien tort, dit Gérard.

— Tu ne me regretterais donc pas? dit Mariette.

— Je ne pense pas à te regretter, dit Gérard, puisque nous sommes pour longtemps ensemble.

— Mais, enfin, si un événement nous séparait?

— Quel événement? demanda Gérard; laissons cela de côté, d'ailleurs, et ne pensons pas à demain.... Je suis heureux aujourd'hui, faut-il que j'habitue mes deux yeux, l'un à rire et l'autre à pleurer?... J'aime mieux rire des deux yeux, et pleurer des deux yeux quand l'occasion sera venue. Tu me dirais : « Je « te quitte dans huit jours; » je te répondrais : « Tâchons d'être « heureux pendant ces huit jours.... » La semaine d'après, je serais assez triste sans mettre un crêpe d'avance à mon cœur.... Et, quand je suis très-heureux, je voudrais voir tout le monde heureux; voilà pourquoi j'ai pensé à Pauline et à Giraud; je ne connais rien de plus beau que ma vie depuis que je te connais, ma Mariette.... je suis content, je travaille, je me sens jeune. Quand je vivais seul, il y avait des jours où l'ennui me prenait; tout devenait brouillard; il me semblait quelquefois que j'avais soixante ans! »

IX.

Mariette a des attaques de nerfs.

Peu de temps après cette soirée, Gérard et Mariette abandonnèrent la rue des Canettes; tous deux avaient les logements garnis en haine et nourrissaient depuis longtemps le désir d'acheter un mobilier. Gérard, au contraire de ses amis, avait peur de la vie au jour le jour : il aimait son intérieur et ne voyait pas de plus grand bonheur que de coucher dans son lit.

La vie d'hôtel garni lui pesait par son manque de liberté : les domestiques ont une heure fixée pour faire la chambre ; il n'est guère possible de rester dans une chambre où on fait un lit ; les meubles ferment mal ; quand ils ferment, ils ne conservent pas mieux le secret de ce qui y est renfermé, les maîtresses d'hôtel garni ayant toujours des doubles clefs qui leur permettent, pendant l'absence de leurs locataires, de s'inquiéter de leur lingerie et de fureter dans leurs papiers.

Entrant dans les questions de détail, Mariette avait démontré que le petit chat leur causerait de vives afflictions si l'on ne quittait pas au plus vite l'hôtel garni. La portière, qui faisait les chambres, ne sympathisait pas avec le chat et lui envoyait de grands coups de balai en faisant mine de balayer. Elle tenait exprès la porte ouverte pour que le chat prît la fuite, et il fallait à l'animal son grand amour du foyer pour ne pas profiter d'une si belle occasion offerte à ses instincts de gouttière. Si le chat se perdait, Mariette ne vivrait plus ; Gérard devait donc acheter un mobilier pour la conservation du chat et de l'existence de sa maîtresse.

Gérard se rendit facilement à ces raisons ; car il fut témoin, un jour, d'une scène cruelle. Mariette était rentrée avec un panier plein de framboises qui prenaient un grand intérêt de leur rareté, vu la saison. Elle se mit à les éplucher dans un beau saladier à fleurs rouges, et faisait mille folies, dérangeant Gérard de son travail, soit en lui pressant des framboises sur la figure, soit en lui faisant manger les plus grosses, puis les plus petites, puis en le forçant à goûter celles qu'elle venait d'éplucher et qu'elle tenait dans ses lèvres, appelant ainsi les lèvres de Gérard.

« Si je donnais des framboises au chat ! s'écria-t-elle.... Mais où est-il ? je ne l'ai pas vu. »

Les framboises furent bien vite abandonnées au fond du saladier, et ce fut une course inquiète, accompagnée de regards pénibles autour de la chambre ; après avoir regardé sous les armoires, sous les tables, Mariette n'hésita pas à se glisser sous le lit, c'était son dernier espoir.... Elle en sortit les larmes aux yeux.

« Il sera tombé par la fenêtre ! s'écria-t-elle en l'ouvrant précipitamment et en regardant dans la rue si les pavés ne témoignaient pas de la chute de l'animal. Il est perdu.... Il est perdu !.... dit-elle en sanglotant. On l'aura pris.... Gérard, cours vite en bas le demander à la portière.

— Il est endormi quelque part.

— Tu vois bien que non, dit Mariette ; je l'appelle depuis une heure, et il ne manque jamais d'accourir.... Je te dis qu'il sera tombé par la fenêtre. »

Gérard soutint que, si un pareil accident était arrivé, la rue serait pleine de curieux au moins pendant deux jours ; mais toutes ces raisons ne faisaient qu'accroître la douleur de Mariette, qui accusa Gérard, par son insouciance, d'avoir laissé perdre le chat ; ses larmes augmentaient en raison de la froideur de Gérard, qui ne voyait pas dans une absence si courte le motif d'une telle douleur.

Mariette alla plus loin, et accusa Gérard d'être jaloux du chat et de l'avoir fait disparaître ; Gérard rit de cette exagération : mal lui en prit de rire, car des soubresauts s'emparèrent du corps de Mariette, qui frémissait, serrait les dents et agitait violemment ses bras. Gérard fut effrayé, et, avec beaucoup de peine, porta Mariette sur le lit ; il espérait que cette position la calmerait. Mais une violente crise de nerfs épouvanta Gérard, qui ne se connaissait pas en maladies ; il crut Mariette à la mort. Ses idées se brouillaient ; il cherchait des yeux dans la chambre un remède qui pût calmer de telles attaques.

Mariette avait des mouvements violents qui faisaient grincer le lit et crier les portes de l'alcôve.... Gérard craignait qu'elle ne tombât du haut du lit ; il ne se sentait pas assez fort pour arrêter les mouvements violents des bras et des jambes ; par une violente secousse, Mariette, accolée contre le mur, fit rouler le lit et tomba dans la ruelle.... Gérard sauta sur le lit et essaya de dégager son amie, qui se roulait par terre et faisait sonner la muraille avec sa tête....

Heureusement la porte s'ouvrit, Pauline entra : elle comprit l'embarras de Gérard, qui ne lui dit qu'un mot : « Mariette ! » en lui montrant d'un air effaré l'endroit où elle gisait ; ils réussirent à la dégager de la ruelle et parvinrent à arrêter ses mouvements saccadés. Pauline lui jeta de l'eau sur la figure.

Une demi-heure après, tous les trois mangeaient des framboises.

Le coupable auteur de cette scène, le petit chat, sortait d'un tiroir à demi ouvert de la commode, qu'on n'avait pas soupçonné capable de lui servir de lit. Il faisait le gros dos, ce qui lui donnait une hauteur inaccoutumée, clignait ses yeux verts comme une personne contente d'avoir goûté un parfait sommeil.

« Est-il drôle ! » dit Mariette, qui ne tenait pas rancune au petit chat des larmes qu'elle avait versées en sa mémoire.

Cette scène donna à réfléchir à Gérard, qui, ne voulant plus voir reparaître de tels orages, s'empressa de louer un petit appartement de la rue Saint-Benoît.

Quelque temps après, il fut décidé que Gérard irait passer quelques jours chez sa mère, qui habitait la province et qu'il n'avait pas vue depuis longtemps. La veille de son départ, Mariette pleura.

« Je ne sais ce qui doit nous arriver, dit-elle, mais il y a quelque chose de triste dans l'air.

— Est-ce que je ne t'aime pas autant que dans le commencement ? Est-ce que je ne t'aime pas davantage de jour en jour ? dit Gérard.

— Non, dit Mariette ; je suis triste, je ne sais pourquoi ; j'ai peur qu'il ne m'arrive malheur.

— Quel malheur ? Si je le savais, je ne partirais pas.... Veux-tu que je ne parte pas ?

— Non, pars au contraire, dit Mariette ; tu fais bien d'aller auprès de ta mère; moi aussi, je voudrais bien voir la mienne.... Il y a sur le pont Saint-Michel une vieille aveugle qui lui ressemble tant, que je fais souvent de longs détours pour lui porter un sou.... Et, depuis que je suis avec toi, je me reproche bien de n'avoir rien envoyé à ma mère; auparavant, tous les mois, je mettais une vingtaine de francs à la poste; mais nous ne sommes pas assez riches.

— Si je rapporte de l'argent de mon pays, dit Gérard, tu lui en enverras.... Cependant, je ne compte pas trouver là-bas la fortune.... je suis assez mal vu dans ma petite ville; j'y ai mené une conduite bien folle, pendant trois ans.

— Tu avais des maîtresses? demanda Mariette.

— Ce n'étaient pas les maîtresses qui m'inquiétaient le plus; c'était de devenir très-fort au billard et à tous les jeux de cartes.

— Une belle occupation! dit Mariette.

— Quand on est enfermé dans une petite ville comme dans une cage, il n'y a pas de milieu.... Les notaires (j'appelle ainsi avocats, avoués, employés de contributions directes ou indirectes, adjoints, maire et préfet), les notaires se réunissent une fois la semaine à l'hôtel de ville, avec leurs femmes laides, niaises et prétentieuses; ils s'intitulent le monde, et passent la nuit à danser le pas des cravates blanches et à jouer quelques écus. Les jeunes gens passaient leur vie à fumer, à boire, à courir les couturières. J'ai essayé, autant que j'ai pu, de détourner mes amis du jeu, et je leur ai appris divers exercices de corps. Je les ai dressés à grimper après des maisons, à décrocher des volets, des enseignes; je leur ai enseigné à faire des courses gymnastiques pour ne jamais se laisser attraper par les boutiquiers; l'art de démolir n'a plus de secrets pour mes amis, depuis que j'ai conduit la démolition d'une poissonnerie.

— Et ta mère te laissait faire tout cela? dit Mariette.

— Il était impossible de nous soupçonner, dit Gérard; chaque nuit, nous nous transportions dans un quartier opposé; il n'y a qu'un commissaire de police et deux agents.... encore le commissaire de police aimait-il mieux dormir. Il nous accusait auprès du maire, mais il manquait de preuves.

— Je comprends, dit Mariette, que tu ne sois pas très-bien regardé dans ce pays.

— Il est vrai, dit Gérard, qu'on ne sonne pas les cloches pour me recevoir; ils sonneraient plutôt le tocsin, comme si le feu était dans la ville.

— Et tu es content, n'est-ce pas, dit Mariette, de revoir tes anciens amis?

— Mes amis, dit Gérard, je ne sais ce qu'ils sont devenus. Après mon départ, ils ont continué la vie que nous menions depuis trois ans; mais les exercices nocturnes de corps les fatiguaient tellement, qu'ils dormaient le jour et ne s'occupaient pas de leurs affaires. C'étaient de jeunes marchands que j'avais dressés à rendre dure l'existence aux vieux marchands; mes amis n'ont pas fait leurs affaires et ont été obligés de quitter le pays. Moi, je sentais que j'en avais assez et que cette vie-là ne pouvait pas durer longtemps; mes amis croyaient qu'une pareille fête devait durer toujours. Si je dépensais mon intelligence inoccupée à créer tous les jours de nouvelles folies, mes amis ne voyaient pas plus loin que d'exécuter mes plans. Quand l'âme s'est envolée, ils sont devenus tristes et ont repris leurs jeux de cartes. Ils n'ont pas bien fini, en somme. »

Le jour du départ, Mariette et Pauline allèrent conduire à la voiture Gérard, qui ne fut pas plutôt en diligence, qu'il se sentit pris d'un grand sentiment de tristesse; quoique éloigné seulement de Paris de quelques lieues, il semblait à Gérard qu'il fût séparé de Mariette par la mer.

Monté sur l'impériale, il avait passé son temps à regarder mélancoliquement les prairies de la Picardie, d'un vert gai agréable à l'œil. La route est interrompue à chaque instant par de petits villages propres, aux toits luisants.

A dix lieues, on aperçut la ville où se rendait Gérard; il fut reconnu par un des postillons, qui lui donna des renseignements sur tous les gens de la localité. C'étaient mille nouveautés, mille souvenirs, qui remplissaient momentanément l'esprit de Gérard. Dans le pays où tout le monde se connaît, on se dit avec le plus grand intérêt, à cinquante lieues de là, les mariages, les enterrements, les naissances, les faillites, les maisons qui se bâtissent, l'état des récoltes, les grandes pluies et les petits orages.

Mais ces gazettes départementales ne sont pas longues à écouter : au bout d'une demi-journée, l'absent est bien vite au courant des accidents légers de la vie bourgeoise. Gérard dormit volontiers la première nuit de son arrivée : il était fatigué; mais, le lendemain, il se réveilla tout étonné d'être seul dans une chambre nouvelle. Il se demanda ce que faisait Mariette à cette heure, elle qui se levait toujours la première : elle devait être à allumer le feu et à faire cuire son déjeuner. Après son déjeuner, que fera-t-elle ? Gérard pensa qu'elle allait voir plus souvent Pauline et qu'elles vivraient ensemble sous la protection de Giraud.

Pendant trois jours Gérard ne reçut pas de lettres, quoiqu'il eût fait promettre à Mariette de lui envoyer de ses nouvelles aussitôt son arrivée : il ne savait que penser, il se croyait déjà abandonné, lorsque le facteur lui apporta une lettre avec une adresse écrite avec tant de maladresse, que la mère de Gérard fronça le sourcil, reconnaissant dans un tel griffonnage la main d'une femme d'une éducation douteuse.

Gérard sauta sur la lettre et courut à sa chambre : Mariette se plaignait d'être indisposée, le médecin l'avait saignée, et son bras avait pris une enflure extraordinaire. Elle ne se rendait pas compte de cet accident, et prévoyait des suites fâcheuses à son indisposition.

Gérard répondit immédiatement en demandant à Mariette si elle avait besoin d'argent, car il était parti en ne laissant qu'une faible somme. Il aurait voulu partir aussitôt la lettre de Mariette, mais il craignait qu'un départ si brusque ne fît concevoir quelques soupçons à sa famille. Trois jours mortels se passèrent pour Gérard, qui se mettait l'imagination à la torture pour s'expliquer un pareil retard.

Il voyait Mariette, malade, sans argent, l'appelant et se débattant contre la maladie; elle était devenue maigre et pâle; il arrivait à Paris, elle ne le reconnaissait plus et lui tenait des discours sans suite. La nuit son esprit se montait et se couvrait de deuil : sous la porte cochère de la rue Saint-Benoît, il y avait un cercueil, un drap blanc dessus, deux cierges allumés, et il entendait les propos de la portière, de la femme de ménage, qui étaient préposées au corps.

Gérard tâchait de rattraper sa raison, et le tableau changeait.

C'était dans un hôpital qu'il revoyait Mariette; on l'opérait sur un lit, on lui coupait le bras, et les internes riaient et plaisantaient à côté, tandis que d'autres jetaient un coup d'œil sur ce beau corps mutilé.

Enfin une lettre nouvelle arriva. L'adresse était d'une écriture différente de la première : Gérard la retourna machinalement pour l'ouvrir et fut pris d'un tel serrement de cœur, qu'il tomba sur une chaise.

Il y avait un pain à cacheter noir!

X.

La vie de province.

Gérard laissa tomber la lettre et fondit en larmes :

« Elle est morte, pensait-il, mes rêves ne m'ont pas trompé. Pauvre Mariette! mourir si jeune! Elle en avait le pressentiment la veille de mon départ.... Que vais-je devenir? »

Et il se promenait dans sa chambre à grands pas, se plongeait la tête dans ses mains; tout d'un coup, il descendit l'escalier. La mère de Gérard était dans un petit salon et travaillait à un ouvrage de broderie. Il courut à elle et se jeta dans ses bras en sanglotant.

« Elle est morte ! s'écria-t-il, ma pauvre mère, morte ! et je ne l'ai pas vue..... je veux m'en aller.... Donne-moi de l'argent ! peut-être arriverai-je à temps à Paris, pour la revoir.... ah ! tu ne sais pas combien je l'aimais ! »

La mère se mit à pleurer de la douleur de son fils; elle sentait qu'aucune parole ne pouvait adoucir cette affliction ; ils restèrent ainsi deux heures à mêler leurs sanglots.

« Essuie tes larmes, dit-elle tout d'un coup à Gérard; voilà ton père qui rentre, il ne faut pas qu'il sache rien. »

Gérard passa un mouchoir sur ses yeux.

« Comme tu as les yeux rouges ! dit-elle sans penser que les siens étaient également gonflés; va à la cuisine et passe un peu d'eau sur tes yeux. »

Aussitôt que le dîner fut sur la table, Gérard reparut; mais un changement considérable était peint sur ses traits.... Cinq minutes avant il était triste et désespéré; il venait de rentrer en courant, la figure presque joyeuse, autant que le permettaient ses yeux rougis et gonflés.

« Il veut tromper son père, pensa la mère de Gérard; comme il doit souffrir de jouer cette comédie ! »

Le père de Gérard parlait de ses prés, de ses nouvelles plantations, qu'il devait aller voir après dîner. Gérard lui offrit de l'accompagner. Sa mère, qui ne lui connaissait pas un bien vif amour pour les arbres, se consola en croyant qu'il cherchait déjà des distractions. Pendant le dîner, Gérard faisait à sa mère mille clignements d'yeux, accompagnés de gestes dont elle ne pouvait se rendre compte....

« Est-ce que la folie le prendrait? se dit-elle. Mon Dieu, préservez-le de ce malheur ! »

La mère de Gérard trouvait que le dîner durait un siècle; elle aurait voulu que son mari allât, suivant son habitude, prendre du café dehors; Gérard ne tenait pas sur sa chaise et se remuait comme pour se lever à chaque minute. La joie ne se démentait pas sur sa physionomie. Enfin le fils et la mère restèrent seuls.

« Elle n'est pas morte ! s'écria Gérard en embrassant sa mère.... Tiens, lis plutôt.... »

Et en même temps il lui tendait une lettre ouverte :

« Gérard,

« Je vous dirai que Mariette a été très-malade ces jours-ci ; sa saignée a mal tourné, mais le médecin dit que le plus fort est passé ; elle a eu le délire pendant deux jours, et ne me reconnaissait plus. On a été obligé de la veiller la nuit, le médecin croit qu'elle ne sera guère rétablie avant quinze jours ; mais ne vous inquiétez pas trop, Gérard. Mariette m'a dit de vous écrire, quoiqu'elle n'ait besoin de rien ; un de ses amis qu'elle a fait demander lui a prêté de l'argent ; mais elle s'ennuie beaucoup de ne pas vous voir ; elle me charge de vous embrasser et de vous dire de revenir le plus tôt possible.

« PAULINE. »

« Vois-tu, dit Gérard à sa mère, je n'avais pas ouvert la lettre ce matin. Le maudit cachet noir me faisait croire qu'elle était morte.... Ah ! que je suis heureux !... Je partirai demain, n'est-ce pas, tu le comprends ? »

La mère de Gérard ne semblait pas heureuse de la joie de son fils : autant elle avait partagé ses chagrins, autant elle restait froide devant son bonheur.

« Voilà donc la conduite que tu mènes à Paris, Gérard ! Tu vis avec une femme sans position, et tu crois que toute ta vie est là dedans.... Ah ! que je te plains ! c'est ce qui pouvait t'arriver de plus fâcheux.... Je ne t'ai rien dit tout à l'heure quand tu te désespérais ; maintenant je pleure de ce que tu ne pleures plus.... J'aimerais mieux te voir dans le chagrin pendant un an que de te savoir enchaîné par une liaison pareille... Où cela te mènera-t-il ? Je le sais, une fois attaché à ces créatures, on ne les quitte plus, c'est pour la vie.....

— Mais je l'aime ! dit Gérard.

— Mon pauvre ami, ces femmes-là sont si adroites, qu'on les aime toujours ; elle t'aura fait croire tout ce qu'elle a voulu.

— Elle m'a tout avoué, dit Gérard.

— C'est un autre système alors, qui consiste à montrer une fausse franchise quand on ne peut pas faire autrement. Tu perds ton temps avec cette femme.

— Au contraire, dit Gérard, j'ai beaucoup plus travaillé qu'avant.

— Tu es jeune, Gérard, tu ne connais pas encore le monde, et tu verras un jour combien tu te repentiras de cette liaison.... Qu'est-ce que fait cette femme?

— Rien! dit Gérard, qui jugea prudent de ne pas déclarer les ressources de Mariette.

— Rien! et tu veux qu'une femme inoccupée reste sage...; elle te trompe peut-être en ce moment.

— Oh! ma mère! s'écria Gérard indigné.... tu vois bien par cette lettre qu'elle est malade; et tu ne diras pas que c'est pour ma fortune qu'elle vit avec moi.... tu n'as donc pas lu qu'elle n'a pas besoin d'argent?... Le peu que je gagne sert à nous faire vivre; pense si nous vivons modestement! Est-ce que Mariette ne pourrait pas avoir demain des robes de soie, un équipage, si elle le voulait? elle est assez belle pour qu'on ne lui refuse rien. Eh bien! elle vient demeurer dans un petit logement sous les toits, dîne médiocrement et en rit: elle se coiffe plutôt en cheveux qu'en chapeau, par économie. Qu'est-ce qui la pousse à vivre aussi misérablement? C'est parce qu'elle m'aime. Si tu peux trouver des motifs condamnables dans sa liaison avec moi, je suis prêt à la quitter.

— Je ne la connais pas, dit la mère de Gérard; je ne l'ai pas vue, et je ne sais si elle a la mine d'une effrontée ou d'une honnête fille; mais je te dis que cette fille te nuira si tu continues à t'y attacher. Peux-tu la mener dans le monde?

— Le monde! le monde! dit Gérard. Qu'est-ce que c'est que le monde, dont je t'entends toujours parler?

— Mènerais-tu cette femme chez des gens mariés, haut placés, dont tu peux avoir besoin?

— Je n'ai besoin de personne, dit Gérard. Nous sommes un

petit groupe dans Paris qui vivons en dehors des lois ordinaires; nous ne volons pas et nous n'assassinons personne, mais nous ne sommes guère mieux regardés. Nous menons nos femmes avec nous dans tous les endroits publics où nous allons, et nous les respectons comme si nous les avions épousées; nous regardons comme un comique spectacle tous ces gens qui perdent leurs cheveux de bonne heure pour amasser quelques pièces de cent sous de rente. Nous n'avons pas de rentes, mais nous avons des cheveux. Nous faisons des travaux qui sont peu payés pour le mal qu'ils nous donnent, et cependant l'argent nous étonne comme si nous ne l'avions pas gagné à force d'études et de veilles.... Nous aimons nos femmes, et elles nous aiment. Il n'y a pas de meilleurs pères de famille que les poëtes : les bourgeois trembleraient de leur donner leurs filles en mariage; les poëtes trembleraient encore bien plus de se trouver en présence de demoiselles bien élevées, qui ont fait toutes leurs classes de préjugés. Ils rencontrent des femmes insouciantes, les unes heureuses de vivre ainsi à l'aventure, les autres tristes d'avoir passé par l'amour riche, et voilà des liaisons pour la vie. Chacun s'est apporté rien de rentes, on ne se dispute jamais sur la dot ni sur la séparation de biens. Une femme, c'est la vie entière; tu crois me marier à une femme honnête; elle l'est au commencement, et puis je l'ennuie, j'ai des manies, j'ai des tracasseries, je serai fatigué de mes travaux ou plein de joie : ce n'est pas un caractère égal. Jamais la demoiselle d'un bourgeois ne s'accoutumera à une pareille vie : je ne lui ferai grâce ni de son dessin ni de sa musique, qu'elle a appris en pension; ses parents lui ont également appris à aller en soirée, à danser la polka.... Les gens comme nous ne dansent pas; il se donne dans notre tête des bals de nuit que tu ne peux pas comprendre.

— N'en parlons plus, dit la mère de Gérard; je ne te demande qu'une chose, c'est de rester encore quelques jours auprès de moi. »

Gérard consentit, quoiqu'il eût le plus violent désir d'accourir à Paris; cependant la province lui pesait; il ne comprenait pas comment il avait pu vivre trois ans de pleine jeunesse dans un endroit si morne. « Quand je voudrai me suicider moralement, je viendrai ici, » pensait-il; car il regardait le pays comme un étouffoir où on enferme l'intelligence.

Il tournait les yeux de tous côtés, et ne rencontrait que de petites passions s'accrochant les unes aux autres, luttant toujours et ne tombant jamais. Le mépris de l'intelligence était poussé jusqu'à la haine : ceux qui, par leur éducation, devaient être à même de comprendre le mouvement des sciences et des arts qui se passait à quarante lieues de là, étaient les premiers à dénigrer les mystérieuses luttes parisiennes qui font de tout écrivain, de tout savant, de tout artiste, un athlète infatigable courbé le jour et la nuit sous des montagnes d'idées.

Gérard essaya de travailler; il le fit péniblement, et il s'aperçut qu'il devenait médiocre : il faut cette fièvre de Paris, qui est dans l'air et qui vous saisit au saut du lit. L'immense bruit des rues, les cent mille cris de Paris se fondent en une voix plus harmonieuse que le silence. L'herbe qui pousse dans les rues de province envoie des graines dans l'esprit.

Sans dresser de statistique, car une balance n'était pas possible, Gérard comprit que les intelligences de province s'envolaient vers Paris, et que les plus médiocres médiocrités de Paris accouraient à la province, qui les fêtait. Si une intelligence s'avisait de rester en province, passé vingt ans, elle était enchaînée, et pendant toute sa vie des vautours en lunettes lui faisaient subir le supplice de Prométhée.

Tel avait été le sort du père de Gérard, honnête homme qui s'était dévoué pendant vingt-neuf ans à la fortune de la ville, et que la ville, sous les apparences d'un conseil municipal, avait cassé tout d'un coup sans lui donner de retraite.

Pendant vingt-neuf ans, les médiocrités avaient subi l'ascendant d'un homme d'intelligence; mais elles se vengeaient tout d'un coup par la plus noire ingratitude.

Ces réflexions, que faisait Gérard en se promenant autour des remparts solitaires de la ville, n'étaient pas de nature à calmer ses ennuis. Quand il rentrait, il était certain de trouver sa mère en pleurs, à cause des tourments que lui donnait la liaison de son fils avec Mariette. Ils allèrent un jour faire une promenade à une lieue de la ville.

« J'ai reçu des nouvelles de ton oncle, dit la mère de Gérard; il est bien chagrin, son père est mort.

— Je le connais, dit Gérard, il ne doit pas être si affligé que tu le crois; il y a longtemps qu'on s'attendait à la mort du père, qui était vieux, et l'héritage arrête souvent bien des larmes.

— C'est que, dit la mère de Gérard, il croit qu'il n'héritera pas.

— Bon! je comprends sa douleur maintenant. Mais comment cela s'arrange-t-il?

— Ton oncle Ducrocq, dit la mère de Gérard, avait épousé ma sœur; il en eut deux enfants, tes deux cousines.... Ma sœur était toujours mal portante; elle ne put rester plus longtemps à la boutique, qui était froide, comme tu sais. Ton oncle prit une demoiselle de boutique qui sortait de la province, une demoiselle Célestine. C'est une fille active, qui mena vivement la boutique et les garçons de boutique. En peu de temps, elle prit les manières des marchandes parisiennes; elle était gracieuse, pas très-jolie, mais d'une belle santé qui se voyait dans ses couleurs. Elle devint la maîtresse de ton oncle, c'est assez l'habitude dans le commerce parisien; cela ne fut pas long à se deviner par ses airs d'autorité, par l'orgueil qui perçait dans ses manières quand elle était au comptoir. Quoique ta tante fût malade, elle le comprit peut-être par un instinct de malade. Ce que souffrit la pauvre femme, personne ne le sait que moi, car elle me le confia lors d'un voyage que je fis à Paris. Devant Ducrocq, cette demoiselle Célestine était tout miel pour sa femme; elle lui relevait les oreillers, elle commandait quatre tisanes à la fois, et semblait remuer la maison pour adoucir les souffrances de ta tante; mais, quand elles étaient seules, la fille de bou· ue rudoyait ma pauvre sœur, elle ne lui répondait pas et la laissait se plaindre sans en prévenir son mari. Ma sœur se vit pour ainsi dire abandonnée de Ducrocq et de ses deux enfants; elle couchait au second étage, dans une chambre dont ne voudraient pas les pauvres d'ici : car dans cette rue les loyers sont d'une grande cherté; on dépense tout pour sa boutique; Dieu sait comment on se loge! C'était une chambre donnant sur une petite cour carrée si étroite, qu'elle semblait un long tuyau de cheminée; les sept étages qui se dressaient empêchaient le jour de parvenir.... La fumée d'un restaurant d'en bas montait dans cette cour et avait beaucoup de peine à en sortir. Des odeurs infectes de cuisine, de toutes les eaux que chaque étage verse dans les plombs, entraient dans la chambre de ta tante, qui n'eut qu'une envie dans sa maladie, voir le soleil. Elle faisait ouvrir sa fenêtre, mais c'était une folie.... jamais le soleil n'était entré dans cette cour. J'ai été prise d'une tristesse, vois-tu, en entrant dans la chambre de ma sœur, comme si j'étais enfermée dans un tombeau. Je voulais l'emmener ici, car je suis sûre qu'elle se serait rétablie au grand air; elle le désirait bien aussi. Ducrocq ne l'a pas voulu, en disant que la voiture lui ferait mal, que Mlle Célestine se tuait en petits soins pour sa femme, que le médecin ne la voyait pas aussi malade que moi, que, si par hasard elle allait un peu plus mal, il louerait un petit appartement à Passy, qu'il ne voulait pas lui occasionner mille contrariétés. C'est à la suite de ce refus que ma sœur m'apprit comment Mlle Célestine était devenue la maîtresse de ton oncle, et qu'elle cherchait à s'emparer de son esprit. J'en parlai à Ducrocq, qui me dit : « Voilà bien comme sont les « femmes : Mlle Célestine aime mes enfants, elle fait marcher « mon commerce, elle soigne Mme Ducrocq comme une mère, « et tout cela tourne contre elle. » Je répondis à Ducrocq que je ne pouvais pas l'empêcher de prendre une maîtresse, mais qu'il devrait veiller à ce qu'elle ne manquât pas d'égards envers sa femme. Ton oncle soutint que la maladie aigrissait ta tante, que jamais on n'avait vu de sœur de charité aussi dévouée que Mlle Célestine. Effectivement, tout le temps que je restai à Paris, elle me parlait de ma sœur avec la plus grande affection; deux ou trois fois par heure, elle quittait précipitamment son comptoir et montait en haut s'inquiéter des nouvelles de ma sœur et lui demander si elle avait besoin de quelque chose. Ces comédies avaient l'air si naturel, que moi aussi je me demandais si ma sœur ne se mettait pas des chimères en tête et si réellement elle n'avait pas ces inquiétudes de caractère que donne souvent la maladie. Je n'ai vu clair que deux ans plus tard; je raisonnais mal alors, car j'aurais dû m'apercevoir que ma sœur avait conservé son égalité de caractère et sa douceur habituelle. Seulement elle était mélancolique, parce qu'elle se voyait mourir et qu'elle craignait pour l'avenir de ses enfants. L'aînée des petites filles avait huit ans, l'autre sept; elles étaient pâles comme des enfants qui ne jouent pas assez à l'air; leur jolie figure souffreteuse semblait exiger de grands soins pour les élever, et ma pauvre sœur se sentait s'en aller en laissant deux enfants privés des soins de leur mère. Comment Mlle Célestine les élèverait-elle? C'étaient de terribles transes pour ma sœur, qui prévoyait une marâtre avant de mourir; elle entendait les cloches qui appelaient son mari à un second mariage. Et, si Mlle Célestine avait des enfants, de quel œil regarderait-elle les enfants de ma sœur? Toutes ces réflexions minaient ta pauvre tante, encore heureuse de pouvoir me les confier. Quelquefois elle aurait désiré que j'emmenasse ici ses filles : mais nous n'avions pas de fortune; elle sentait que c'était impossible. Au fond, Ducrocq n'est pas un méchant homme; seulement il a un caractère mélangé d'insouciance et de faiblesse : il ne voyait pas l'état de sa femme, et Mlle Célestine le lui aurait fait oublier. Je partis de Paris, désolée de ne pouvoir rester auprès de ma sœur : elle mourut un mois après, en m'écrivant d'essayer de mon influence auprès de Ducrocq pour l'engager à avoir soin de ses filles. Ton père crut qu'il n'attendait que le temps voulu par la loi pour se remarier; mais il resta comme avant la mort de sa femme, vivant avec sa demoiselle de boutique et la laissant diriger son commerce. Lui voyageait de temps en temps pour ses affaires, et il avait mis ses filles en pension. Nous avons su indirectement que Mlle Célestine avait eu deux enfants en trois ans; ils sont élevés à la campagne, on ne sait où; on ne les voit pas, et voici pourquoi. Ducrocq craignait son père, qui est un vieillard assez difficile à vivre, qui se doutait bien du concubinage, mais qui ne voulait pas en avoir des preuves positives. Le père Ducrocq, lui, vit de son côté avec une espèce de gouvernante qui est la contre-partie de Mlle Célestine. Cette femme, nommée Mme Aquet, mène le père comme un enfant; tout ce qu'elle dit est bien dit, tout ce qu'elle fait est bien fait. Tu t'imagines, Gérard, quelles luttes sourdes devaient exister entre ces deux femmes, l'une maîtresse du père, l'autre maîtresse du fils. Les femmes se haïssent entre elles beaucoup plus que les hommes; elles sont plus âpres à l'intérêt. Mlle Célestine se rendait bien compte de l'influence que Mme Aquet exerçait sur le père Ducrocq; Mme Aquet employait tous les moyens pour perdre le fils dans l'esprit de son père. Elle battait le fils avec Mlle Célestine, et le représentait comme un débauché qui vivait avec une fille de rien; elle montrait Mlle Célestine s'emparant de tout l'argent et nuisant à l'établissement des filles de Ducrocq. Aussi le père et le fils se voyaient-ils très-peu; Ducrocq invitait son père à dîner aux trois grandes fêtes de l'année et ne l'invitait qu'en tremblant, dans la crainte d'être refusé. Une femme fait tant de progrès en quatre mois! surtout une femme comme Mme Aquet. Je me suis trouvée à un de ces dîners à Paris, et j'ai été témoin des embrassades de ces deux femmes, qui se faisaient mille compliments, et qui auraient volontiers mis du poison sur leurs lèvres.

— C'est un triste drame, dit Gérard. Je regrette maintenant de ne pas avoir fréquenté mon oncle.... Mais tu dis que le père Ducrocq est mort?

— Oui, il est mort il y a quelque temps.

— Qui triomphe, de la Célestine ou de Mme Aquet? demanda Gérard.

— Je ne le sais pas.

— N'importe, dit Gérard, je n'ai pas besoin de dénoûment. »

La mère de Gérard n'avait pas conté une si longue histoire pour le plaisir de conter : elle donna à entendre que les rapports de son fils avec Mariette n'étaient pas sans analogie avec le drame de Ducrocq. Gérard entra dans la plus violente colère.

« Est-ce que je suis marié? dit-il; est-ce que j'ai eu des enfants de mon mariage? Est-ce que j'ai pris une maîtresse pendant que ma femme se mourait? Est-ce que j'attends un héritage? »

La mère de Gérard, qui n'osait attaquer son fils de front, avait pour système de lui montrer des exemples et de procéder par comparaison; mal lui en prit.

« J'aime Mariette et je l'aimerai toujours, » s'écria Gérard.

Et il passa en revue tous les ménages de la ville, répétant ce que chacun disait tout bas.

« Ah! tu me parles du monde, dit-il; toi qui n'y vis pas, tu ne sais rien; de temps en temps tu vois ces gens se promener avec un calme apparent. Il y a peu de ces bourgeois qui ne trompent leurs femmes; combien de ces femmes trompent leur mari?... Tes avocats, que tu me cites comme des modèles, sont sans cesse à tourner la tête aux femmes d'avoués pour demander plus tard leur condamnation quand ils seront substituts.... Le mariage est une comédie; tantôt c'est la femme qui est le traître, tantôt c'est le mari... Tu ne me citeras pas dix mariages heureux dans la ville....

Comme je ne veux ni faire souffrir une femme ni être rendu ridicule, je me suis lié avec une femme que j'aime : quand je l'ennuierai, elle me le dira....

— Ah! dit la mère de Gérard, tu raisonnes comme un jeune garçon. »

Et elle entreprit tant de raisonnements, que Gérard sortit pour couper court.

Il écrivit la lettre suivante :

« Ma chère Mariette,

« On ne me parle que de toi et je ne pense qu'à toi. Je t'aime plus que jamais et on fait tout pour m'empêcher de t'aimer. Je ne sais par quelle distraction je t'ai crue morte et j'ai été pleurer avec ma mère. Ma mère a pleuré sur ta mort; maintenant elle pleure de ta résurrection. Je vais essayer de me sauver de mon pays dans quelques jours; j'aurais voulu passer les nuits auprès de toi, te soigner, te prouver combien je t'aime; mais, quand ma mère a su ta presque guérison, elle m'a fait jurer de rester encore quelque temps.

« Les jours n'en finissent pas, les heures sont trop longues, chaque minute me paraît éternelle. Si je n'avais pas fait cette confidence à ma mère, j'aurais inventé un événement important qui m'aurait rappelé à Paris dans les vingt-quatre heures. Que faire, aujourd'hui qu'elle sait tout? Ronger le temps et tâcher d'en casser une maille. Tout m'est pénible, de manger aussi bien que de dormir. J'ai une petite chambre qui donne sur la vallée : juste en face de moi deux montagnes s'ouvrent et s'enfuient pour donner place à des champs de jardinage, des blés et de petits villages qui s'échelonnent en diminuant dans le lointain. Le matin je suis réveillé par les jurements des garçons d'écurie, qui conduisent leurs chevaux à l'abreuvoir : à deux pas de l'abreuvoir est une fontaine où se tiennent les vieilles lessiveuses. Je les entends qui racontent leurs cancans sur tous les gens de la ville. Cela m'aurait beaucoup plu dans un temps où je ne songeais à rien.

« Où est Mariette là dedans ? Le paysage me déplaît, les paroles des lessiveuses me choquent comme si on me battait la tête avec un marteau. Je pense à notre petite chambre de la rue Saint-Benoît, que je ne changerais pas pour tous les plus beaux palais du monde. Quand le soir nous nous mettions à la fenêtre qui donne sur le cul-de-sac, et que notre petit chat semblait aspirer de son nez les oiseaux dans l'air, avons-nous jamais rêvé un plus beau paysage ? Je t'aimais, et tout ce que tu regardais prenait de l'intérêt.

« Quel est donc ce maudit médecin qui encore un peu te faisait couper le bras avec sa saignée de cheval ? Je veux le rencontrer pour lui dire mille injures. J'en veux aussi extraordinairement à Pauline, qui se sert de pains à cacheter noirs : c'est sans doute l'emblème des tristesses de son cœur ; mais j'aurai bien de la peine à lui pardonner de m'avoir fait croire à ta mort. Ou plutôt je ne lui en veux plus, et je la remercie ; c'est elle la première qui m'a écrit que tu allais un peu mieux....

« Oh ! si je pouvais partir aujourd'hui pour suivre les progrès de ta convalescence !... Quelle joie que de te voir manger un peu aujourd'hui, demain un peu plus, et après demain tout à fait ! Que je serais heureux de te prendre dans mes bras pour te porter dans le fauteuil, près de la fenêtre !... Et quand tu feras quelques pas dans la chambre, que je serai fier de te mener pour la première fois au Luxembourg !...

« Tu te rappelles la pépinière, près des arbres à fruit, où les vieillards du quartier viennent réchauffer leurs membres au soleil ; nous n'y avons jamais été, mais c'est là que je te mènerai. C'est comme un purgatoire où on laisse ses maladies ; au bout de deux heures on doit en revenir plus fort.... Je devine que tu es pâle ; tu dois être bien jolie, avec ton petit bonnet de malade ; je te vois d'ici, et j'ai suivi les progrès de ta maladie comme si j'y étais.

« Aussitôt que tu seras remise, mon amie, nous irons courir les bois du côté de Meudon. Je ne travaillerai pas ; tant pis !

ma Mariette avant tout. Si tu peux me répondre poste pour poste, fais-le; sans cela ne réponds pas, car j'espère être parti après-demain. Il n'est pas nécessaire que ma mère reçoive ta lettre, cela la chagrinerait trop. Elle sait tout, et ce qui lui fait le plus peur est que je demeure avec toi; j'ai essayé de lui démontrer combien tu es bonne et charmante, je lui ai dit que tu me faisais travailler : elle ne veut rien entendre et s'entête dans ses idées. Adieu, ma chère Mariette, je t'embrasse après-demain. »

XI.

Convalescence.

Le jour du départ arrivé, la mère de Gérard voulut rester seule avec son fils; ils déjeunèrent ensemble, car la voiture partait à une heure de l'après-midi. Le repas fut pénible pour tous les deux, Gérard comprenant les pleurs cachés que sa mère s'efforçait de garder; aussi ne parlèrent-ils pas beaucoup : chacun craignait que le moindre mot ne donnât un libre cours aux larmes.

« Voilà ta malle, dit la mère de Gérard; tu y trouveras des chemises neuves, des serviettes, du linge; j'ai tout remis en état, j'ai raccommodé mille trous.... on n'a guère soin de toi à Paris. »

Ce *on*, qui était la condamnation de Mariette, fit croire à Gérard que le moment dangereux était arrivé; mais la mère de Gérard s'en tint à cette simple observation.

« Tu feras attention, dit-elle; j'ai enveloppé dans un bas, au fond de ta malle, un peu d'argent que j'ai mis de côté pour toi; prends bien garde à ta malle.

— Il est une heure, dit Gérard, qui se sentait gagné par l'émotion de sa mère et qui voulait y échapper.

— Alors, adieu ! pense bien à moi, dit la mère de Gérard en l'embrassant; travaille et fais ton métier honorablement. »

Gérard serra la main de sa mère, et sortit sans dire un mot. Il avait la gorge prise et les larmes au bord des yeux; il passa son mouchoir sur son front et grimpa d'un bond sur l'impériale. Pendant une lieue il ne dit pas un mot à ses compagnons de voiture et pensa à sa mère, qu'il venait de quitter; mais le souvenir de Mariette ne tarda pas à reprendre sa place. Le lendemain, à six heures du matin, il arriverait à Paris. Quelle joie et quelle surprise! Comment allait-il retrouver Mariette? Il dessinait mille portraits dans son cerveau et les retouchait comme ferait un peintre sur une toile : tantôt il se la rappelait rieuse, avec ses jolies couleurs, telle qu'il l'avait vue au bal; tantôt il pensait qu'elle devait être triste et pâle, et il essayait de s'en faire une image exacte, employant les procédés d'un peintre qui aur it à rendre une figure de souvenir.

Il ne dormit pas un instant de la nuit; à mesure qu'il approchait, les relais lui semblaient d'une longueur double; les chevaux paraissaient marcher au pas : il réveilla cinquante fois le conducteur pour lui demander combien il restait de lieues à faire; à la fin, le conducteur fit la sourde oreille, et Gérard, privé de renseignements, descendit à chaque relais pour se faire dire le nom des villages.

Il aurait voulu dormir, mais le souvenir de Mariette lui dansait dans le cerveau. La diligence traverse la Villette, qui est une des plus pauvres entrées de Paris, surtout vers cinq heures du matin : les allants et venants montrent le travailleur parisien dans toute la pauvreté de son costume.

Si l'activité et l'insouciance n'embellissaient pas un peu le peuple de Paris, l'étranger qui arrive un matin par une de ces barrières concevrait une idée pénible de la vie parisienne: mais les maçons marchent à pas retentissants, un gros pain sous le bras; les balayeurs rentrent se coucher; on voit les femmes d'ouvriers entrer chez les boulangers; les enfants vont avec leur tasse chez la laitière; le gaz est éteint; le pavé est propre; déjà bourdonne au loin ce bruit de voitures qui va former une basse continue dans la symphonie des cris de la journée. Paris s'éveille.

Gérard suivait ce réveil avec le plus grand intérêt ; il n'avait pas assez d'yeux pour regarder ; les hautes maisons droites lui semblaient bien plus intéressantes que la cathédrale gothique de sa petite ville. Il était à Paris et ne rêvait pas autre chose ; il regardait au loin, comme s'il eût pu apercevoir les toits de la rue Saint-Benoît. Il ne rêvait que Mariette, et il se jeta dans un fiacre, oubliant sa malle aux messageries, tant il avait hâte de voir son amie.

En arrivant à son logement, il ne pensa guère à répondre au portier, qui criait de son lit après celui qui montait aussi rapidement que s'il avait commis un crime. Il trouva la clef à la porte ; Mariette était couchée et ne dormait pas ; Gérard courut à elle et la serra contre lui d'une telle force, qu'elle ne pouvait plus respirer. Les yeux de Mariette reflétaient tellement son bonheur, qu'ils semblaient égarés. Pendant une heure, ils restèrent à se tenir les mains, ne se lassant pas de se regarder ; les yeux parlaient pour la bouche ; la bouche causait avec les lèvres, avec le front, avec le cou, avec les cheveux. Gérard suivait avec inquiétude les traces de la maladie, mais il retrouvait partout les marques de la convalescence.

Après Mariette, ce fut le tour du petit chat, qui, pour assister de plus près à la fête, était monté sur l'oreiller en agitant sa large queue en l'air en signe d'allégresse. En même temps il faisait entendre son ronron harmonieux.

« Il ne m'a pas quittée, lui, dit Mariette, qui ainsi faisait de doux reproches à son ami de n'être pas revenu plus tôt. J'ai été bien malade, dit-elle ; mais c'est fini, le médecin ne vient plus. Ah ! si tu savais comme je t'appelais la nuit ! Heureusement Feugères ne m'a pas quittée ; le pauvre garçon a veillé plus d'une fois ; il avait apporté un matelas et restait auprès de moi.

— Je ne connais pas Feugères, dit Gérard.

— C'est un ami.

— Ce sera aussi un de mes amis, dit Gérard, et je veux le remercier.

— Il a été si complaisant! Il sera content de te voir. D'ailleurs, il te connaît depuis longtemps; il mangeait à la rue Sainte-Marguerite, et il riait beaucoup de tes fameuses manchettes.

— C'est donc un peintre? dit Gérard.

— Oui, dit Mariette; pour me désennuyer pendant ma maladie, il me dessinait des croquis où on voyait tes longues manchettes, et ta cravate blanche, et tes cheveux plats, et ton habit à larges pans.

— Pourquoi Pauline ne te veillait-elle pas?

— Oh! dit Mariette, il y a eu bien des accidents dans la vie de Pauline; elle n'est plus avec Giraud.

— Déjà! s'écria Gérard; et pourquoi?

— Elle n'en sait rien, Giraud non plus; ils ne s'aimaient pas, et ils se sont quittés.

— Sans chagrin? dit Gérard.

— Sans aucun chagrin; Pauline s'est tout de suite consolée avec de Villers.

— Vraiment! s'écria Gérard.

— Mais ce n'est pas tout: Giraud avait amené chez Pauline un de ses amis, qui lui a succédé; cet ami a amené également de Villers, et, un soir, il a trouvé la porte fermée.

— Que de poëtes! dit Gérard; mais, au fond, elle trouvera peu de poésie.

— Elle dit qu'elle aime beaucoup de Villers, dit Mariette.

— Tant pis pour elle, car de Villers donnerait toutes les femmes du monde pour un beau vers.... Je plains Pauline. »

Mariette commençait à se lever, malgré une grande faiblesse; sa santé revenait, mais elle eut un moment d'effroi le premier jour où elle voulut faire sa toilette: ses cheveux tombaient

« Tu ne m'aimeras plus, dit-elle à Gérard; je vais être laide à faire peur : c'est si laid, une femme sans cheveux ! »

Gérard se mit à rire, et lui rappela le jour où elle avait appelé un perruquier à la sortie du bal.

« Nous allons en faire autant, dit-il; il faut te raser la tête; tu seras charmante; tu as de grands yeux allongés, tu me feras l'effet d'un petit Chinois.

— Je veux bien qu'on me rase la tête, dit Mariette, mais à condition qu'on t'en fera autant.

— Comme tu voudras, dit Gérard.

— Et, pour commencer, dit Mariette, nous allons faire cette opération nous-mêmes; si nous sommes laids, tant pis pour nous, les autres n'auront qu'à ne pas nous regarder : nous ne nous aimons pas pour les autres. D'ailleurs, quand je sortirai, j'aurai de grands bonnets, comme dans mon pays, où on se cache les cheveux, et ce n'est pas plus laid. »

Gérard servit de coiffeur à Mariette, et Mariette commença à couper avec des ciseaux les cheveux de Gérard; elle en enlevait le plus qu'elle pouvait avant de se servir du rasoir, lorsque Streich entra.

« Tiens ! dit-il à Gérard, cela te va bien, les cheveux courts.

— C'est beaucoup mieux, dit Mariette.

— Vous me donnez envie d'aller me les faire couper chez un perruquier, dit Streich.

— Mariette les coupe on ne peut mieux, dit Gérard; c'est elle qui m'a arrangé ainsi.

— Vous seriez bien aimable, Mariette, si vous vouliez me les couper aussi, dit Streich.

— Ce n'est pas difficile.

— Mais, dit Streich, je vais en soirée aujourd'hui, je ne serais pas content qu'on me vît la tête entièrement nue.

— Je comprends bien, » dit Mariette.

Streich avait une chevelure très-mesquine; déjà son front

était tout à fait dégarni de cheveux. Mariette fit mine de se servir des ciseaux; mais elle avait caché le rasoir sur la cheminée, et elle caressait l'envie de faire venir à la mode les têtes rasées. Streich sentit le froid du rasoir sur son crâne...

« Mais, dit-il, Mariette, vous me rasez tout à fait. »

Mariette soutint qu'elle s'était servie seulement des ciseaux, et offrit malignement un miroir au poëte, qui ne pouvait s'assurer de la réalité du fait, l'opération n'ayant eu lieu que sur la place qu'occupaient tout à l'heure ses cheveux, et il n'y trouvait qu'un terrain entièrement uni. Streich se fâcha et sortit furieux.

« Le voilà forcé de se faire raser entièrement, dit Mariette.

— Pourquoi lui as-tu fait ce mauvais tour?

— Nous sommes deux la tête nue, dit Mariette, nous voilà trois avec Streich; vous connaissez un certain nombre de gens qui vous imitent, et qui n'auront rien de plus pressé que de se faire raser également.

— Tu veux fonder une école, » dit Gérard.

Huit jours après, ces tonsures, qu'on renouvelait fréquemment, dans l'espérance de faire croître une forêt à la place d'un bois, produisirent leur effet à une première représentation de tragédie au Théâtre-Français : Gérard, Streich, Mariette et un de leurs camarades entrèrent dans une loge fort en vue, la tête nue, ce qui troubla beaucoup les bourgeois des loges voisines, qui venaient digérer paisiblement leur dîner à la faveur des alexandrins. La singulière figure de Mariette, qui était déjà habillée singulièrement, faisait retourner tout le parterre et l'orchestre. La bande fut rencontrée se promenant gravement au foyer, la tête nue et la mine grave ; on convint que Streich passerait, aux yeux du public, pour l'auteur de la tragédie. Comme il y avait beaucoup d'amis de Gérard dans la salle, ils affectèrent de montrer à leurs voisins l'*auteur*, celui qui avait la tête rasée, en compagnie de sa femme et de deux autres auteurs de tragédies. Quand la claque demanda l'auteur, Streich se leva, et, toute la salle l'ayant regardé, il salua profondément. Mariette poussa la comédie jusqu'à se jeter dans ses bras, comme ne pouvant résister à l'enthousiasme que lui avait procuré la tragédie. A part les cent personnes qui connaissent tout Paris, le public du Théâtre-Français sortit avec la persuasion que les auteurs de tragédies étaient de mœurs bizarres, puisque eux et leurs femmes osaient se montrer la tête à la chinoise.

Ainsi passaient-ils leur vie à faire des plaisanteries innocentes à la tragédie et aux tragédiens, dont ils étaient devenus la terreur. Streich allait quelquefois dans un certain monde de bas-bleus, où il était traité médiocrement, à cause de la coupe de ses habits. Chez ces bas-bleus, on lisait des vers sous toutes les formes. Les sonnets de Streich, qui appartenaient à l'école romantique la plus avancée, n'eurent pas tout le succès qu'ils méritaient. Streich jura de se venger. Il s'était rendu familier aux domestiques de la maison, afin de les faire causer sur le compte de leur maîtresse, femme galante et littéraire, qui avait été chantée par les poëtes de la Restauration, et qui voulait encore être chantée par les fils de ces poëtes. Le fameux notaire de Compiègne vint à une soirée ; depuis longtemps il avait prévenu qu'il daignerait lire un poëme antique, dans le goût d'Homère. Streich entretint, plusieurs jours à l'avance, le chef de cuisine des singuliers goûts culinaires du notaire de Compiègne ; il ne pouvait travailler à une tragédie sans manger énormément d'œufs sous toutes les formes : œufs brouillés, œufs sur le plat, œufs à la neige, œufs au fromage. Streich imprima même dans le *Petit Journal* ce fait bizarre, qu'il raconta avec beaucoup de sérieux, en ajoutant que tous les grands hommes avaient eu leurs manies. Il fit lire cet article au chef de cuisine, qui déclara que c'était un singulier goût, mais que les auteurs ne faisaient rien comme tout le monde. Le jour de la lecture du poëme antique, Streich se précipita dans la cuisine, et s'écria :

« Vite ! vite ! une omelette ! votre maîtresse m'a prié de

vous dire de la faire à la minute.... on craint que la lecture ne puisse pas continuer s'il ne sent pas l'omelette !

— Que le diable emporte cet auteur avec son omelette ! dit le chef.

— Il ne les aime pas très-cuites, dit Gérard, il ne veut pas de lard non plus, dix-huit œufs seulement.

— Comment, dix-huit œufs ! s'écria le chef.

— Oui, dix-huit œufs, madame me l'a recommandé.

— Dix-huit œufs pour un homme seul ! » dit le chef, qui, en cinq minutes, eut confectionné une énorme omelette.

Un valet alla porter l'omelette sur un grand plat, et entra justement quand finissait le poëme antique. Chacun se précipitait autour du notaire de Compiègne pour lui faire mille compliments exagérés, qu'il recevait avec sa fatuité provinciale; le valet eut beaucoup de peine à percer la foule et présenta gravement l'omelette au poëte, qui la regarda et faillit s'évanouir au fumet d'un mets aussi prosaïque. Streich contempla l'effroi de l'assemblée et de la maîtresse du logis, et s'esquiva.

« Tu as mal fait, dit Gérard, de ne pas rester : l'idée était belle, mais tu ne l'as exécutée qu'à moitié; il fallait coiffer le notaire avec l'omelette. »

Ces gamineries, préparées longtemps à l'avance, étaient exécutées froidement par Gérard et ses amis. Gérard avait compris l'inutilité du journalisme dans ces questions qu'il avait souvent agitées avec un de ses amis, jeune encore, qui passait les jours et les nuits à étudier les questions industrielles. « Vous perdez beaucoup de temps, disait le savant, beaucoup d'esprit, à abattre des choses de transition; ces formes usées vous ennuient, je le comprends, mais la critique ne peut que leur donner de l'importance. Laissez vos plumes tranquilles, plutôt que de les user à écrire contre la tragédie : c'est trop facile. Vous ne changerez pas le goût du public; il y a une masse bourgeoise que rien n'éclaire, et qui vous regarde comme des fous tant que vous ne ferez que médire des ridicules de cette école de convention. Mais, puisque vous êtes irrité et que cela vous amuse de vous venger de ces êtres, faites de la critique active. Allez au théâtre, sifflez et battez-vous; les gamins ne disent pas de mal des sonnettes, ils les cassent et s'en vont coucher le cœur content. Puisqu'à vingt-cinq ans vous vous amusez encore de ces farces, soyez les gamins du journalisme. »

Ces préceptes furent exécutés trop scrupuleusement; car il arriva que Gérard et ses amis, dont la vie se passait à courir après l'art, se trouvèrent habillés, à la suite de ces esclandres, d'une réputation fâcheuse. On les savait pauvres et honnêtes, et on affectait de les confondre avec les entrepreneurs du *Petit Journal*, dont une partie de la rédaction représentait des commerces industriels et équivoques.

La maladie de Mariette avait occasionné quelques dettes qu'il fallait éteindre. Mariette se mit courageusement au travail et se leva dès six heures du matin pour rendre à Feugères l'argent qu'il lui avait prêté. Feugères avait la plus grande envie de l'employer pour son tableau; les Juives qui courent les ateliers de Paris ne lui offraient pas cette nature jeune et chaste, si rare à rencontrer. Gérard ne vit aucun inconvénient à ce que Mariette allât chez Feugères; ce n'était pas un de ces ateliers où cinquante élèves, en l'absence du maître, ne sont pas gênés par une femme dans leurs propos grossiers et dans leurs chansons obscènes. Feugères était d'un extérieur mélancolique et doux, d'une physionomie souffrante et distinguée qui inspirait de l'intérêt. Il ne riait jamais, parlait peu, et ses manières timides prévenaient en sa faveur. Mariette allait chez lui le matin, revenait le soir, et jamais Gérard ne lui demanda ce qu'elle faisait au dehors; il n'eut aucune jalousie en pensant que sa maîtresse était toute une journée près d'un homme, sans aucun mystère dans sa toilette.

XII.

Causeries du coin du feu.

« J'ai envie d'épouser Mariette, dit Gérard à Thomas.

— Bah !

— Oui, Mariette est si bonne et si dévouée pour moi, que je crois que ma vie sera heureuse avec elle.

— Diable ! s'écria le peintre.

— Que vois-tu de mal à cela ? demanda Gérard.

— Rien ! mais es-tu sûr que Mariette le désire ?

— Elle n'y a peut-être jamais pensé, dit Gérard. Dans les premiers temps que je vivais avec elle, je m'en défiais, je me couchais tous les soirs en me disant : « Ne l'aime pas trop, « prends garde ; demain peut-être en aimera-t-elle un autre. » Et je me garais de l'amour le plus que je pouvais. A la fin j'ai été pris ; je l'aime comme je n'aimerai jamais, je ne connais pas une femme pareille dans le monde ; je peux faire deux lieues sur les trottoirs de Paris sans voir une femme : cependant je vois les hommes et je les étudie ; mais il n'y a qu'une femme pour moi désormais.

— Je crois que tu as tort, dit Thomas.

— Tort de l'aimer ?

— Non, tort de vouloir te marier. Je comprends que tu aimes Mariette ; l'aimeras-tu davantage après que tu l'auras épousée ?

— Non, dit Gérard ; je ne changerai pas, je tâcherai d'être toujours bon avec elle.

— Crois-tu que Mariette t'aimera beaucoup plus pour avoir dit oui devant le maire ?

— Je ne le crois pas, dit Gérard.

— Tu vois bien que ton idée de ménage n'est fondée sur rien.

— Mais, mon cher ami, je connais quelques artistes qui ont

fini par épouser leurs maîtresses; ils sont heureux, et ne les changeraient pas contre des marquises riches et veuves.

— Ce n'est pas la même chose, dit Thomas. Tu me parles de gens qui ont passé la quarantaine, qui ont vécu pendant quinze ans avec des femmes dont ils sont sûrs; ils sont faits à leurs caprices mutuels; en quinze ans on se connaît, ou on ne se connaît jamais. Ils ont eu tout le temps de s'étudier pendant quinze ans qu'ont duré leurs promesses de mariage; ils ont vieilli ensemble, ils ne se sont pas vus vieillir; les dents de la maîtresse ont jauni et restent aux yeux de l'homme aussi blanches qu'à vingt ans; les cheveux de l'amant grisonnent, blanchissent, et la femme lui voit toujours sa belle chevelure noire. Pendant ces quinze ans ils se sont brouillés, raccommodés, trompés cent fois; finalement ils ont reconnu qu'ils valaient mieux encore que tous les êtres qu'ils ont rencontrés dans la vie. Oui, ces gens que tu me cites sont heureux; mais combien y a-t-il de mois que tu connais Mariette?

— Près d'un an déjà, dit Gérard.

— Je vais être cruel, dit Thomas; tu ne me pardonneras peut-être pas....

— Bah! j'entends tout sans me fâcher; d'ailleurs je devine ce que tu veux dire. Tu me diras les nombreux caprices de Mariette depuis que tu la connais, je le sais.... Eh bien! après? Il est arrivé à Mariette comme à beaucoup de pauvres filles de rencontrer sur son chemin des gens riches, des imbéciles, des faux artistes qui parlent de leur cœur comme s'ils en avaient un. Il y en a plus des trois quarts qui ne songent qu'à s'amuser un moment. Mariette est spirituelle, charmante, pleine de fantaisies, et prête à dépenser sa vie en petite monnaie. Cela lui plaisait ainsi; mais à la fin elle a senti le vide dans son cœur, elle a bien reconnu qu'elle était aimée par moi comme jamais elle ne l'avait été. Elle a vu que je lui donnais ma vie tout entière, et elle est devenue raisonnable telle que tu la vois.

— C'est possible, dit Thomas, mais ne te marie pas.

— Demain je n'y penserai peut-être plus, » dit Gérard.

Gérard, à cause de sa vie tranquille et domestique, était traité de *bourgeois* par ses anciens amis, qui ne comprenaient pas une liaison si longue avec Mariette; mais Gérard ne s'inquiétait guère des propos de ses amis, pourvu qu'il trouvât la tranquillité à l'intérieur. Sa vie se passait heureuse entre Mariette et le petit chat, qui était resté d'un aimable caractère, quoiqu'il fût entouré de soins, de mou et de caresses.

Jamais le chat ne sortait, la porte fût-elle ouverte une demi-journée; il allait quelquefois sur la première marche de l'escalier, passait sa tête à travers la grille de la rampe, baissait la tête et semblait écouter les différents bruits des trois étages. Il se tenait volontiers sur le bureau de Gérard quand celui-ci écrivait, et regardait avec intérêt les pattes de mouche qui sortaient de la plume. Quand Gérard se reposait, le chat donnait de petits coups de patte à la plume comme pour engager son maître à la reprendre, et il faisait semblant de dormir pour ne pas déranger Gérard par l'étrangeté de ses grands yeux couleur d'or vert.

Dans le jour, c'étaient des folies sans nombre que Mariette faisait avec son chat: elle courait se cacher dans une chambre, et le petit chat venait la retrouver; ensuite c'était à son tour de se cacher. Il arriva même un jour, pendant une de ces parties, un fait qui démontra la finesse profonde du petit chat: il fut impossible de le retrouver; Mariette crut d'abord qu'il était sorti, mais la porte était fermée, également les fenêtres. Elle le chercha sous les armoires, sous le lit, dans les habits; elle l'appelait et il ne répondait pas. Tout à coup on entendit un petit cri et le bruit d'une chute : le petit chat venait de tomber dans les cendres froides; il s'était caché dans la cheminée.

Les gens qui médisent des chats et qui acceptent des calomnies toutes faites contre ces animaux montrent par là leur médiocre intelligence. Tout dépend de l'éducation première qu'il est facile de donner à un animal docile. La question d'ingratitude a été jetée avec la même légèreté aux chats, qui pouvaient rejeter cette calomnie à la tête des hommes avec beaucoup plus de réalité.

Souvent, dans l'hiver, Gérard se couchait le premier et lisait en attendant Mariette; le petit chat était fourré sous la couverture et témoignait par son ronron de la jouissance qu'il éprouvait à se sentir hors des atteintes du froid. Tout à coup il se levait brusquement, sautait à bas du lit et courait vers la porte; c'était un signal certain de l'arrivée de Mariette. Et cependant, aucun bruit n'avait signalé son arrivée : mais les chats, dont l'organisation est, au dire des anatomistes, supérieure à celle de l'homme, ont l'ouïe d'une finesse extrême. A peine le chat était-il sauté du lit, qu'on entendait à la porte d'en bas le marteau résonner : le chat ne s'était jamais trompé; malgré la hauteur de trois étages, il flairait sa maîtresse.

Aussi les soirées se passaient-elles vite en une telle compagnie, rarement troublée par des visites. Quelquefois, Gérard ramenait un de ses amis, un poëte, qui adorait les chats d'une façon particulière. Son plaisir était de les caresser avec des grattements singuliers; il les regardait dans les yeux et tentait de les magnétiser. Ce poëte, qui faisait des vers remarquables, empreints des agitations de son esprit et des inquiétudes de son âme, vivait en mauvaise intelligence avec Mariette, qu'il voulait réduire à un silence absolu.

Il condamnait les maîtresses de ses amis au régime du vin et du tabac, afin d'assoupir leur langue, et il ne pouvait supporter les propos de femmes qui viennent se jeter à travers les conversations d'artistes. Au contraire, Gérard n'était heureux qu'en entendant la jolie voix de Mariette; le son lui plaisait tellement, qu'elle pouvait dire les choses les plus ordinaires, qui devenaient d'un grand intérêt pour Gérard. Au théâtre, un instrument un peu faux le faisait sauter sur la banquette, et il écoutait avec ravissement les fredonnements de Mariette, qui chantait médiocrement.

Gérard inventa une fois seulement une sorte de torture qui servit à montrer l'intelligence du petit chat. Tous les matins, le premier soin de Mariette était de veiller au déjeuner du chat, qui priait plutôt qu'il ne demandait son repas. Il se frottait contre les pieds de Mariette et contre les meubles, agitant sa queue en l'air, comme témoignage des grandes joies promises par sa nourriture accoutumée. Il ouvrait la bouche, mais sans crier, et regardait sa maîtresse d'une façon si suppliante, qu'il eût attendri les plus violents détracteurs de la race féline. Mariette courait au garde-manger, où était préparé un frais morceau de mou, et le coupait avec des ciseaux par petites tranches. Gérard imagina de remplir un saladier d'eau et de jeter le mou dans l'eau, sachant bien l'effroi qu'inspire l'eau aux chats. Le petit chat tourna deux ou trois fois autour du saladier, plein d'inquiétude pour sa nourriture qui nageait : sans nul doute, il cherchait à se rendre compte du phénomène. Il comprit bien vite, avança sa tête près du saladier et tenta de saisir le mou avec la gueule; mais il renonça aussitôt à ce moyen qui mouillait ses longues moustaches, et il attendit un moment favorable. Les morceaux de mou tournoyaient au milieu du saladier; le chat comprit qu'ils viendraient près du bord; alors, assis gravement, les moustaches hérissées comme pour une longue lutte, il avança la patte, et la retira subitement, car il avait mouillé le velours qui sert de gants aux griffes. Il essaya de griffer, comme avec un harpon, la partie du mou qui dépassait l'eau; mais, ne trouvant pas de résistance, le mou faisait le plongeon et disparaissait au fond du saladier. Le chat était évidemment contrarié; l'or de ses yeux verts devenait plus brillant et plus métallique que de coutume. Le chat prit un grand parti : après de nombreuses hésitations, il plongea la patte, et d'un petit mouvement sec il fit sauter chaque morceau de mou hors du saladier.

Mariette dit qu'il avait montré assez d'habileté et qu'elle s'opposait à une nouvelle représentation de cet exercice, qui cependant fut joué une autre fois au bénéfice du peintre Thomas, alors la tête pleine de chats. Le poëte qui voulait traiter Mariette par le vin ne put obtenir la faveur de voir ce spectacle.

Mariette n'aimait pas beaucoup les amis de Gérard ; habituée à se voir courtisée, à entendre mille compliments, elle ne retrouvait pas chez eux ces délicatesses que l'art ne prodigue pas comme la jeune bourgeoisie. Elle prétendait que les amis de Gérard l'empêchaient de travailler, et qu'il était temps de songer sérieusement à se faire un nom.

« J'ai des amis, disait-elle, qui ont un autre genre que les tiens. Je te les ferai connaître; tu verras comme ils sont bons, complaisants et bien élevés. »

Gérard ne demanda pas mieux que de recevoir les amis de Mariette. Un jour elle amena un jeune homme blond, myope, de figure douce et grotesque, nommé Ernest, et qui n'était autre que le malheureux journaliste qui envoyait des articles contre Mariette, l'homme dont les drames manuscrits avaient servi à envelopper un pâté, et que Gérard traita si mal. Il avait renoncé à la littérature, et cherchait à débuter sous le patronage de son père, maître Desprez, un des vieux avocats du tribunal de commerce. Il avait l'air si timide, avec sa grande taille et sa cravate blanche, que Gérard se prit d'amitié pour lui, lui pardonna ses articles et l'engagea à venir le voir le plus souvent possible.

« J'ai bien peu de temps à moi, dit Ernest, qui expliqua qu'il servait de secrétaire à son père pour des travaux fatigants de droit; tout au plus, dit-il, me reste-t-il une heure après l'audience.

— Alors, dit Gérard, venez l'après-midi. Si par hasard je n'y étais pas, vous trouveriez Mariette. »

L'avocat parut sensible à ces amitiés et se retira.

« J'aime bien Ernest, dit Mariette.

— Moi aussi, il ne me déplaît pas, dit Gérard; mais il faut que je te connaisse bien pour ne pas être jaloux. Beaucoup d'autres à ma place feraient la grimace.

— Mais les autres, dit Mariette, n'ont pas ton esprit.

— Où as-tu revu Ernest ?

— Je l'ai rencontré dans la rue, dit Mariette; il m'a demandé pardon de ce qui était arrivé; je n'ai pas de rancune; ce qui m'a plu en lui, c'est qu'il ne ressemble pas à tous ces gens riches; il est doux et timide comme un enfant.

— Il est vrai, dit Gérard, qu'il ne ressemble guère à un avocat.

— Moi, dit Mariette, je le vois plaider.... « Messieurs, non, « l'accusé n'est pas coupable. » Et elle se mit à imiter l'avocat avec mille grimaces plaisantes. Eh bien ! jamais Ernest ne se fâche. Quand je l'ai rencontré, c'était près du Palais de Justice; j'ai été le voir en robe dans la salle des Pas-Perdus, où il paraît encore plus long et plus pâle; tu penses si je me retenais de rire, car il était avec son père et il portait un gros paquet de papiers sous le bras. Son bonnet d'avocat ne lui entre pas très-bien sur la tête; il le met en arrière; il a l'air tout embarrassé dans son costume. Oh ! que j'ai ri en sortant ! Et puis Ernest m'a connue quand je n'étais pas riche; je n'avais rien même. Il m'a offert ses services de bon cœur. Je lui ai dit : « Apportez-moi deux belles chaises de bois blanc à vingt-« cinq sous; » j'avais un lit de sangle et un matelas. Féron, le sculpteur, a sculpté pour moi un beau chandelier en terre cuite; Thomas m'avait donné une petite peinture; il m'a emmenée au quai aux Fleurs et m'a fait cadeau de deux petits rosiers. Jamais je ne me suis trouvée aussi heureuse que dans ma petite mansarde du quai Voltaire. De la Seine personne ne pouvait me voir à mon septième étage; je n'avais pas besoin de rideaux. Les murs de la mansarde avaient été repeints à blanc; à six heures du matin j'ouvrais mes fenêtres, un bon air entrait chez moi. Le samedi, je donnais des soirées; on s'asseyait comme on pouvait, chacun apportait quelque chose : nous avons fait des repas sans pareils.

— Est-ce que tu regrettes ta mansarde ? demanda Gérard.

— Oh ! mon ami, peux-tu le penser? dit Mariette en embrassant Gérard. Je te dis mon passé; il n'y a que toi qui n'en parles jamais; c'est toi qui de temps en temps me parais triste.

— Moi ! s'écria Gérard, je n'ai jamais été plus heureux. Je crains seulement qu'un jour tout mon bonheur ne croule. Sais-tu qu'il y a déjà un an que je te connais ?

— Déjà ! dit Mariette; ça te paraît long ?

— Au contraire, mon amie.

— J'ai eu bien tort, dit Mariette, de ne pas te faire faire la cour plus longtemps.

— Pourquoi ?

— Ah ! les hommes n'aiment pas qu'on les écoute trop vite. D'ailleurs tu es si drôle, que je me serais amusée à écouter tes déclarations. »

Gérard ne répondit pas.

« A quoi penses-tu ? dit Mariette.

— A rien !

— On pense toujours à quelque chose, dit Mariette; cela t'arrive souvent, et je n'aime pas cela. Je voudrais bien lire ce qui se passe au dedans de toi quand tu réfléchis.

— Mais je ne réfléchis pas, dit Gérard. Les femmes ont le tort de s'inquiéter de la moindre rêverie.

— Dame ! dit Mariette, ce n'est pas amusant d'avoir à côté de soi un homme qui est perdu dans les nuages.

— Tu as raison, dit Gérard. J'ai connu autrefois une petite femme qui se fâchait pour le même motif. Elle me demandait toujours : « A quoi penses-tu ? » et je lui répondais : « A rien, » comme à toi; elle avait fini, aussitôt que je n'avais pas répondu immédiatement à sa question, par me dire : « A « quoi penses-tu quand tu ne penses à rien ? » Et elle me répétait cela si souvent, que je finis par me déshabituer de mes absences.

— Tu vois bien que tu te condamnes; tu ne dois pas avoir d'absences auprès de moi.... Je suis jalouse de ta maîtresse de jadis; est-ce que tu étais aussi singulier qu'aujourd'hui ?

— J'étais plus sauvage, dit Gérard.

— Alors, tu devais bien l'ennuyer.

— Elle s'est intéressée un instant à moi, dit Gérard, à cause des persécutions de mon père. A vingt ans, il ne voulait pas que j'eusse une maîtresse; et j'avais déjà habité Paris trois ans! Il décida un jour que je devais être rentré tous les soirs à dix heures. Ma petite maîtresse ne sortait qu'à dix heures du soir de sa couture: il était impossible d'obéir à mon père; en même temps, j'étais fort embarrassé, car je ne savais où la conduire. Anciennement l'habitude, chez les jeunes gens, était de reconduire sa maîtresse par les promenades; mais il fait un froid si vif sur la montagne, les promenades sont tellement pleines de neige, qu'il faudrait être de pierre pour résister. Je louai, avec beaucoup de mal, une petite chambre dans la ville, car les gens qui louent doivent déclarer à la police le nom de leurs locataires; et, pour rien au monde, je ne voulais que la police sût mon nom. Le commissaire de police aurait été immédiatement, le lendemain, dire à mon père que je me débauchais. Cependant le commissaire ayant appris (on sait tout dans ma petite ville) que je reconduisais tous les soirs une ouvrière, se douta que nous ne passions pas notre temps au vent. Il me vit causer au spectacle avec Caroline, elle s'appelait ainsi; il savait où elle travaillait: il fit sans doute le guet; car, un soir que nous étions à nous chauffer au coin du feu, dans la petite chambre que j'avais louée, le maître de la maison accourut plein de frayeur nous avertir que la police frappait à sa porte. Je n'eus que le temps de descendre avec Caroline dans la cave et de l'aider à se sauver la première en grimpant par un soupirail qui donne sur la rue. Tu comprends alors que je devenais un être assez persécuté pour être un peu aimé.

— Et ton père n'en a rien su?

— Ah! dit Gérard, il le savait et il ne le savait pas. Mon père est un homme singulier qui ne m'a jamais rien dit et qui éclatait en colères inouïes devant ma mère; la pauvre femme supportait tout avec résignation et se contentait de m'engager, en pleurant, à mieux me conduire. A vingt ans, je ne connaissais que le plaisir sous toutes les formes : le jeu, le tapage. Les femmes n'étaient pas grand'chose pour moi; enlever une enseigne était la plus belle des conquêtes, et j'attendais l'heure dans d'interminables parties de cartes avec les vieux amateurs de l'estaminet. Cela avait d'autant plus de charmes, qu'il y avait double danger : toujours mon père et toujours le commissaire ! A dix heures du soir, le commissaire faisait sa ronde dans la ville pour s'assurer que tous les cafés étaient fermés; aussi étions-nous une mine de contraventions pour le malheureux cafetier, qui se voyait déclarer procès-verbal à dix heures cinq minutes. Nous avions pris, plus tard, le parti de nous en aller du café à l'heure précise, et d'y revenir souper vers les onze heures; mais le commissaire, qui avait une haine sourde contre le cafetier, parce qu'il savait que de son établissement sortaient, toute la nuit, ce qu'on appelle en justice de paix des perturbateurs et délinquants, organisa des souricières aux deux portes du café, et il redoubla tellement de sévérité envers notre cafetier, qu'il le fit mettre en prison pour récidive. Ce n'était rien quand j'avais échappé au commissaire : il fallait échapper à mon père; bien souvent en rentrant, sur les trois heures du matin, je voyais avec terreur une lumière briller au premier étage. C'était mon père qui travaillait, et il fallait ouvrir la porte de la rue qui grinçait, monter un escalier en bois dont chaque marche craquait, ouvrir une porte au second étage qui donnait juste sur le salon où mon père travaillait : il fallait encore me déshabiller sur un plancher et me jeter sur un lit sans que mon père m'entendît. Après un an d'un pareil exercice, j'aurais pu devenir un voleur distingué, car je savais marcher sans me faire entendre; j'étais devenu rusé comme un sauvage; je crois que j'aurais glissé, avec des souliers ferrés, sur le clavier d'un piano sans faire entendre une note : mais que de mal ! J'introduisais ma clef lentement et droit dans la serrure de la porte d'entrée; je tournais le pêne et je m'arrêtais : car, si mon père avait entendu le moindre bruit, je ne serais pas entré. Pour empêcher les gonds de la porte de grincer, je soulevais, pour ainsi dire, la porte sur ma clef, ayant remarqué qu'elle criait quand je la poussais droit. Arrivé au bas de l'escalier, je défaisais mes souliers pour ne pas faire grincer les marches de bois; et je fus près d'un mois à comprendre qu'il était dangereux de s'arrêter près d'une seconde un pied sur chaque marche. L'émotion était trop grande : j'entendais mes artères battre comme une grosse cloche, et ma respiration, que je retenais, me semblait un ouragan déchaîné dans le petit escalier. J'arrivai à grimper très-lestement les deux étages d'un seul trait en enjambant trois marches à la fois. Arrivé à ma porte, j'étais brisé de fatigue et je m'arrêtais pour reprendre des forces, car tout n'était pas fini; je compris qu'il fallait me déshabiller entièrement sur le palier, mettre mes habits à mes pieds, ouvrir avec précaution, et toujours d'après le précédent système, la porte de ma chambre, reprendre mon paquet, refermer la porte et me coucher.

— Quel travail ! s'écria Mariette.

— N'est-ce pas? dit Gérard; et pourtant ce sont ces émotions qui me faisaient rentrer si tard. Je ne m'amusais pas extraordinairement dehors; mais l'inquiétude traversait mes débauches et leur donnait quelque prix.

— Si ton père t'avait entendu?

— Oh ! il m'entendait dans le commencement, et il mit le verrou passé dix heures du soir; mais ma mère, qui était trop bonne, saisissait une occasion et ôtait le verrou. Une nuit, cependant, je n'avais pas vu de lumière dans le cabinet de mon père, et je rentrai avec des demi-précautions. « Est-ce toi? » cria mon père d'une voix qui me fit dresser les cheveux de la tête. « Non, » lui répondis-je sans savoir ce que je disais. Jamais il ne me parla de ce démenti; car il ne voulait pas entamer de discussion, se sentant d'une nature irritable à l'excès. Au fond, il était excellent, et, quoique nous ne nous parlions jamais, quoiqu'il ne m'écrive pas, je l'aime autant qu'il m'aime.

— Je n'ai pas eu de père, moi, dit Mariette; et cependant j'en avais un, mais quel indigne! Tous les jours, jusqu'à quatorze ans, maman me l'a montré passant en voiture dans les rues de Lyon; c'est peut-être ce qui m'a donné la haine des gens riches. Quand j'étais petite, je ne comprenais pas, et je disais souvent à maman : « Pourquoi papa ne vient-il pas de« meurer avec nous? » Alors elle pleurait et je ne m'expliquais pas son chagrin. Je n'ai su la vérité qu'à quatorze ans. Je revenais un soir de la fabrique, et je donnais le bras à un commis qui me faisait la cour, lorsque maman nous sépare tout d'un coup brusquement et me prend par la main. J'ai eu peur, car je me sentais en faute; mais maman n'était pas irritée : « Pauvre Mariette! me dit-elle, tu es perdue! » Alors je lui dis tout ce qui s'était passé depuis quelque temps. Un commis qui venait dans notre fabrique m'avait remarquée : il commença par me dire bonjour, puis m'apporta des fleurs, et enfin me demanda la permission de me reconduire tous les soirs.

« Est-ce tout, demanda maman?

« — C'est tout, lui dis-je.

« — Il ne t'a pas embrassée? » me dit-elle.

« Je répondis que, depuis deux jours, avant de nous quitter, il me baisait sur le front.

« Est-ce qu'il ne te serre pas les mains? dit maman.

« — Oh! beaucoup.

« — Et que te dit-il tout le long du chemin?

« — Il me dit qu'il m'aime, qu'il m'adore, et qu'il n'ai« mera jamais que moi.

« — Que lui réponds-tu?

« — Pas grand'chose, je suis si troublée, si émue, j'ai le « sang à la figure, et cependant ses paroles me font plaisir.

« — Ah! pauvre Mariette! » s'écria maman encore une fois.

« Alors elle me raconta qu'elle avait commencé comme moi, que comme moi elle avait été suivie le soir par un jeune homme, qu'elle avait cru à tout ce qu'il disait pendant un an, et qu'un jour il l'avait abandonnée pour se marier. Elle me prédit qu'il m'en arriverait autant, et que ma vieillesse serait pénible. A cette époque, maman devint presque aveugle; on la mit aux indigents, et nous avions bien de la peine à vivre. Si encore j'avais pu gagner de quoi nous faire vivre ! mais, tout au plus, je gagnais douze sous par jour, et je ne prévoyais pas pouvoir jamais gagner davantage. Je parlai de cela à mon amoureux, qui était désolé de n'être pas riche pour venir en aide à maman. Il me dit d'aller trouver en secret M. Dufournel, le fabricant, celui qui avait abandonné maman. Un matin qu'il n'y avait rien à la maison pour déjeuner (déjà maman s'était privée de dîner la veille), j'allai tout droit à la fabrique du riche négociant. Il était dans son cabinet. « Je suis votre « fille, lui dis-je, et ma mère meurt de faim. — Pas si haut, » dit-il. Je sentais qu'il me regardait attentivement; car, mon moment d'audace passé, j'eus peur de M. Dufournel et je tremblai. « Voilà cinquante francs ! me dit-il : tous les mois « votre mère en recevra autant; mais songez que vous ne devez « jamais vous présenter ici. Si jamais vous me reconnaissiez « dans la rue, si par malheur vous passiez le seuil de la fabrique, « la pension de votre mère serait supprimée. Adieu, mademoi- « selle ! » Jamais je n'ai rencontré un homme plus froid; chaque parole tombait sur ma tête comme une goutte d'eau glacée. Et cependant je pris l'argent et le portai à ma mère, qui voulait le renvoyer par fierté. Elle a eu tort de le prendre, je l'ai senti depuis. Ces cinquante francs étaient une sorte de richesse pour maman, habituée à vivre de bien peu; elle ne comptait plus sur mon travail pour vivre, et moi je me disais qu'elle pouvait vivre sans moi. Un matin, je pris la diligence de Paris avec mon amoureux; un reste de respect m'avait empêchée de me donner à Lyon. J'avais fait demander pardon à maman dans une lettre d'Auguste; elle me répondit que son père était sur nos traces, et que je n'avais qu'un parti à prendre : c'était de revenir immédiatement à Lyon. Mais je ne le pouvais pas, nous n'avions plus d'argent. Auguste avait dépensé une somme énorme en huit jours, pour ma toilette, pour des spectacles, pour les voitures. Il m'avait caché en partant qu'il emportait mille francs à son père. Nous sommes réveillés un jour à six heures du matin par des agents de police ; on nous sépare l'un de l'autre, et deux hommes à vilaine mine m'emmènent. Je pleurai sans savoir ce qui m'attendait. Hélas ! je fus conduite à Saint-Lazare; si tu savais, mon Gérard, en quelle société ! Il faudrait être une sainte pour n'en pas sortir entièrement corrompue : aux heures de récréation, les femmes me donnaient des conseils infâmes, elles voulaient m'apprendre des chansons d'argot; pour mon bonheur, une dame patronnesse s'attacha à moi, elle écrivit à maman de me réclamer. Après deux mois, je suis sortie, et je n'ai plus osé retourner à Lyon. Peut-être serais-je restée sage si je n'avais pas été mise en prison.

— Mais je ne t'aurais pas rencontrée, mon amie, » dit Gérard.

C'est avec de tels ressouvenirs que Gérard et Mariette passaient leurs soirées au coin du feu; le chat, allongé sur sa petite chaise, semblait prendre part à ces conversations, et la lampe qui baissait annonçait l'heure de se coucher.

XIII.

Paysages.

Thomas vint un matin chercher ses amis pour les emmener à l'île du Bas-Meudon : c'était dans les premiers jours de printemps. Tous trois partirent à pied par un temps sec. Thomas était triste.

« J'ai besoin, dit-il, de revoir notre livre de l'an passé.

— Quel livre? demanda Gérard.

— Tous les étés nous allons nous baigner au Bas-Meudon, ensuite nous dînons dans l'île ; on a apporté un gros livre qui reste chez les pêcheurs, sur lequel on inscrit tout ce qui s'est passé dans la soirée.

— Ah! je me rappelle maintenant, dit Mariette; c'est dans le gros livre qu'est l'histoire du paquet de tabac.

— Oh! le paquet de tabac! s'écria Thomas.

— Qu'est-ce? demanda Gérard.

— Tu le liras, dit Thomas; on a collé sur le gros livre les pièces à l'appui. »

L'île du Bas-Meudon passe pour être habitée par des ravageurs; quelques curieux n'y vont qu'en tremblant et racontent plus tard leur audace, car il court sur les habitants d'effrayantes histoires qui ne tendent qu'à les faire passer pour des forçats échappés : ce sont pourtant de braves gens, chargés d'enfants, vivant assez pauvrement, dont le plus gros crime est d'être souvent en contravention avec les lois sur la pêche.

Quand il avait fait des excursions dans les environs à la recherche de quelque coin de paysage, Thomas couchait souvent dans l'île, et il n'avait jamais rien entendu la nuit qui donnât confirmation aux mauvais bruits répandus sur la réputation des pêcheurs; le grand crime à leur reprocher, c'est que les crochets où on pend la viande étaient rarement garnis, et que le vin était d'une extrême verdeur et agaçant au palais comme des prunelles sauvages. Thomas avait souvent étudié les pêcheurs et cherché à confirmer ses soupçons, et il ne voyait qu'un peu de fainéantise qui redoublait la pauvreté des pêcheurs.

La bande étant arrivée au bord de la rivière, Thomas cria de toutes ses forces, et on vit descendre d'une balançoire un enfant qui sauta dans un bateau et traversa la Seine. Tous les trois entrèrent dans le bateau et abordèrent à l'île du Bas-Meudon. Quand viennent les feuilles, ce paysage tranquille plaît aux amis de la simplicité. La Seine fait un coude et va se perdre sous le pont de Meudon, qu'on aperçoit à une demi-lieue de là, avec son église sans prétention. Deux petites montagnes, derrière Meudon, coupent l'horizon; rien n'est plus tranquille et plus frais que la Seine en cet endroit. La nature n'a pas dépensé grande imagination; cependant il est permis de trouver l'endroit charmant, peut-être à cause du voisinage de Paris. Le Parisien, sorti en une demi-heure de Paris et de ses chaleurs, de ses odeurs et de son gaz, éprouve une double jouissance en sentant l'air des champs, et il lui est permis de s'extasier sur la beauté du plus simple paysage, lui qui se console d'être enfermé dans une maison à l'aide de pois de senteur grimpant autour de sa fenêtre.

Aussitôt que le bateau eut touché terre, Gérard demanda à voir le registre.

« Tu as bien le temps, dit Mariette, tout à l'heure.

— Est-ce que tu ne viens pas faire un petit tour dans l'île? demanda Thomas.

— Non, dit Gérard, je veux me reposer; donnez-moi le fameux livre, et allez vous promener en m'attendant. »

Derrière la maison des pêcheurs est une grande pelouse de gazon vert plantée de gros arbres qui ombragent de grandes tables de bois. C'est là que se font les festins pendant la belle saison; les enfants, les poules, les canards et les chèvres y prennent leurs ébats dans la journée.

On apporta dans de beaux pots de faïence noire luisante du vin bleu qui fit plaisir, malgré l'amertume de son caractère. Thomas prit le bras de Mariette et laissa Gérard épouvanté devant un vieux volume très-épais, qui était un ancien atlas de géographie qu'on ne respectait guère, car le derrière de chaque carte était plein d'écriture et de dessins grotesques.

C'était l'album du Bas-Meudon, qu'on avait laissé aux pêcheurs en mémoire des excellentes matelotes de l'établissement.

La plus grande partie du journal était tenue par Thomas, qui y inscrivait les moindres événements survenus pendant son séjour à l'île; ces détails, d'un grand intérêt pour les acteurs, n'offraient rien d'extraordinaire pour ceux qui n'avaient pas été mêlés à leur vie; cependant, une curiosité au milieu du journal devait frapper tous les regards. C'était une feuille de papier jaunâtre écrite par une main malhabile, qui avait été collée dans le grand livre. On y lisait :

1823.		
« Premièrement. Pour avoir mis deux pieces aux soullier a monsieur le contes de Manchot.	livr.	12 sous.
« Du 12 juin. Pour avoir mis des talon et avoir recoussus une petites botes à madame la contesse de Manchot.	1	»
« Du 21 septembre. Pour avoir recemeler les soullier a monsieur le contes de Manchot.	5	»
« Du 9 octobre. Pour avoir fait une paire de soullier a monsieur le contes de Manchot.	7	10
« Du 29 may. Pour avoir border les soullier a monsieur le contes de Manchot.	»	12
« Du 15 juin. Pour avoir mis deux pieces aux soullier a monsieur le conté de Manchot.	»	12
« Du 12 juillet. Pour avoir mis des talon aux soullier a monsieur le contes de Manchot.	1	»
« Du 17 juillet. Pour avoir mis des talon aux soullier a monsieur le conte de Manchot.	1	»
« Du 5 septembre. Pour avoir mis des talon et avoir racomoder un autre soullier a monsieur le contes de Manchot.	1	»
« Du 11 octobre. Pour avoir mis des semelle et des tour aux a monsieur le »		

Au bas de cette singulière pièce était écrit : « Je certifie que Mariette, étant entrée chez le marchand de tabac de Vaugirard pour m'acheter du tabac, m'a rapporté le tabac dans un cornet de papier contenant ce manuscrit ; je l'ai jugé digne d'être conservé et l'ai collé dans le présent livre pour être livré aux commentaires de chacun. — THOMAS. »

Thomas était revenu pour dîner avec Mariette, qui s'était fait dans l'île un bouquet de fleurs des prés.

« Eh bien! dit Thomas, que penses-tu du papier à tabac?

— C'est à faire pleurer, dit Gérard; si j'avais trouvé ce morceau de papier, je l'aurais fait encadrer.... Qu'est-ce que pouvait être ce comte de Manchot?

— Un pauvre comte, dit Mariette; et sa femme, Mme la comtesse, à qui on recoud des petites bottes!

— Ils n'étaient pas riches, en effet, dit Thomas.

— Il est permis, dit Gérard, de dire qu'ils marchaient mal.

— Pourquoi? demanda Mariette.

— Parce qu'ils usaient beaucoup leurs souliers sur les côtés, et que le savetier n'était occupé qu'à mettre des pièces.

— Ils marchaient du talon, dit Thomas, cela est prouvé.

— S'il n'y avait pas la date de 1823, dit Gérard, on pourrait croire que ce sont des émigrés; comme ces gens-là devaient être honteux de leurs chaussures! je les vois. Et les habits répondaient à ces souliers rapiécetés.

— Heureusement, dit Thomas, ils n'avaient pas d'enfants.

— On ne sait pas, dit Mariette.

— Au contraire, dit Gérard, on ne le voit que trop : la note du savetier serait effrayante, s'il y avait eu des enfants dans la maison. Les enfants sont héritiers des vices et des maladies de leurs parents : ils auraient mis leurs souliers en loques en un jour. Puisque de grandes personnes crèvent autant de souliers, juge un peu des dégâts qu'eussent occasionnés à leurs chaussures les fils et filles de ce comte.

— Le savetier n'a peut-être pas été payé, dit Thomas.

— Je crois que si, dit Gérard; ce comte de Manchot me paraît un honnête homme.

— Oh! dit Mariette.

— Sans doute, dit Gérard, cela se voit; ce sont des gens presque dans la misère, ils ont un titre de noblesse, ils pourraient en abuser, faire sonner leur nom auprès d'un cordonnier : il y en a qui s'y laisseraient prendre; point, ils s'en vont chez le savetier du coin, qui ne peut pas leur faire crédit longtemps, qui ne leur ferait pas crédit, en eût-il le moyen;

car il est trop entré dans le mystère de leur misère ; donc, ce comte de Manchot était un brave homme.

— C'est dommage, dit Mariette, que le papier ait été déchiré.

— Oui, dit Gérard, car je suis sûr qu'il y avait au bas l'acquit du savetier.

— Je me suis demandé, dit Thomas, comment ce papier était allé chez le marchand de tabac, et j'ai pensé que ce pauvre comte de Manchot vendait au poids son papier à l'épicier.

— C'est tout un roman, dit Gérard.

— As-tu vu, demanda Mariette, le dessin que j'ai fait de Pauline ?

— Non, dit Gérard.

— Alors, reprit Thomas, feuillette l'album, et, à la page suivante, tu trouveras également un dessin de Pauline sur Mariette. »

Pauline et Mariette se jalousaient ; mais la plus jalouse était Mariette, qui ne pouvait supporter aucune femme à côté d'elle.

En voyant ce dessin qui la rendait grotesque, Mariette entra en colère et voulut déchirer la feuille de l'album ; mais Thomas s'y opposa. Dans sa fureur, Mariette éclata contre Pauline ; puis elle se leva et prit son chapeau.

« Je m'en vais, dit-elle à Gérard.

— Comment ! tu t'en vas ?

— Pourquoi ? demanda Thomas.

— Je veux m'en aller.

— Et dîner ? dit Gérard.

— Je n'ai pas faim.

— Mais tu avais faim tout à l'heure ?

— Ça m'est passé. »

Elle fit quelques pas vers la porte.

« Qu'est-ce qui la prend ? » dit Gérard.

Et il s'élança sur ses traces ; pendant ce temps, Thomas prévenait le petit garçon du pêcheur.

« Tu vas avoir soin, dit-il, de ne pas démarrer le bateau, n'importe ce qui arrive.

— Eh! monsieur Thomas, dit l'enfant, je sais bien que vous êtes le maître.

— Est-ce que je t'ai fait quelque chose? demandait Gérard à Mariette.

— Laisse-moi tranquille.... je veux m'en aller.

— Et moi? dit Gérard.

— Tu resteras.

— Comment! tu me fais venir à la campagne pour t'en retourner aussitôt. Si encore tu disais tes motifs....

— Mais, laisse-moi, dit Mariette, tu vois bien que tu m'agaces! »

Gérard regarda naïvement les nuages, car il n'avait pas demeuré un an avec Mariette sans connaître l'influence du temps sur son tempérament nerveux.

« Je ne viens pas ici, dit Mariette, pour être insultée.

— On t'a donc insultée? dit Gérard.... Je ne l'ai pas vu, tu sais que je ne le souffrirais pas. Est-ce la femme du pêcheur quand tu as été commander le dîner? »

Mariette ne répondit pas. Gérard fit quelques pas pour aller s'assurer du fait à la cuisine.

« Ce n'est pas la femme du pêcheur, dit Mariette.

— Alors, ce serait donc le petit garçon?

— Non plus.

— Tu es revenue très-gaie de ta promenade avec Thomas; ce n'est pas lui?

— Pourquoi, dit Mariette, laisse-t-il des infamies dessinées sur moi dans l'album?

— Ah! dit Gérard, tu es blessée du dessin de Pauline; il n'y a pas grand crime, cependant.

— Je te reconnais bien là; tu te moques qu'on insulte ta maîtresse, cela t'importe peu!

— Tu ne parles pas sérieusement, dit Gérard; rappelle-toi le jour où j'ai voulu jeter par le carreau de l'omnibus deux grands gaillards, uniquement parce que tu te plaignais qu'ils pressaient ton pied.

— Ce n'est pas la même chose, dit Mariette ; tu as regardé sans rien dire ce dessin, et tu as même ri. Mon nom est inscrit au-dessous du dessin, et je trouve que tu devais te mettre avec moi pour le déchirer.

— Eh bien ! dit Gérard, je vais l'enlever de l'album ; reviens avec moi, car Thomas ne comprend pas ton dépit.

— Non, je n'y retournerai pas, » dit Mariette.

Gérard vint auprès de Thomas et lui raconta le dépit de Mariette en demandant la destruction du dessin de Pauline.

« Comme tu es enfant ! dit Thomas.

— Il n'y a pas d'enfantillage là dedans.

— Au contraire, tu ne devais pas céder à Mariette ; aujourd'hui elle veut qu'on déchire ce dessin, demain ce sera autre chose, après-demain elle te demandera la lune.

— Tu exagères....

— Si je n'avais vu là un des nombreux caprices de Mariette, contre lesquels j'ai lutté depuis que je la connais, j'aurais enlevé le dessin à la minute ; mais ce n'est pas raisonnable, puisqu'elle a commencé la première en dessinant Pauline en caricature. Pauline a usé de son plus simple droit en répondant par une autre caricature, et aujourd'hui tu donnes raison à Mariette quand elle a tort. Tu veux donc te perdre, mon pauvre Gérard ?

— Je veux la tranquillité, dit Gérard ; je ne peux pas souffrir qu'on me fasse la moue.

— Bah ! dit Thomas, laisse Mariette bouder toute seule dans un coin ; si on ne s'en occupait pas, elle finirait par s'ennuyer elle-même de sa mauvaise humeur et elle reviendrait toute charmante t'embrasser. Mais quand on a le malheur de vouloir l'empêcher de bouder, quand on lui donne de bonnes raisons, quand on discute ses bouderies....

— En voilà assez, dit Gérard, qui se sentait convaincu de faiblesse ; j'ai promis de rapporter le dessin.

— Le voilà, dit Thomas en déchirant la feuille de l'album, mais prends garde à toi. »

Mariette revint en triomphatrice à table et montra que le chagrin n'avait pas coupé son appétit. Il est vrai que la matelote parfumait l'air par son odeur et par l'adroite combinaison des ingrédients qui concourent à une perfection inconnue aux cuisiniers parisiens. Tout donne de l'appétit : l'air frais de la Seine qui encadre tranquillement l'île, la vue de l'eau, le paysage vert qui se déroule jusqu'à Passy, une jolie route animée par des maraîchers isolés qui s'arrêtent un quart d'heure devant l'île à crier leurs légumes.

« Pourquoi ne peut-on pas vivre toujours ici ? dit Thomas.

— Pourquoi n'as-tu pas de rentes ? dit Gérard. Peut-être s'ennuierait-on très-vite.

— Pas moi, du moins, dit Thomas ; tous les jours je serais levé à quatre heures du matin, je me jetterais à la Seine et je courrais la campagne jusqu'à déjeuner.... Tu ne saurais croire les jolis pays qu'il y a par ici. La plupart des peintres vont au bout du monde pour trouver des motifs neufs, et ils ne se doutent pas qu'à la porte de Paris, sans faire plus de cinq lieues, ils ont la Normandie s'ils veulent, la Bretagne même. Connais-tu Carrières ?

— Non, dit Gérard.

— A deux pas de Chatou, il y a un petit village porté sur le dos d'une petite montagne qui descend doucement vers la Seine. Les maisons sont toutes bâties dans des grottes, et les rochers forment des architectures singulières. Chaque maison est au fond d'une entrée dans laquelle se joue le soleil à travers des espèces d'arceaux à jour formés par les roches pendantes ; chaque roche a son plumet d'herbes vertes sur la tête ; ce sont de petites rues, qui vont en montant et en descendant.... Ah ! qu'on doit être heureux là dedans ! Il y a beaucoup de vignes aux alentours, le vin se donne. Si vous voulez la solitude et la campagne, vous restez à Chatou ; si vous voulez la ville et la toilette, vous n'avez qu'à faire une demi-lieue, traverser Chatou, l'île du marquis d'Aligre, et vous tombez à Bougival, là où vont les peintres et toutes sortes de bourgeois riches, qui logent dans des maisons de campagne.

— Tu me donnerais presque l'envie de me faire ermite à Carrières, avec Mariette si elle voulait, et un gros tonneau de vin pour les amis.

— Je suis persuadée que Gérard n'y serait pas cinq minutes, dit Mariette, qu'il courrait au chemin de fer pour retourner à Paris. Mais tu mourrais sans Paris et sans le bruit, et sans ton café et sans tes amis. Voilà, Thomas, la vie de Gérard : il est assez paresseux de son naturel et ne travaille que tout juste. Quelquefois il est huit jours sans toucher une plume ; je crie un petit peu, et monsieur me dit que c'est de ma faute, qu'il est obligé d'aller déjeuner au café, qu'ensuite il lit les journaux ; on lui parle, cela le distrait dans ses idées, et il ne peut plus rien faire de la journée. Il prétendait que, si je lui avais fait son déjeuner en hiver, s'il avait trouvé son feu allumé, il se serait levé beaucoup plus matin et qu'il aurait travaillé au moins quatre heures. Tous les jours, cet hiver, je me jetais courageusement en bas du lit, j'allumais le feu, j'allais préparer le déjeuner : Gérard finissait par se lever. Eh bien ! quand il avait déjeuné, il ne manquait pas de se sauver et ne reparaissait plus qu'à dîner.

— Tu me laissais seul à la maison ! dit Gérard.

— As-tu besoin de quelqu'un pour travailler ? D'ailleurs, tu avais le petit chat.

— Oh ! le chat ne suffit pas, dit Gérard, au contraire ; je le regardais, je le voyais cligner des yeux, puis dormir ; le feu aussi s'en mêlait et me tenait trop chaud, et je rêvais... Alors j'aimais mieux prendre mes papiers, mes plumes, mes livres, et m'en aller travailler dans un café ; là, je n'osais pas dormir.

— Je n'ai jamais compris, dit Mariette, comment il peut écrire dans un café ; d'ailleurs, il ne travaille pas autant qu'il le dit ; il est revenu plus d'une fois à la maison sans rapporter de nouvelles pages écrites.

— C'est que l'encre était mauvaise, dit Gérard. Je ne connais rien de plus agaçant que de l'encre qui ne marque pas, de l'encre blanche : cela ne prend pas de relief sur le papier et rend un manuscrit monotone. Dame, cette méthode de travail a bien des désagréments.

— Je le crois, dit Thomas. Je me demande comment pourrait faire un peintre dans un café.

— Pourvu que le jour soit bon! Dans un temps Valentin y faisait de la gravure; il est vrai que nous étions seulement quelques amis réunis.

— Et le bruit ne te dérange pas? demanda Thomas.

— Au contraire : ce qui me tue, c'est le calme et le silence; j'aime à voir autour de moi le mouvement. Voilà comment je procède : je cherche un grand café, vaste et bien éclairé, où l'on puisse fumer et où il y ait beaucoup de journaux. Je prends ma demi-tasse et je débute par lire la moitié des journaux de l'établissement. Ceci est la préparation au travail. Je dispose mon papier, mon encrier sur la table, et je commence à écrire deux pages; je m'arrête, je fume, je lis deux ou trois journaux, j'écris deux nouvelles pages, et ainsi de suite. Mais je suis forcé d'émigrer souvent et de quitter le café.

— Pourquoi? dit Thomas.

— Parce que, arrivant à des heures régulières, travaillant à peu près de même, au bout de huit jours je suis connu. Sans que je dise un mot, les garçons me servent un encrier en même temps que la demi-tasse, cela est très-bien; mais les habitués me regardent trop, ils s'occupent de moi plus que de raison; j'en surprends quelquefois qui regardent mon papier et qui voudraient bien savoir ce que j'écris. Les plus hardis arrivent jusqu'à ma table pour prendre mes journaux, tout cela pour lire sur mon papier. Un jour, j'ai entendu un habitué dire à un autre : « On n'écrivait pas ainsi du temps de Voltaire. » Enfin on me critique, on cherche à savoir qui je suis; ayant porté un journal à mon adresse, je me suis aperçu que le garçon s'était glissé sous la table, avait pris la bande imprimée et la communiquait au groupe des inquisiteurs. Alors j'étais obligé d'inventer un autre cabinet de travail et je cherchais un nouveau café. Mais il m'est arrivé une histoire qui aurait dû me dégoûter à jamais d'écrire dans les cafés, si je pouvais faire autrement. Je ne sais, Thomas, quel rôle jouent les nerfs dans la peinture, et si vous souffrez autant que nous en écrivant. Pour moi, si je fais quelque chose de très-comique, je m'amuse énormément de ce qui vient de ma plume; il me semble que je lis une farce inconnue, d'un autre être que moi; il en est de même si j'écris une histoire lamentable : je suis ému comme j'étais gai auparavant. Un matin, je venais de tuer un enfant après mon déjeuner.... N'aie pas peur, Mariette, c'est-à-dire que j'écrivais la mort d'un joli enfant et la douleur de sa mère.... Tout à coup je vois sur mon écriture un gros pâté blanc, teinté de noir au milieu : figure-toi, Thomas, que je pleurais à chaudes larmes. Je m'essuyai vite les yeux et je regardai dans le café : tous les regards étaient fixés sur moi. Je me suis sauvé et je n'ai plus reparu.

— Aussi pourquoi, dit Thomas, vas-tu pleurer en plein café?

— Est-ce que je sais, dit Gérard, si je suis au café? A la table à côté de moi il y a des joueurs de dominos qui font sonner sur le marbre leurs dominos, je ne les entends pas; en face de moi il y a des joueurs de billard qui frappent les queues sur le plancher, qui discutent, qui annoncent leurs points, je n'entends rien. Le travail m'environne d'une espèce de solitude particulière; et je ne demande qu'une chose : c'est qu'on ne m'adresse pas la parole directement. »

XIV.

Départ de Mlle Mariette.

Un soir, dans la rue, Gérard aperçut, sur le trottoir, Feugères, qui marchait très-vite en détournant la tête.

« Mais c'est Feugères, dit-il à Mariette. Il a l'air de ne pas vouloir nous reconnaître. »

Mariette prétendit que Gérard se trompait.

« Cependant, dit Gérard, il y a bien longtemps qu'on ne l'a vu à la maison.

— Nous sommes un peu brouillés, dit Mariette.

— Tu ne me l'avais pas dit.

— Cela n'en valait pas la peine; il voulait me faire la cour.... J'ai déjà trop d'amoureux.

— Ah! dit Gérard, il voulait te faire la cour? je ne m'en serais pas douté.

— Je le crois, dit Mariette, tu ne te doutes de rien; si tu te maries un jour....

— Je n'ai pas l'intention de me marier; est-ce que nous ne sommes pas ensemble? A moins que tu ne sois déjà fatiguée de moi.

— Voilà d'autres idées, dit Mariette; je ne connais personne plus confiant que toi et en même temps plus inquiet.

— Si je suis confiant, c'est que je t'aime; car, du jour où je ne serai plus confiant, je ne t'aimerai plus.

— On ne sait pas, dit Mariette.

— Tu as mal fait de te brouiller avec Feugères : il s'est bien conduit pendant ta maladie. Il t'aime, je le crois; qui est-ce qui ne t'aimerait pas? Mais il est toujours facile de faire entendre raison à un homme : il sait que tu es avec moi.

— Que lui importe? dit Mariette; il voulait me prendre chez lui.

— Alors, dit Gérard, je commence à ne plus le défendre aussi chaudement.

— Je lui ai dit que ce n'était pas possible. Il prétend que tu es laid; mais je réponds que je t'aime ainsi. Il a fait ton portrait sur son mur, avec tes longues manchettes et ton fameux habit à basques.

— Diable! dit Gérard piqué.

— Il m'a fait souvent rire de toi.

— Il est toujours facile, dit Gérard, quand on veut prendre la femme de quelqu'un, de rendre ce quelqu'un ridicule. Si je parlais de sa peinture, qui est calquée sur les figures des vases étrusques !

— Par exemple, dit Mariette, je ne veux pas qu'on dise de mal de la peinture de mon ami Feugères.

— Oui, il ira loin avec son imitation de l'antique.

— Il a beaucoup de talent, dit Mariette.

— Où les a-t-il connus, les antiques? dit Gérard; est-ce qu'il voit dans les rues des gens portant des péplums sur le dos?

— C'est très-distingué, dit Mariette.

— Distingué, distingué ! s'écria Gérard; un mot qu'on met à toutes sauces; la distinction, c'est la décoration des gens médiocres.

— Tu n'empêcheras pas, dit Mariette, que sa *Courtisane romaine* n'ait eu un grand succès au Salon.

— Parbleu! tous les bourgeois de Paris s'ameutaient autour; ils trouvent ça plus difficile à peindre qu'un paysan en blouse; de même qu'on s'imagine qu'un poëme a plus de valeur qu'un roman en prose ! Qu'est-ce que cela prouve? que le nombre des ignorants est considérable.

— Feugères est un grand peintre, dit Mariette.

— Tu ne t'y connais pas, » dit Gérard.

Il arrivait souvent de semblables querelles. Mariette, frottée de littérature, de peinture, aimait la discussion et soutenait le talent de tous ceux qu'elle connaissait; et Gérard entrait en fureur, commençant d'abord par raisonner sérieusement et ne pouvant tenir contre les affirmations douteuses de son amie.

Peu de temps après, Mariette dit à Gérard :

« Je vais te quitter. »

Gérard pâlit et crut qu'il allait se trouver mal.

« Je veux aller une huitaine à Lyon voir ma mère.

— Ah ! dit Gérard en respirant; pourquoi me tourmenter ainsi?

— C'était pour voir si tu m'aimais.

— Ne le sais-tu pas que je t'aime, mon amie? plus je vis avec toi, plus je m'attache à toi; si je te perdais aujourd'hui, je ne sais ce que je deviendrais.... Mais comment vas-tu faire pour aller à Lyon? le voyage est cher et nous ne sommes pas riches!

— Justement, dit Mariette, je disais l'autre jour, devant Ernest, combien j'aime maman et ma sœur, et combien cela me fait de peine de ne pas les voir; il m'a offert immédiatement de quoi faire le voyage.

— C'est très-bien de la part d'Ernest.

— N'est-ce pas? Diras-tu encore du mal des avocats?

— Non, dit Gérard, pas devant lui, du moins. Voilà ce que j'appelle de la vraie amitié; pendant ton absence, je vais travailler de toutes mes forces, pour tâcher, à ton arrivée, de pouvoir le lui rendre.

— Oh! dit Mariette, il m'a prêté pour autant de temps que je voudrai; du reste, je ne suis pas embarrassée: quand même je n'aurais pas trouvé de l'argent chez Ernest, tous les hommes me traitent plutôt en bon camarade qu'en femme, et il y en a dix qui seraient heureux de me rendre ce service. »

La veille du départ, Ernest, qui était un chasseur, envoya à Mariette un lièvre qu'il avait tué, et on mit le lièvre dans un coin de la cuisine, ce qui causa au petit chat une grande joie. N'ayant pas de souris à sa disposition dans le logement de Gérard, il se rua sur l'animal mort avec une rage sans pareille. Il le mordait par les oreilles et cherchait à le traîner par la chambre; mais le ventre de chanoine du lièvre aurait ri des forces réunies de quatre chats attelés.

Alors le chat, abandonnant son projet de traîner la victime sur le carreau, se mettait en arrêt devant le lièvre, sautait d'un saut énorme par-dessus le corps, et s'inquiétait démesurément, par le flair, de cet animal si doux qui se laissait ainsi maltraiter; ensuite, il posait ses pattes sur le ventre soyeux du lièvre, et par ses coups multipliés, semblait lui-même un lièvre épileptique essayant de crever le tambour qu'on a confié à sa docilité. Mariette fut obligée de retirer le lièvre des pattes du chat, qui voulait, comme un augure, consulter les entrailles de la victime.

Le petit chat fut admis sur la table à considérer de près si le lièvre avait été cuit à point. Mariette recommanda à Gérard de ne pas oublier la nourriture du chat.

« D'ailleurs, dit-elle, j'ai prévenu la mère Pierre, qui te fera ton ménage pendant mon absence; elle apportera du mou tous les matins. »

A trois heures, Gérard prit à part Mariette :

« J'aurais bien voulu rester seul avec toi, dit-il; nous n'avons plus que deux heures pour nous voir.

— Pourquoi ? dit Mariette.

— Ernest me trouble un peu, on est gêné devant quelqu'un, il y a mille choses qui ne peuvent se dire qu'à deux.

— Justement, dit Mariette, j'ai prié Ernest de m'accompagner avec toi à la voiture.... je ne saurais, maintenant, comment le renvoyer. Et puis, tu n'as rien à cacher devant lui.

— C'est différent, » dit Gérard, qui songeait combien il est doux même de ne rien dire à la femme qu'on aime quand on serre sa main dans la sienne.

A quatre heures, les trois amis prirent le chemin de la diligence; ils ne se parlaient pas; seulement, tantôt Mariette prenait le bras de Gérard, tantôt le bras d'Ernest. Le bruit qui se faisait dans la cour des messageries réveilla un peu les idées de Gérard :

« Si tu étais en voiture avec des gens désagréables?

— Je n'ai pas peur, dit Mariette; le conducteur est là pour me protéger. »

On appela les voyageurs. Les chevaux faisaient sonner le pavé, impatients de partir. Dix conversations se croisaient. Mariette embrassa Gérard d'abord, Ernest ensuite. La voiture roula.

« Comme vous avez l'air triste! dit Gérard à Ernest, dont la mélancolie habituelle semblait redoubler.

— Non, dit l'avocat.

— Il paraît plus ému que moi, » pensa Gérard.

Pendant l'absence de Mariette, Gérard, au lieu de travailler, se mit à la poursuite de ses anciens amis, qu'il avait négligés depuis longtemps. Il les trouva toujours dans la rue des Canettes, faisant ménage comme par le passé; mais il semblait à Gérard que toutes ces femmes étaient désagréables et servaient de boulet à chaque artiste. La colonie de la rue des Canettes, qui s'était agrandie, menaçant de transformer ce quartier en académie littéraire, était troublée sans cesse par mille propos destinés à jeter la discorde dans les relations domestiques. Presque toujours c'étaient les femmes qui lançaient ces pétards de paroles; il arrivait des querelles, des discussions, des propos sans fin.

La misère excessive qui régnait dans cet endroit remplit de noir le cœur de Gérard, qui sortit brusquement se promener sur les quais pour oublier cette fâcheuse impression. Et il aimait d'autant plus Mariette; car, depuis qu'il vivait avec elle, il n'avait pas passé par toutes ces querelles de ménage irritantes, ces méchants propos fils de l'oisiveté. Heureusement pour lui, comme il aimait les livres, la première boîte de bouquiniste l'occupa tellement, qu'il ne pensa plus à la rue des Canettes.

Le temps le plus heureux de Gérard était le moment où, ayant un peu d'argent dans sa poche, il pouvait revenir chez lui avec une brochure ou un vieux livre curieux. Pour l'habitant de la rive gauche de la Seine, le quai Voltaire a un charme qu'il ne trouvera jamais sur les boulevards : c'est tout à la fois un musée, une bibliothèque immense et la campagne.

A partir du pont Neuf, une librairie immense, à bon marché, s'étale sur le parapet pendant une demi-lieue; tout en feuilletant une brochure, il est facile de jeter un regard sur la Seine, qui est très-animée derrière les rares grands arbres verts de Paris. Comme les marchands ne se suivent pas immédiatement, et laissent quelquefois entre deux étalages de livres un espace assez grand, aussitôt que Gérard avait compulsé la dernière case d'un bouquiniste, il quittait immédiatement le trottoir, qui ne lui offrait plus d'intérêt, et allait étudier, en flâneur, les tableaux, les gravures, les chinoiseries, les vieux meubles, qui se trouvent du côté opposé; puis il retournait au nouvel étalagiste se bourrer de connaissances sans fatigue et sans argent : car la mémoire joue un grand rôle dans ces sortes d'inventaires, qui se font à la minute, qui vous montrent un titre et un auteur inconnus, et qui embrassent, dans un seul casier, toutes les sciences, tous les arts et toutes les langues.

Ces jouissances ne sont pas données à tous, car il faut une seconde vue pour ne pas perdre son temps devant des livres qui ne signifient rien; ils doivent être devinés, même sans titre, et protégés par une enveloppe de poussière; les brochures, quelquefois jetées avec un désordre sans pareil, veulent être regardées d'un œil d'aigle et sans s'arrêter.

Deux heures de quai doivent rapporter, en connaissances, deux mois de lectures dans une bibliothèque. Quant à acheter des livres, le flair demande à être subtil comme le flair d'un chien de chasse : une demi-page, une phrase, un mot, servent à décider si l'ouvrage vaut la peine d'être acheté.

Cherchant à pénétrer les mystères d'une case poussiéreuse au fond de laquelle nageaient beaucoup de brochures en mauvais état, Gérard sauta en se sentant frapper sur le dos.

« Ah! Pauline, vous m'avez fait peur! » s'écria-t-il.

Dans d'autres circonstances, Gérard eût peut-être paru mécontent d'être troublé dans ses bouquineries; mais il avait déjà passé plus de deux heures sur le quai, et il se sentait disposé à la conversation.

« Mariette est partie? dit Pauline.

— Oui, il y a trois jours, et je m'ennuie déjà.

— J'en suis sûre, dit Pauline; vous aimez beaucoup Mariette?

— Beaucoup, oui, beaucoup.

— Si elle ne revenait pas?

— Pourquoi, s'écria Gérard inquiété, pourquoi ne reviendrait-elle pas?

— C'est une supposition; je ne sais rien.

— A la bonne heure, dit Gérard; et qu'est-ce que vous devenez?

— Je suis toujours avec de Villers, dit Pauline.

— Vous bat-il encore?

— Non; il y a longtemps....

— Depuis la dernière fois?

— Depuis deux mois.

— Quel plaisir trouvez-vous à être battue?

— Aucun, dit Pauline.

— Pourquoi vous ai-je rencontrée un jour la figure meurtrie?

— J'étais dans mon tort. Il m'avait défendu d'aller au bal dans une maison où il se trouvait; je me suis déguisée en domino, croyant qu'il ne me reconnaîtrait pas. Dans cette maison, je l'ai surpris faisant la cour à une femme; la jalousie m'a fait oublier de changer ma voix. De Villers, furieux, m'a mise à la porte de la soirée, et le lendemain matin, en rentrant, il m'a battue.

— Je l'aurais quitté, à votre place, dit Gérard.

— Que voulez-vous? je l'aime.

— C'est drôle.

— Il m'a fait de bien jolis vers dernièrement.

— Des vers, dit Gérard, ne font pas oublier les coups.

— Tout le monde les trouve admirables.

— Les savez-vous par cœur?

— Oui, dit Pauline.

— Eh bien! ne me les dites pas. Ah! vous croyez encore aux vers; je vous plains. Vous avez toujours eu une passion pour les poëtes.

— Ce n'étaient pas des passions.

— Qu'est-ce que c'était?

— Rien, dit Pauline; je n'ai jamais aimé que deux hommes

dans ma vie, et je n'aimerai plus. De Villers sera le dernier aimé.

— Est-ce que le premier vous battait aussi ?

— Au contraire, dit Pauline ; il était bon, mais égoïste. Il ne pensait qu'à manger, à faire de bons dîners et à jouer ; toutes les nuits, il rentrait à quatre heures du matin.

— Allons, Pauline, vous n'avez pas de chance, à ce que je vois. Vous avez connu un tas de poëtes que vous n'aimiez pas et qui ont dû vous donner une mauvaise opinion de l'amour. Si j'étais femme, je n'aimerais pas tous ces petits poëtes; il me semble qu'ils ne peuvent vous mettre dans la tête que des gredineries. Croyez bien, Pauline, qu'ils aiment leurs vers en premier et la femme en second.

— Vous avez un peu raison, Gérard ; mais ils trompent si bien !

— Et votre aventure du billet de mille francs ?

— Ah ! on vous l'a dite ?

— On me l'a mal racontée, j'en suis sûr, et vous devriez, Pauline, me dire exactement comment les choses se sont passées.

— C'est un peu long, et vous êtes peut-être pressé ?

— N'importe, dit Gérard, je vous accompagnerai. De quel côté allez-vous ?

— Je vais dîner chez la mère Cadet.

— Dîne-t-on convenablement ?

— On y dîne à bon marché.

— Qui est-ce qui va là dedans ?

— Les comédiens de Bobino et de Mont-Parnasse.

— Alors je vais m'en aller dîner avec vous, si je ne vous gêne pas.

— Au contraire, dit Pauline ; vous y trouverez de Villers.

— De Villers ! je n'y vais pas.

— Pourquoi ?

— De Villers m'agace, et ses poésies encore plus ; je ne peux pas souffrir un homme dont je n'aime pas les œuvres.

— Mais cependant, dit Pauline, on s'occupe beaucoup de lui ;

dernièrement on a dit dans un feuilleton que c'était le plus grand métrique de ce temps-ci.

— Métrique, qu'est-ce que vous me dites là? mais c'est donc un architecte que votre amant? Métrique! le plus grand métrique! Si on me traitait de la sorte, j'irais me sauver bien vite au fond de ma province. Voyez-vous, Pauline, vous êtes comme Mariette, qui me fait souffrir avec la peinture de Feugères. De Villers peut marcher avec Feugères; ce sont deux Grecs. Ils ont étudié la sculpture et la poésie grecques et n'en ont pris que la surface. A quoi cela répond-il de notre temps? Est-ce que nous avons besoin de nous plonger dans l'antiquité? N'avons-nous pas d'autres passions, d'autres mœurs, d'autres vices? Encore s'ils avaient compris le fond de la poésie et de la sculpture grecques! mais ils n'en ont pris que la forme, les Vénus, les Io Pœan, des bêtises!

— Ça ne me regarde pas, dit Pauline; expliquez-vous-en avec lui.

— Eh! Pauline, il y a une chose que vous devriez savoir; c'est que de Villers n'a ni cœur ni sentiment; chacun de ses vers le prouve.

— Je le sais bien, dit-elle, qu'il n'a pas de cœur.

— Eh bien! pourquoi l'aimez-vous?

— Peut-être ne l'aimerais-je pas s'il était meilleur.

— Alors, c'est différent, résignez-vous à ce qui vous arrivera.... Mais vous ne me parlez pas de cette affaire de mille francs!

— A la fin de l'hiver dernier, dit Pauline, nous avions été souvent au bal masqué avec de Villers, et nous n'étions pas riches, c'est-à-dire que nous avions tout au mont-de-piété. Un soir, j'allai en soirée chez Streich, qui donnait à jouer au lansquenet : il me restait quelque monnaie; je perds ce peu d'argent en me demandant comment je déjeunerai le lendemain. J'étais assez triste en revenant, car je ne pouvais pas prendre de voiture, et j'avais une longue course pour arriver chez moi. Le froid était vif; il avait gelé, et le pavé était sec;

une rue avant la mienne, j'aperçois à la clarté du gaz un objet noir par terre, avec quelque chose qui brillait : c'était un portefeuille. Aussitôt je suis saisie par une grande émotion, et, sans réfléchir à ce que je faisais, je mets mon pied sur le portefeuille; j'entendais dans la rue d'à côté des pas qui résonnaient sur le pavé, et je n'avais le courage ni de m'en aller ni de ramasser le portefeuille; je craignais que ce ne fût la personne qui l'avait perdu qui revenait sur son chemin; mais cette personne n'entra pas dans la rue : je ramassai le portefeuille; et, autant un moment auparavant j'étais immobile, autant je courus jusqu'à ma porte. La portière voulait me parler en me donnant ma clef; mais je ne lui dis ni bonjour ni bonsoir; il me semblait que je n'avais plus de voix et que la salive s'arrêtait dans mon gosier. Je tenais le portefeuille serré dans ma main gauche cachée sous mon châle, et je vous assure, Gérard, que rien ne me l'aurait fait lâcher. J'eus beaucoup de peine à ouvrir ma porte, tant ma main tremblait; en entrant, après avoir poussé le verrou, je jetai le portefeuille sur le lit, et j'allumai la bougie. Je me vis dans la glace le sang aux joues, moi qui suis ordinairement si pâle; je me déshabillai en un clin d'œil, et je mis deux bougies sur ma table de nuit. Ce qui brillait sur le portefeuille était une espèce de mauvaise petite serrure en acier, qui se ferme et s'ouvre sans clef : quant au portefeuille, il était en cuir verdâtre, sombre, et il contenait pas mal de papiers, en apparence; je le reconnaîtrais entre mille, car je l'ai assez longtemps regardé à l'extérieur, avant d'oser l'ouvrir; je le pesais dans mes mains et ne pouvais en détacher les yeux.

— Moi, dit Gérard, je l'aurais ouvert tout de suite.

— Non, j'essayai, avant de savoir ce qu'il contenait, de deviner si c'était un portefeuille d'homme riche ou d'homme pauvre; mais le portefeuille n'avait pas de sexe, il n'était ni beau ni laid, ni vieux ni neuf, ni distingué ni commun. « Il doit « contenir des billets de banque, » pensais-je.

— Quelle tentation! dit Gérard; il n'y a pas un homme qui

ne se soit posé cette question dans sa vie : « Que ferais-je si « je trouvais un portefeuille plein de billets de banque? »

— Moi aussi, dit Pauline, j'y avais souvent pensé, et, maintenant que je me croyais au moment de répondre à cette question, je n'osais plus ouvrir le portefeuille. Je soufflai mes bougies pour tâcher d'échapper à mon émotion, et je réfléchis à ce que je ferais s'il y avait eu dedans une somme considérable. Je n'oserais d'abord la changer chez un changeur, car le lendemain la déclaration serait faite à la police par celui qui a perdu le portefeuille. Il faudrait donc se sauver à l'étranger; mais, pour se sauver, il est nécessaire au moins de changer mille francs. Je pensai à me déguiser, à me couvrir la figure d'un double voile noir. Cela n'exciterait-il pas les soupçons? Et puis où acheter le voile noir, quand je n'avais pas un sou chez moi? Je suis si grande qu'on me remarquera trop; alors je pensai à envoyer quelqu'un changer le billet; mais qui? Ma portière?... elle ne m'a jamais vu de billet de banque entre les mains, cela lui paraîtra bizarre; elle est bavarde, elle en parlera. Mettre quelqu'un dans la confidence, c'est impossible, nécessairement il demandera sa part, et je me sentais devenir égoïste, avare. Je pensai à l'emploi que je ferais de cette fortune : c'était de vivre tranquille, retirée, seule, avec des apparences médiocres, et de ne donner à soupçonner à personne que j'avais un trésor. Si je gardais les billets à Paris! mais où les cacher? Rien ne ferme à clef, ma portière fait mon ménage, de Villers fouille partout.... « Je ne verrai plus de Villers, pensai-je; ce n'est pas avec ma fortune que je garderai « ce misérable, ce poëte; c'est bon quand on est pauvre! Où « cacher l'argent? dans la cheminée? je ne pourrai plus faire de « feu; sous les carreaux de la chambre? mais il faudrait en « desceller un, le remettre en place, appeler un maçon, le surveiller pendant l'opération : cela paraîtrait étonnant dans la « maison. Je renverrai la portière; elle ne fera plus mon ménage. « Mettons qu'il y ait cent mille francs; cela me fera cinq mille « francs de rentes; je retournerai dans mon pays, j'achèterai

« une ferme et je la ferai valoir sous mes yeux. Comment « expliquer à ma mère ma fortune subite? Ce n'est pas possi- « ble. » Je me souvins d'avoir entendu dire que les billets de banque avaient des numéros, et que le perdant pouvait, dès le lendemain matin, faire la déclaration de ses numéros : peut-être avait-il été se plaindre dès le même soir. Il était minuit quand je trouvai le portefeuille ; mais, comme la rue est très-déserte, il était peut-être perdu depuis deux heures, depuis quatre heures, sans que personne l'eût aperçu. « C'est un vol, « me disais-je ; mais un homme qui perd cent mille francs est un « homme riche, on ne porte jamais dans sa poche sa fortune d'un « seul coup. Qu'est-ce que cent mille francs pour M. de Roth- « schild? » Puis je changeai mes rêves : « Qu'est-ce qui me fait « penser à cent mille francs? Je ne l'ai pas ouvert. Il n'y en a « peut-être que cinquante mille, que vingt mille, que dix mille, « que cent francs. Une petite somme, ce serait un crime de la « garder ; elle doit appartenir à un malheureux garçon de re- « cette, qui sera obligé de la rendre sur ses appointements. Est- « ce bien la peine de garder vingt mille francs? Et quand je « serai vieille, laide, abandonnée, au lieu de finir à l'hôpital, « j'aurai vingt mille francs ; dans la campagne, on ne dépense « presque rien, je mourrai tranquillement sans besoins. »

— Et vous n'aviez pas ouvert le portefeuille encore? dit Gérard.

— Pas tout de suite, dit Pauline.

— Quel supplice! mais je serais devenu fou. Enfin que contenait-il?

— Attendez ; au bout d'une heure, n'y tenant plus, je rallumai mes bougies, je me levai, j'ouvris un tiroir de ma commode et je pris des cartes.

— Voilà les cartes maintenant! s'écria Gérard. Vous alliez demander conseil aux cartes?

— Précisément ; je rangeai les cartes sur mon lit ; et, après pas mal de temps, je les jetai de colère, ne trouvant rien en rapport avec ma situation.

— Il y en a qui ouvriraient la Bible; vous, vous consultez les cartes.

— Le portefeuille était sous ma main, dit Pauline; je commençai par l'ouvrir en deux; l'un des côtés contenait beaucoup de papiers; l'autre était fermé par une patte de cuir. Je jetai les papiers sur mon lit, et je vis d'abord un passe-port.

— C'était un voyageur, dit Gérard.

— Croirez-vous, dit Pauline, que j'ai regardé d'abord son âge?

— Ah! les femmes! Quel âge avait-il?

— Quarante-deux ans.

— Un peu trop âgé pour vous.

— Vous allez tout de suite à l'extrême, dit Pauline; ensuite je lus son signalement.

— Vous avez dû être bien avancée?

— Il avait la barbe noire, des yeux gris, nez ordinaire, bouche moyenne.

— Et visage ovale, dit Gérard; le secrétaire du commissaire de police ne sort pas de là. On ne distinguerait pas sur un passe-port Antinoüs de M. de Roquelaure. Pas de signes particuliers, sans doute?

— Non.

— Et sa profession?

— Rentier, dit Pauline.

— Ah! voilà qui est intéressant! rentier, cela commence à éclaircir l'affaire.

— Il y avait dans la même poche une carte de restaurant.

— Se nourrissait-il bien?

— Un dîner de trois francs.

— Dame! il est difficile de juger un homme sur un dîner de trois francs. Ce peut être un homme d'une grande simplicité dans sa nourriture; on peut dîner raisonnablement pour trois francs; j'aurais été fort embarrassé.

— Il y avait deux potages sur la carte.

— Oh! s'écria Gérard, l'inconnu perd ma confiance; deux potages représentent deux personnes; c'était un dîner à deux, c'est-à-dire à trente sous par tête. Mauvais dîner! il est même étrange que, dépensant si peu, cet homme n'ait pas poussé la corruption jusqu'au restaurant à trente sous; vous ne m'avez pas dit comment il s'appelait.

— M. Chouippe.

— M. Chouippe! dit Gérard; il y a quelque chose de comique dans l'inconnu, ou je n'ai aucun sentiment des noms. Chouippe rentier, âgé de quarante-deux ans, menant dîner quelqu'un à raison de trente sous par tête, me paraît un être grotesque.

— Il y avait aussi une lettre, dit Pauline, datée de Rouen: c'était sa sœur qui lui écrivait qu'elle était dans un moment très-difficile, que son commerce n'allait pas, et qu'il lui rendrait un grand service en lui prêtant cinq cents francs.

— Ce Chouippe était donc dans une bonne position; je parie qu'il n'a rien envoyé à sa sœur.

— Je n'en sais rien, dit Pauline. Je lus aussi une adresse imprimée d'un marchand de paille à tresser, ainsi qu'un de ces papiers qu'on vous donne dans les rues pour annoncer des chapeaux de soie à six francs.

— Voyez-vous, Pauline? Chouippe était avare; on ne range pas ainsi dans son portefeuille des adresses de chapeaux de soie à six francs; ce Chouippe croyait encore au bon marché des objets de première nécessité; tout cela annonce un homme borné.

— Dans un petit papier plié en quatre étaient enveloppés des cheveux.

— Bon, dit Gérard, vous avez été jalouse?

— Pas du tout; il y avait quatre de ces petits paquets avec des cheveux de différentes nuances.

— Mais, c'est un don Juan, ce Chouippe! quatre paquets de cheveux différents!

— Et dans un papier le nom d'Adèle, tandis que les autres ne contenaient que des initiales.

— Adèle n'avait aucun ménagement à garder, et les autres cheveux étaient des cheveux de femmes mariées, de grandes dames ou plutôt de bourgeoises; car un Chouippe ne connaît pas de grandes dames.

— J'ouvris avec anxiété la poche fermée par une patte de cuir, dit Pauline; mes beaux rêves de cent mille francs étaient à l'eau, et j'avais la plus mauvaise opinion, comme vous, de ce portefeuille, lorsque j'aperçus un papier plié en trois, jaune et fin, transparent. C'était un billet de banque de mille francs.

— Allons donc!

— Je le regardai longtemps, il était bon : ah! quelle nuit ce billet m'a fait passer! Je n'avais pas un sou, de Villers non plus; le printemps venait; mes robes, qui allaient encore depuis l'hiver précédent, étaient usées, abîmées; je devais quelque argent à une brave femme qui m'a donné à manger à crédit pendant quelques mois et qui avait bien besoin; mon marchand de meubles me tracassait pour une soixantaine de francs que je lui redois. Après avoir fait mes comptes, je trouvai qu'avec ces mille francs je payerais mes petites dettes et que je serais habillée à neuf; en même temps, il fallait déménager pour le huit du mois d'avril, et nous étions à la fin de mars; je n'avais rien à donner au propriétaire, à qui je devais deux termes; on aurait donc gardé mon mobilier : les mille francs tombaient du ciel. Je mis le billet sous mon chevet, et je ne dormis pas de la nuit. Je pouvais aller changer mon billet dans un autre quartier; comme c'était le seul, je ne courais pas grand risque d'être reconnue. A six heures du matin, ne tenant plus dans mon lit, je m'habillai à la hâte et je sortis à la hâte, tenant toujours mon portefeuille. Je courus rue Jean-Jacques-Rousseau; c'était là que demeurait M. Chouippe.

— Ah! s'écria Gérard, vous lui avez rendu son billet?

— Non, dit Pauline, je sonnai un quart d'heure à sa porte et on ne me répondit pas; mais je laissai un mot au crayon à la portière, en lui disant que j'attendrais M. Chouippe chez moi jusqu'à midi pour une affaire très-importante. En revenant par le passage des Panoramas, je regardai la boutique du changeur : un quart d'heure avant, j'aurais pu y entrer et m'en retourner plus riche de mille francs; maintenant ça m'était égal. Sur les dix heures, il arriva chez moi un homme qui avait des cheveux rouges et crépus, des lunettes et un long menton pointu; il dit : « Je suis M. Chouippe et vous êtes sans doute « mademoiselle Pauline. » Je lui répondis que j'avais trouvé son son portefeuille. Il me dit : « Qu'est-ce que vous voulez? » Je vous avoue, Gérard, que, sur le moment, je me suis repentie d'avoir été aussi honnête : j'allais courir après cet homme, et il me demandait grossièrement ce que je voulais pour ma peine. Je lui répondis que je ne voulais rien. « Plaît-il? » me dit-il. Je dis que je ne faisais pas payer mes services. Alors tout s'explique. Ce M. Chouippe était sourd.

— Quelle dégringolade! dit Gérard ; tous les vices! sourd et dîner à trente sous, rouge de cheveux, au lieu d'un beau jeune homme, d'un riche héritier. Enfin, comment tout s'est-il terminé?

— Il m'a beaucoup remerciée, et, huit jours après, j'ai reçu un médaillon encadré qui contenait une pensée dessinée en cheveux rouges, avec une lettre qui me priait d'accepter ce cadeau de ses mains.

— Oh! le scélérat que ce Chouippe! Il faisait des tableaux en cheveux pour son agrément. N'importe, Pauline, vous avez bien fait; c'est très-beau de votre part. Et vous n'avez pas eu de regrets?

— Aucun.

— Même après la pensée en cheveux rouges?

— Non. On s'est beaucoup moqué de moi.

— Qui?

— De Villers et ses amis; ils étaient tous d'avis que je devais garder le billet.

— Ceci prouve que vos petits poëtes sont des scélérats et que vous vous êtes très-bien conduite, Pauline.

— De Villers me disait que j'avais agi comme un cocher de fiacre.

— Oh ! je connais leurs paradoxes ; ils détruiraient tout par le ridicule. Et croyez bien, Pauline, que vous serez un jour ou l'autre récompensée de votre belle action : je crois au châtiment sur la terre. Si vous aviez gardé le billet de mille francs, vous auriez été punie à un moment de cette faute ; d'ailleurs, à quoi peuvent servir mille francs ? à une toilette de printemps. Un printemps est sitôt passé ! »

Pendant cette conversation, on était arrivé chez la mère Cadet, dont la maison est située au delà de la barrière du Maine. De Villers, sans attendre Pauline, était déjà attablé avec les comédiens qui faisaient son bonheur. L'amour de l'antiquité se partageait son cœur avec l'amour des cabotins ; sans s'inquiéter de leur talent, il les estimait tous également, pourvu qu'un peu de rouge eût approché leur joue et que leurs yeux fussent fatigués par le feu de la rampe. Il recherchait l'amitié de tout ce qui touchait au théâtre, contrôleurs, pompiers, ouvreuses, et mettait un grand amour-propre à savoir depuis le nom du secrétaire de la direction jusqu'à celui du dernier figurant.

Il eût été difficile d'expliquer cette double passion pour les Grecs et pour les cabotins, si des comparaisons, prises à tout instant dans les objets matériels du théâtre, n'eussent expliqué quelle joie ce créateur en faux des Vénus anadyomènes trouvait dans l'art faux du théâtre.

La maladie dont était atteint de Villers, qu'il avait attrapée à se frotter continuellement aux objets matériels du théâtre, courait à cette époque le monde littéraire avec des variantes. Les uns ne s'occupaient pas de théâtre, mais de musique ; et toutes leurs œuvres, en prose et en vers, tendaient toujours à se rapprocher des matières musicales ; les autres ne voyaient rien que la peinture, et se consumaient en luttes infertiles à faire de leur plume un pinceau. Ils avaient inventé une nouvelle langue singulière, non pas sans mal, qui faisait que l'art du poëte consistait à mouler une statue et à suivre le burin d'une gravure.

Ces singulières transpositions d'art, qui firent que la pensée se ravala à des imitations d'arts inférieurs, et qui laissaient de côté la nature, l'homme et ses passions, pour s'occuper plus attentivement de sa forme extérieure, menèrent bien des esprits à mal. C'est contre ces tendances que protestait Gérard, qui soutenait qu'il aimait mieux lire la lettre d'un paysan, sans orthographe et pleine de fautes, plutôt que suivre cette voie de littérature se ravalant à la peinture.

Il existait à ce moment un certain groupe de jeunes écrivains tout jeunes, qui, après avoir étudié certains procédés mis à la mode, tels que l'antithèse, écrivaient avec une déplorable facilité sur toutes choses sans en connaître le premier mot, et avaient l'air, grâce à des bascules de mots, d'être de profonds penseurs.

Gérard, ayant rencontré dans une imprimerie un de ces jeunes gens qui se livrait à la composition la plus rapide d'un feuilleton sur des matières archéologiques, sortit avec l'intention de se casser la tête au premier mur. Qu'est-ce que pouvaient devenir la conscience littéraire et l'étude aux prises avec de telles improvisations? S'il s'était senti soutenu, encouragé par quelques esprits consciencieux, au milieu de ces débauches de style! mais ses camarades, ceux qui le comprenaient, ne produisaient rien; ils manquaient de ténacité, de courage, et ne se sentaient pas le courage de vivre seuls sans se frotter au malsain contact des poëtes corrompus.

Gérard réfléchit à tout cela, et se dit qu'il fallait ne compter que sur soi, chacun de ses amis ayant des faiblesses et des préoccupations en dehors de l'art; mais, comme il avait besoin de s'épancher, de trouver quelqu'un à qui tout dire, il fut heureux de rencontrer Mariette. « Je vivrais bien, disait-il, avec une grosse cuisinière, et je lui confierais mes projets les plus chers, mes travaux, mon avenir; je ne demande pas qu'elle me comprenne, mais qu'elle en ait l'air seulement. »

Gérard ne pouvait supporter les quarts d'intelligence, les demi-éducations, les gens frottés d'art, les amateurs *éclairés*, les bavards; toutes les fois qu'il se rencontrait avec un de ces êtres, il devenait triste, morose et sans paroles. Son esprit et sa physionomie étaient un reflet des gens désagréables; il se sentait devenir méchant en leur société, et son caractère s'en ressentait.

Aussi il se repentit vivement d'avoir accompagné Pauline au cabaret; car la vue de de Villers et des cabotins changea pour ainsi dire sa nourriture en poison. De Villers était en train de discuter les mérites des célébrités du boulevard dans le drame; il avait assisté à toutes les pièces nouvelles, aux répétitions; il ne quittait pas les acteurs au café, dans les coulisses, faisait des sonnets aux actrices, et remplissait les colonnes d'un obscur petit journal de théâtre d'éloges insensés sur tous les comédiens, même ceux de la banlieue.

Pour le moment, il traînait à sa suite un jeune poëte de la province, à figure de séminariste, qui devait sous peu emplir Paris de son nom par ses folles dépenses autant calculées que ses excentricités. Il fut présenté à Gérard comme devant obtenir à l'Odéon un succès étonnant, grâce à une étude antique.

Le poëte de la province salua, et Gérard garda son chapeau sur la tête, décidé à pousser la brutalité jusqu'au bout. Sachant d'avance, par la nature du titre annoncé, que le talent du poëte de la province n'avait rien à démêler avec des œuvres sérieuses, il ne voulait, sous aucun prétexte, entamer ces serrements de main, ces saluts, ces politesses, qui enchaînent la plume d'un homme.

Le repas était splendide, à cause des libéralités du provincial, qui cultivait la poésie en grand seigneur, c'est-à-dire qui espérait par son argent convertir la littérature en une armée de claqueurs. Vêtu d'un mauvais habit noir râpé, la tête basse, les yeux regardant la terre, les mains frénétiquement crispées sur la poitrine, il offrait la représentation vulgaire d'un cuistre de collége, écrasé sous l'interrogatoire du principal. La tenue, le regard humble, la pâleur même, le regard convulsif et malsain, tout semblait calculé et obtenu à force d'art; car ce jeune poëte provincial, avec ses habits pauvres, était arrivé à Paris avec une centaine de mille francs, destinés à monter une armée d'amis.

Les comédiens de Bobino et de la banlieue, qui ce soir-là profitaient des largesses de vin bleu et de biftecks commandés par le poëte, semblaient attentifs à ses moindres paroles, et applaudissaient à ses oui et à ses non comme à des traits de génie, sauf plus tard à se moquer de l'amphitryon quand il serait parti. Gérard, qui ne voulait ni se mêler à la bande des admirateurs ni partager une miette du festin, dîna de mauvaise humeur, prit congé de Pauline et sortit.

XV.

La famille.

Gérard rentrait chez lui tristement en songeant combien il serait malheureux d'être obligé de fréquenter de pareils êtres, lorsque la portière lui remit une lettre. Il regarda le timbre, et lut Lyon; en moins d'un clin d'œil, il franchit ses trois étages, ouvrit sa porte brusquement, et n'entendit même pas les doux miaulements du petit chat qui saluaient son arrivée.

« Mon bon petit homme, écrivait Mariette, voici tous les malheurs qui me sont arrivés : je cours vite à la maison pour voir maman; maman n'y était plus, elle était partie très-malade à l'hôpital, tu vois mon désespoir. Enfin, je suis arrivée avec un peu d'argent, cela a refait toute la maison! Mon petit homme, je t'aime! il faut que je parte bien vite auprès de toi; mais je m'effraye de quelque chose, c'est de ne pas avoir de l'argent pour emmener maman et ma sœur. J'en demanderai à toutes mes connaissances. Seulement, pour mon petit homme, il a fallu que je le quitte pour savoir combien je l'aimais; enfin, il faut qu'avant huit jours je sois auprès de toi.

« Si je ne peux pas partir avec toute ma famille, je partirai seule. Je t'embrasse sur les deux yeux; sois bien sage, surtout. Dis-moi ce que fait notre petit chat, s'il regrette sa maman. Réponds-moi tout de suite, ma sœur Antoinette t'envoie un baiser. »

Gérard lut cette lettre deux fois avant de se coucher, et, pour rester sous cette impression heureuse, il souffla sa bougie sans prendre de livre, suivant son habitude; mais il lui fut impossible de dormir, et il ralluma la bougie pour lire la lettre une troisième fois. Le petit chat sauta sur le lit, comme s'il avait su qu'on pensait à lui à soixante lieues, et il ronronnait en se frottant la tête contre la lettre que tenait Gérard à la main.

Trois jours après on entendit un grand bruit dans l'escalier, et Mariette tomba dans les bras de Gérard; elle était suivie de deux jeunes filles, dont l'une conduisait à pas lents une vieille femme.

« Voilà maman, dit Mariette; voilà ma sœur Antoinette.... Eh bien! tu ne l'embrasses pas, Gérard! et voilà ma cousine Ursule. Vois-tu, Antoinette, c'est que Gérard est un peu timide, mais vous vous entendrez bien ensemble. »

Les commissionnaires apportaient malles sur malles; la cuisine était petite, ainsi que la salle à manger; Gérard se retira dans le fond, pendant que les trois femmes s'occupaient à ranger, à reconnaître leurs caisses. Aussitôt déballé, tout était ouvert; Mariette criait après le porteur d'eau, qui oubliait de remplir la fontaine; elle cherchait du linge blanc, que Mme Pierre avait oublié de rapporter du blanchissage; la cousine Ursule avait faim, et Antoinette sommeil. Mariette amena sa mère, à moitié aveugle, dans la chambre à coucher, et l'assit dans un fauteuil : elle la laissa aux soins de Gérard, qui restait anéanti sur une chaise, dans un coin de la chambre.

Lui, qui aimait la tranquillité la plus absolue, se trouvait au milieu de quatre femmes, dans deux petites chambres; il avait regardé Antoinette, plus jeune que Mariette, mais qui était grêlée, maigre, et d'une figure peu avenante. La cousine Ursule semblait une ouvrière qui sort de la campagne; la mère, infirme, se tenait affaissée dans le fauteuil, d'un air sévère.

Gérard cherchait des paroles pour entamer une conversation, et il n'en trouvait pas; d'ailleurs, la mère ne paraissait pas s'apercevoir qu'il y eût quelqu'un dans l'appartement.

« Vous devez être fatiguée, madame, de votre voyage? » dit-il.

Elle ne répondit pas.

Gérard alla retrouver Mariette, et lui dit qu'il ne savait comment prendre soin de sa mère.

« Si tu étais gentil, dit Mariette, tu devrais t'en aller jusqu'à une heure, afin que nous nous reposions un peu. A une heure, nous déjeunerons.

— Oui, je le veux bien, dit Gérard, heureux de se recueillir.

— Va lire les journaux, n'est-ce pas? »

Gérard sortit dans la direction du Luxembourg. « Ah! s'écria-t-il, que m'arrive-t-il? quelle fantaisie s'est emparée de Mariette, de ramener trois femmes avec elle! Il est impossible que nous logions tous ensemble. Et la mère, qui ne me répond pas.... elle a raison : est-il convenable qu'elle se trouve avec moi...? »

Le trou d'un enfer domestique venait de s'ouvrir sous les pieds de Gérard, et il se sentait pris d'un vertige qui l'y attirait. Il se demandait comment, trouvant à vivre avec peine en compagnie de Mariette, il arriverait à nourrir une si nombreuse assemblée; il entrevoyait un lendemain plein d'orages et de disputes entre les quatre femmes. Gérard avait été à même de voir de pareilles associations, qui se terminaient et se renouvelaient tous les jours par des faims et des misères sans remède.

Il cherchait à se rendre compte des motifs qui avaient décidé Mariette à grouper tant de femmes autour d'elle; quand même elles ne se disputeraient pas, chose peu probable, rien que de se réveiller en entendant quatre conversations, confondait l'esprit de Gérard. C'était un ménage réel, sans aucune des lois civiles ni religieuses qui font supporter les difficultés de la vie. Gérard se demandait si Mariette n'avait pas l'intention de se marier avec lui, et si la vocation ne l'en prenait pas à ce moment ; il comprenait alors les sérieux engagements qui pèseraient sur sa vie et qui entraveraient son art.

Il aimait Mariette, telle qu'il l'avait connue, seule, sans famille, sans sœur et sans cousine ; il l'avait peut-être prise au début par caprice ; mais cette liaison était devenue un attachement sérieux dont il ne prévoyait pas la fin. Mariette eût voulu consacrer par les lois cette liaison, que Gérard, un mois avant son départ, n'eût pas reculé devant une existence qu'il se peignait douce, tranquille, pleine de charme et d'intimité ; mais le retour de Mariette accompagnée de trois personnes lui donnait à réfléchir.

Habitué à travailler à sa fantaisie, à ne se plier à aucune exigence, décidé à ne jamais faire un métier de sa plume, Gérard produisait peu et trouvait difficilement à placer son travail, et il pensait que l'entretien de quatre personnes lui ferait perdre sa conscience, sa volonté et son courage ; il faudrait se livrer à des travaux tout à fait en dehors de l'art, se mettre aux gages de quelque entrepreneur de journalisme ou de librairie, travailler à l'heure, et faire tant de pages par jour.

Mariette, dans sa tête folle, n'avait pas songé à la millième partie des réflexions qui se croisaient dans l'esprit de Gérard ; peut-être ne pensait-elle pas plus au mariage avant qu'après. Alors, comment s'était-elle embarrassée de trois personnes ? Gérard avait assez de cœur pour ne pas conseiller à Mariette de se séparer de sa mère ; mais il ne voyait pas quelles raisons puissantes pouvaient avoir décidé Mariette à l'amener avec elle, ainsi que sa sœur. Puisque de temps à autre elle envoyait à Lyon de petites sommes d'argent, il était plus naturel de continuer ces envois et de les rendre plus fréquents, sans amener sa mère dans le domicile d'un homme qui n'était lié avec elle que par une rencontre dans un bal.

L'air chagrin de la mère montrait assez à Gérard qu'elle sentait comme lui combien était peu délicate son introduction dans la maison de la rue Saint-Benoît. En ce moment, Gérard aurait voulu dire à Mariette les mille réflexions qui l'agitaient; même sans être compris, Gérard eût été heureux d'exprimer en paroles ses idées.

Puis il pensait à quitter Mariette et à rentrer seul dans la vie de travail; mais un attachement de deux ans ne pouvait être brisé si facilement par une nature timide et aimante comme celle de Gérard. « Que je revoie Mariette encore une fois, se disait-il, que je lui dise combien je l'aime, et nous nous séparerons ensuite. »

Ayant marché pendant deux heures sans s'être arrêté à rien, Gérard se rendit chez Thomas, pour lui communiquer tout ce qu'il avait amassé de projets, de réflexions; mais Thomas n'était pas chez lui, et Gérard revint à la rue Saint-Benoît sans parti pris.

A son grand étonnement, il ne trouva pas Mariette; elle ne s'était pas couchée, la mère reposait dans le lit, Antoinette et Ursule se partageaient un matelas qu'on avait étendu par terre; tout était en désordre dans l'appartement : les malles ouvertes, le linge sur les tables, les chapeaux de femmes sur les chaises.

Un seul acteur semblait heureux de ce bouleversement : le petit chat, qui sautait d'une caisse dans une autre pour flairer les boîtes, et qui prenait plaisir à déchirer les journaux servant d'enveloppes au linge et aux broderies. Rien ne fut plus pénible à Gérard que la vue du petit chat; car il se demandait, en vue d'une séparation, quel serait le maître définitif d'un animal qui avait fait longtemps les joies du ménage.

Il eut l'envie de demander où était allée Mariette; mais Antoinette et Ursule paraissaient plus disposées à dormir qu'à répondre. Une heure se passa pénible pour Gérard, qui regardait avec terreur son domicile à l'envers sans trouver de chaise pour s'asseoir. Il se disait que l'arrivée de Mariette avait été froide, lui qui avait tant rêvé ce doux moment ! Il pensa à son petit voyage, quand il revint et qu'il trouva Mariette en convalescence, à la jolie manière dont elle l'avait regardé ; et, accoudé sur sa fenêtre, il se prit à regretter cet heureux temps.

Pourquoi Mariette était-elle sortie si matin, sans se reposer? Cette question l'embarrassait ; un moment il crut qu'elle avait dû courir chez les marchands du voisinage pour préparer le déjeuner : mais elle ne revenait pas. La petite fenêtre de la rue Saint-Benoît donne sur une impasse derrière la place Saint-Germain des Prés ; à peine voit-on, par moments, une femme qui sort de sa maison pour jeter de l'eau dans le ruisseau : cette vue, qui avait semblé à Gérard le plus beau des paysages, quand il était heureux, prenait aujourd'hui les teintes noires d'une cour de prison.

Gérard se sentait pris de l'envie d'éveiller une des deux cousines ; mais il n'osait, ayant été habitué par Mariette à être plein de respect vis-à-vis du sommeil. Cependant, pour mettre un terme au repos des deux cousines, qui menaçaient de dormir jusqu'au lendemain matin, il chargea le petit chat de cette fonction. La figure d'Antoinette endormie, son menton pointu, ses lèvres pincées, une certaine réputation de mauvais caractère accolée de tout temps aux femmes grêlées, le décidèrent à choisir pour sa victime Ursule, dont le sommeil annonçait un caractère plus simple et plus doux.

Gérard posa le petit chat délicatement au pied du lit et se plaça au chevet, en agitant auprès de l'oreiller une petite boule de papier, bien certain que le chat, avide et curieux de mouvement, s'élancerait d'un bond rapide vers l'objet remuant, en passant sur le corps d'Ursule ; en effet, le chat s'accroupit comme un tigre, ses yeux s'illuminèrent comme une topaze touchée par un rayon de soleil ; tout son corps s'enfla comme s'il eût été soufflé ; ses oreilles étaient en arrêt, sa queue frétillait ; mais, contre son habitude, il resta en observation, comprenant peut-être le danger qu'il courait en réveillant une femme.

Gérard employa toutes les ruses connues, soit en faisant avancer discrètement la boule de papier, soit en la retirant brusquement, soit en lui communiquant un mouvement saccadé, soit en la laissant au repos ; le chat s'agitait au pied du lit, montrait une grande ardeur intérieure, sans bouger de place.

Gérard, irrité contre le chat, qui ne voulait pas lui servir de complice, inventa un projet brutal qui ne laissait plus à l'animal son libre arbitre. Il le prit dans ses bras et le jeta, de sa hauteur, sur le corps d'Ursule, qui poussa un tel cri de terreur, que Gérard se retourna brusquement vers la fenêtre, feignant de regarder dans la rue, bien décidé à nier son crime et à en rejeter tout l'odieux sur le caractère bizarre du petit chat.

« Qu'est-ce qu'il y a ? » dit-il d'un ton étonné.

Ursule se frottait les yeux comme pour tâcher de les agrandir et de se rendre compte de la cause qui avait troublé son sommeil.

« J'ai senti, dit-elle, comme une grosse pierre me tomber sur le ventre. »

Gérard regarda le plafond et s'écria :

« Une pierre ! c'est impossible ; je l'aurais vue entrer par la fenêtre !

— C'est égal, c'était bien lourd, dit Ursule. Et je ne vois rien.

— Vous avez peut-être rêvé ?

— Non, dit Ursule, j'ai senti le coup.

— Ne serait-ce pas ce monstre-là ? dit Gérard en montrant le chat, qui, fort de son innocence, sortait de la cuisine pour connaître les résultats de son crime involontaire.

— Que je t'y reprenne ! » dit Ursule en montrant le poing au chat.

Et elle reposa sa tête sur l'oreiller, paraissant prête à recommencer à dormir de plus belle ; mais ce nouveau sommeil ne cadrait pas avec les projets de Gérard, qui pensait que, s'il attendait une minute de plus, il serait obligé de tramer de nouveaux complots.

« Mademoiselle Ursule ! cria-t-il.

— Plaît-il, monsieur?

— Savez-vous quelle heure il est?

— Non.

— Il est l'heure de déjeuner.

— Mariette a dit qu'on l'attende.

— Où est-elle donc allée?

— Je n'en sais rien.

— Vous sentez-vous reposée?

— Oui, mais je dormirais bien encore. »

Gérard ne savait quel tour donner à la conversation pour mettre fin à un tel sommeil, lorsque la clef grinça dans la porte, et Mariette entra. Gérard courut à elle dans la cuisine, demandant au ciel, en ce moment, que le sommeil des deux cousines continuât, afin d'avoir un moment d'explication; mais Mariette se mit à crier :

« Eh ! paresseuses, vite, levez-vous.

— Je voudrais te parler, dit Gérard.

— Plus tard, dit Mariette, il faut que le déjeuner se fasse.... Allons, Antoinette, vite, lève-toi. »

Comme personne ne répondait à cette pressante invitation, Mariette, sans y mettre les précautions et les ruses de Gérard, secoua sa sœur, sa cousine, ne fit pas attention à leurs murmures, et entra dans la chambre de sa mère. Puis elle revint :

« Mon petit homme, dit-elle, va un moment dans la cuisine, pendant que tout le monde s'habillera. »

Gérard fit la grimace.

« Allons, je vais y aller avec toi, dit-elle. Ça ne doit pas t'amuser, un pareil bouleversement? »

Gérard ne répondit pas, mais sa figure désolée répondit pour lui.

« Ne t'inquiète pas, j'ai déjà trouvé un logement pour maman.

— Tu as bien fait; mais tu n'as pas été longue à chercher ce logement.

— Oh! Charles m'a prêté le sien.

— Quel Charles? demanda Gérard.

— Un de mes amis, tu sais bien.

— Non, je ne le connais pas.

— Je t'en ai parlé cent fois.

— C'est possible, dit Gérard.

— Alors, maman ira coucher ce soir quai des Augustins; en attendant, Antoinette et Ursule resteront quelques jours sur le matelas : elles ne nous gêneront pas. D'ailleurs Ursule va travailler pour nous; ma sœur et maman ont besoin de linge et de robes, tes chemises commencent à s'en aller. Ursule est bonne ouvrière; elle coudra en attendant qu'elle ait trouvé une place. Êtes-vous levées?... dit Mariette. Mon Dieu! qu'elles sont longues! Vite, dépêchez-vous de vous habiller, j'ai besoin de vous. Toi, Antoinette, tu vas aller au marché Saint-Germain acheter des légumes pendant que j'allumerai le feu, et Ursule ira chez le marchand de vins et le boucher.... N'oublie pas non plus l'épicier : nous avons besoin de sucre, de bougies. »

Les deux cousines dirent qu'elles ne savaient pas l'adresse de ces marchands et qu'elles se perdraient.

« Voilà déjà mes deux paresseuses! dit Mariette.

— Je ne trouve pas le peigne, disait Ursule.

— Où donc met-on les serviettes? demandait Antoinette.

— Ursule, tu te peigneras plus tard. A Paris, on ne s'habille que le soir.

— Je n'oserai pas descendre ainsi; et puis....

— Mariette! criait la mère.

— Oui, maman, j'y vais.

— Antoinette, tu prendras la première rue à droite, la seconde à gauche et la troisième à droite; dedans, au bout, c'est le marché Saint-Germain.

— Ah bien! ma foi, dit Antoinette, en voilà à retenir. Jamais je ne saurai.

— Ni moi non plus, disait Ursule; ce n'est pas comme à Lyon.

— Mariette ! » cria de nouveau la mère.

Gérard était épouvanté de ce remue-ménage.

« Gérard, dit Mariette, tu vas accompagner Ursule et Antoinette; tu leur montreras tous les endroits où j'achète ordinairement nos provisions. Ne vas-tu pas aussi faire la mine? Si c'est ainsi, je vous avertis que je vous plante tous là et que je vais me promener.... Comment, je cours depuis ce matin pour vous, et vous n'iriez pas faire une petite course de rien...! Êtes-vous parties?... Ursule, prends le panier, et Antoinette le cabas. »

Quoique Gérard fût soulagé par l'annonce de l'emménagement de la mère, et qu'il comprît que les deux cousines étaient chez lui seulement en attendant, il suivait Antoinette d'un air silencieux, en leur disant brusquement : « Par ici, par là; » et il faisait de larges enjambées sans s'inquiéter si les femmes pouvaient le suivre. L'avenir lui paraissait gros de nuages gris, et des brouillards perpétuels s'étaient amassés autour de sa tête, au lieu du rayon de soleil qui dorait jadis son existence.

Le déjeuner fut triste, long à préparer; à table, la mère de Mariette semblait devoir chasser la joie, car son état de quasi-aveuglement, joint à son mutisme, n'était pas de nature à amener la gaieté dans l'esprit de Gérard. Après le déjeuner, Mariette annonça qu'elle allait promener sa sœur et sa cousine, qui n'avaient jamais vu Paris. Gérard ne tenait pas à sortir avec elles; mais il était irrité de ne pouvoir causer un moment seul avec son amie. Il se dit malade pour excuser sa mine soucieuse, et fut tout à la fois heureux du départ des quatre femmes et malheureux du départ de Mariette.

La question de la toilette, qui dura près de deux heures, l'avait irrité au dernier degré : il maudissait toutes les femmes et se reprochait amèrement sa liaison avec Mariette. Cependant, quand il vit Mariette habillée en grande toilette et la différence qui existait entre elle et sa sœur, un petit sourire pâle passa sur ses lèvres pincées par l'ennui.

« Comment trouves-tu ma robe? dit Mariette.

— Très-bien.

— Tu ne vois donc pas quelle belle étoffe..... Oh! s'y connaît-il peu! si je ne le lui disais pas, il ne se douterait pas que j'ai une robe neuve.

— Elle doit coûter bien cher.

— Ah! je ne t'ai pas dit : Feugères et de Villers m'ont envoyé beaucoup plus d'argent qu'il ne fallait, et à Lyon, en fabrique, j'ai eu tout à bien meilleur marché qu'à Paris. »

Mariette était habillée comme jamais elle ne l'avait été avant son départ : elle avait un chapeau de paille aussi frais que le beurre qui sort des mains de la fermière; un joli crêpe de Chine blanc descendait en larges plis sur une robe de soie couleur d'abricot pâle. A côté d'elle, Antoinette paraissait une femme de chambre sèche et maigre, et Ursule une grosse bonne de campagne. Mariette rayonnait autant de sa belle toilette que des deux femmes qui l'entouraient; car elle avait ce caprice commun à beaucoup de femmes, de n'entretenir amitié qu'avec des femmes plutôt désagréables de figure qu'aimables.

La bande partie, non sans avoir regardé plus de deux cents fois le miroir, Gérard s'étendit sur un fauteuil; il était tout heureux d'un mot que lui avait dit Mariette à l'oreille : « Je tâcherai que nous soyons seuls. »

Et il attendit impatiemment l'heure du dîner; mais le coucou semblait s'obstiner à marcher avec une lenteur d'écrevisse. Gérard se leva et arpenta la chambre en tous sens. Cependant, sur les six heures, un frisson passa dans tout le corps de Gérard : il avait entendu du bruit dans la serrure. Mariette arriva en effet, mais accompagnée de sa sœur.

« Tu vois comme je suis exacte, dit-elle; j'ai laissé ma mère et ma cousine dans le nouveau logement, et il a bien fallu que je t'aie promis pour revenir. Nous avons été invitées nous deux Antoinette à dîner, et je suis revenue te chercher.

— Où dînons-nous? dit Gérard.
— Rue Montorgueil, Charles nous attend.
— Mais je ne connais pas Charles.
— Puisque c'est mon ami, dit Mariette.
— C'est égal, il ne m'a pas invité.
— Je viens te chercher de sa part. Allons, habille-toi et ne fais pas la mine. Est-il aimable, mon petit homme! dit Mariette à sa sœur; ce que c'est pourtant! je l'aime comme ça. »

XVI.

Profil de vieillard.

En chemin, Mariette voulut que Gérard donnât le bras à Antoinette, et Gérard pestait intérieurement sans se rendre compte de la haine qu'il portait à la sœur de Mariette. On arriva dans un cabinet d'un restaurant de la rue Montorgueil, où un jeune homme les attendait; la présentation des deux hommes fut faite par Mariette.

Tout le temps du repas, Gérard se demanda quelle profession pouvait exercer ce Charles, qu'il ne reconnaissait pas pour un frère en art. Gérard, n'ayant jamais fréquenté que des peintres et des poëtes, se trouvait mal à l'aise en présence de gens qui exerçaient une profession utile; les cheveux courts de M. Charles, sa figure qui n'était troublée par aucune passion, son habit noir sans élégance et sans caractère, lui faisaient supposer qu'il avait affaire à une sorte de jeune commis. A une question de Mariette, Gérard comprit que M. Charles était le fils d'un riche fabricant de couleurs de la rue de l'Arbre-Sec, qu'il était employé au magasin et qu'il ne tarderait pas à reprendre la maison de son père.

M. Charles avait besoin d'être dégrossi; il riait bruyamment de ses propres plaisanteries vulgaires.

« Ah! dit Gérard bas à l'oreille de Mariette, le marchand

de couleurs m'a broyé du noir dans l'âme pendant tout le dîner. »

M. Charles croyait au vin de Champagne, et sa croyance était partagée par Mariette et Antoinette. Les deux sœurs disaient mille folies, et le marchand de couleurs était enchanté. Gérard, dans sa mauvaise humeur, laissa tomber son assiette, qui se brisa en mille morceaux; Mariette crut qu'il l'avait fait exprès, trouva l'action charmante et jeta son assiette à terre; Antoinette en fit autant; en un clin d'œil une demi-douzaine d'assiettes eut le même sort. Le marchand de couleurs, peu habitué à ces orgies, criait :

« Mariette, en voilà assez.... allons donc ! »

Mais Gérard, qui avait conservé son sang-froid, dévoré de l'idée d'irriter l'amphitryon, envoya les bouteilles rejoindre les assiettes. On frappa à la porte du cabinet; c'était le garçon inquiet, qui croyait qu'on se tuait; mais le cabinet était fermé en dedans. M. Charles essaya d'aller ouvrir au garçon; alors Gérard se leva de table, prit la main de Mariette, qui fit une ronde autour de la table avec sa sœur en cassant tout ce qui se trouvait dessus; quand le marchand de couleurs put ouvrir au garçon, la table était renversée sur les débris de cristaux et de porcelaines.

« Savez-vous, dit le garçon, qu'on est allé chercher la garde?

— Alors rien n'est plus drôle, dit Gérard.

— Renfermons-nous ici, dit Mariette, nous ferons des barricades.

— Un moment, dit Charles; je ne tiens pas à être arrêté; garçon, combien devons-nous?

— Dame, monsieur, il faut demander le patron.

— Alors dépêchez-vous, avant que la garde n'arrive. »

Le repas, avec les assaisonnements de bouteilles et de porcelaines cassées, se monta à deux cent vingt francs; Gérard était heureux.

« Une autre fois, pensait-il, ce marchand de couleurs n'invitera à dîner ni moi, ni Mariette, ni sa sœur. »

Ils eurent le temps de partir avant que la garde n'arrivât; mais ces folies avaient tellement mis Mariette hors d'elle-même, qu'elle voulut rentrer immédiatement chez elle.

Gérard ne demandait pas mieux. Le lendemain, Mariette se réveilla un peu confuse de se qui s'était passé la veille.

« Que pensera Charles? fut son premier mot.

— Tant mieux s'il pense mal, dit Gérard.

— Je ne veux pas me brouiller avec lui.

— Est-ce que tu voudrais en faire notre société habituelle? dit Gérard: tu sais que je n'aime pas ces gens-là. J'ai été dîner avec lui hier parce que j'étais heureux de ne pas te quitter; mais cela suffit une fois.

— Charles est un bon garçon, dit Mariette.

— Bon garçon est bientôt dit; il est niais, et je ne connais rien de plus méchant que les imbéciles; ils vous font le plus grand mal sans s'en douter.

— On dirait, Gérard, que tu fais exprès de mal te conduire avec mes amis.

— Est-ce que je te force de recevoir les miens? dit Gérard; tu sais que pour toi j'ai quitté toutes mes relations.

— Alors tu voudrais que je ne voie personne non plus? dit Mariette: voilà une existence bien gaie.

— Et comment avons-nous vécu jusqu'ici? demanda Gérard; n'est-ce pas à nous deux?

— Tout cela est bon un temps.

— Ah! c'est ainsi, dit Gérard, et que veux-tu faire?

— J'ai ma famille, j'ai ma sœur.... Charles lui fait la cour.

— Ah! dit Gérard, voilà pourquoi nous avons dîné hier ensemble?

— Sans doute.

— Je ne savais pas, dit Gérard; je comprends maintenant que tu veuilles recevoir Charles.

— Il est très-doux; il ne te gênera pas; il ne te parlera pas littérature ni peinture.

— Bon.

— Ce n'est pas comme Ernest; sais-tu qu'il viendra dîner avec nous aujourd'hui au quai des Augustins?

— Chez ta mère? dit Gérard.

— Oui; pourquoi pas?

— Je n'irai pas.

— Encore? dit Mariette.

— Certainement, non, je n'irai pas. »

La dispute recommença, et si vive, que Mariette sortit en claquant la porte.

« Au diable la famille! s'écria Gérard; voilà la première brouille qui ne s'est pas apaisée un quart d'heure après. »

Peu de temps après, Antoinette entra, et Gérard se retira dans sa chambre à coucher sans lui dire bonjour.

« Où est donc Mariette? demanda sa sœur.

— Je n'en sais rien, dit Gérard.

— Est-ce qu'elle n'a pas déjeuné ici?

— Si! dit sèchement Gérard.

— Savez-vous à quelle heure elle reviendra?

— Non. »

Antoinette comprit alors par la brusquerie des réponses que Gérard était de mauvaise humeur, et elle le laissa; mais elle revint immédiatement, ayant rencontré Ursule dans l'escalier. Gérard, que sa colère empêchait de lire, jugea à propos de faire passer son humeur sur les deux cousines; elles étaient occupées à se disputer, ne voulant descendre ni l'une ni l'autre pour aller chercher quelque chose.

« Allez-vous bientôt me laisser tranquille? » cria Gérard en jurant.

Il avait mis un tel accent à ces paroles, que les deux cousines ne dirent plus mot.

« On ne peut pas travailler ici, » dit Gérard pour motiver son explosion de paroles.

Depuis que les trois femmes vivaient ensemble, elles étaient continuellement en discussion. Mariette regardait sa cousine Ursule comme une paysanne, et la traitait en domestique.

Quand Ursule était sortie, Antoinette obéissait aux ordres de Mariette; mais elle se vengeait en traitant Ursule encore plus en servante que Mariette. La pauvre fille, qui avait un bon naturel, cherchait quelquefois à se révolter contre les habitudes que prenaient à son égard les deux sœurs; mais elle était obligée de plier.

Curieuse comme une femme qui sort de son village, elle restait assise tout le jour à coudre; Mariette ne l'emmena que cinq ou six fois, les jours où elle allait en grande toilette se promener aux Tuileries et aux boulevards : en femme coquine et malicieuse, elle faisait mettre à Ursule les robes des couleurs les plus crues et les fichus les plus voyants, afin de faire passer sa cousine pour une bonne, tandis qu'elle se livrait aux manières ondoyantes des grandes dames et des lorettes.

Gérard avait remarqué qu'Ursule regardait avec curiosité les titres des volumes de sa bibliothèque.

« Est-ce que vous aimez à lire? mademoiselle Ursule, lui demanda-t-il.

— Oh! beaucoup.

— Vous avez de quoi vous satisfaire ici.

— Oh! je n'osais pas.

— Je m'en vais vous chercher un livre amusant, dit Gérard; vous ne pouvez pas rester ainsi à travailler toute une journée; il faut vous distraire. »

Et il lui donna un roman de Walter Scott; mais la pauvre fille était tellement absorbée dans sa lecture, qu'elle n'entendit pas Mariette rentrer. En surprenant sa cousine en train de lire, Mariette entra dans un tel accès de colère, ou plutôt de jalousie, que Gérard n'osa dire sur le moment qu'il était le coupable dans cette affaire, ayant invité Ursule à se délasser par la lecture; cependant celle-ci le regardait d'un air suppliant, comme pour l'engager à prendre sa défense : mais Gérard se tut.

Il avait en horreur les scènes domestiques et préférait courber la tête plutôt que de lutter. Gérard avait été élevé ainsi, ne répondant rien quand son père se fâchait; et il avait remarqué que son père, ainsi que Mariette, s'apaisaient assez vite quand personne ne jetait d'huile sur le feu de leurs colères.

Au bout de quelque temps, la vie devint plus difficile, Gérard s'étant pris d'une haine violente contre Antoinette, haine d'autant plus grande qu'elle était sourde, contenue, et qu'elle n'osait éclater. Mariette avait également de nombreuses querelles avec Antoinette. Gérard était heureux; mais, quand il croyait que la vie commune était impossible aux deux sœurs, il les trouvait s'embrassant.

Il s'inquiétait beaucoup de M. Charles, qu'il avait tant méprisé, car il ne voyait d'espoir qu'en le marchand de couleurs. Il pensait que, si M. Charles faisait la folie de s'amouracher d'Antoinette, aussitôt il lui meublerait un appartement, et que le ménage serait débarrassé d'autant; mais M. Charles semblait invisible; il voyait les deux sœurs chez la mère de Mariette, et son nom n'était prononcé qu'à de rares intervalles.

« Ernest a-t-il une maîtresse? demanda Gérard à Mariette.

— Je n'en sais rien, dit-elle. Pourquoi?

— Et Antoinette?

— Comment, Antoinette!

— Oui!.. Antoinette et Ernest.

— Oh! que tu es fou! y penses-tu?... D'ailleurs Antoinette a un amant à Lyon.

— Puisqu'elle l'a quitté! dit Gérard.

— N'importe.... elle l'aime.

— Mais je croyais que tu m'avais parlé de la passion de M. Charles.

— Un moment, dit Mariette, je l'avais cru; mais cela ne s'est pas arrangé; je ne pensais pas qu'elle avait laissé quelqu'un à Lyon. Tu n'as donc pas remarqué comme elle était de mauvaise humeur hier?

— Hier et tous les jours, dit Gérard.

— Tu lui en veux, je ne sais pourquoi; j'entends que tu ne dises plus de mal d'elle.

— Bien ! dit Gérard ; après ?

— Elle avait reçu une lettre de Lyon ; elle a beaucoup pleuré ; elle s'en retournerait volontiers.

— Vraiment ! s'écria Gérard.

— Si cela se pouvait ; je n'ai pas toujours de l'argent à dépenser en voyages, et son amant lui écrit qu'il lui en enverra bientôt.

— Alors elle repartirait, demanda Gérard.

— Oui, si elle ne s'accoutume pas à Paris ; mais je vais la mener chez mes peintres, cela la distraira un peu. »

Gérard fit toutes sortes de vœux pour qu'Antoinette ne trouvât aucune espèce de distraction dans les ateliers, et fonda son espoir dans un prochain départ. En attendant, les querelles continuaient et retombaient tellement sur la pauvre cousine Ursule, qu'un jour celle-ci sortit de son caractère et se fâcha.

« Je n'en veux plus, dit Mariette, c'est une mauvaise ouvrière, une paresseuse ; si elle n'était pas ma cousine, je la renverrais immédiatement ; mais j'ai bon cœur, je la mettrai demain dans les *Petites-Affiches*.

— Pour quoi faire ? dit Gérard.

— Une servante, une cuisinière ; elle n'est bonne qu'à ça.

— Mais je ne lui ai jamais vu faire la cuisine.

— Je le crois bien, dit Mariette, je fais tout ici sans qu'ell m'aide un peu ; elle devrait bien cependant avoir quelque reconnaissance pour moi ; je l'ai amenée à Paris ..

— Avec mon argent, s'il vous plaît, » dit Ursule, qui avait écouté la conversation.

Mariette répliqua, la cousine répondit ; Gérard se sauva, laissant l'orage éclater.

Un matin que Mariette faisait sa toilette, sans craindre de montrer ses épaules, un vieillard à barbe grise, d'une figure respectable, entra sans avoir sonné. Il surprit Mariette dans son déshabillé, et resta comme cloué sur le pas de la porte.

« Que désirez-vous, monsieur ? demanda Mariette sans se gêner devant l'étranger.

— Oh ! mademoiselle ! quelles perfections ! quelles grâces ! restez ainsi, je vous en supplie.

— Est-il drôle ! dit Mariette en riant aux éclats.

— Et la voix ! C'est une musique des anges.

— Antoinette, cria Mariette, viens donc écouter monsieur.... Monsieur, que demandez-vous ?

— Heureusement, mademoiselle, je me suis trompé, mais j'en remercie le ciel... Dieu! qu'elle est belle!... L'art grec n'offre rien de plus suave.

— Vous êtes artiste, monsieur, dit Mariette, et on vous a envoyé chez moi, mais vous vous trompez.

— Pardonnez-moi, mademoiselle; vous êtes trop distinguée, je le vois, pour servir de modèle aux peintres ; qui oserait reproduire avec ses pinceaux des formes aussi parfaites ?

— Il cause bien, dit Mariette à sa sœur.

— Heureux jour que celui-ci ! dit le vieillard à barbe grise, qui semblait en adoration et qui restait sur le pas de la porte.

— Monsieur, dit Mariette, je vous en prie, entrez ou sortez, mon petit chat se sauvera.

— Je n'osais espérer d'être reçu, mademoiselle.

— Vous m'avez donc suivie, dit Mariette ?

— Non, mademoiselle; on m'a dit de m'adresser au troisième, à M. Gérard, pour des renseignements à prendre sur une bonne.

— C'est ici, monsieur.

— Alors, mademoiselle, votre bonne doit être une personne bien élevée, si elle vous a servie.

— C'est une fille de la campagne, dit Mariette, jeune encore; elle a deux ans de plus que moi.

— Quel âge a-t-elle, sans indiscrétion, mademoiselle ?

— Vingt et un ans, monsieur.

— Oh ! mademoiselle, je ne vous aurais donné que dix-huit ans. »

Mariette, qui avait vingt-six ans, s'inclina.

« Vous vous occupez d'art, monsieur ?

— Beaucoup, mademoiselle; c'est une passion.... J'ai un cabinet unique à Paris, plein de richesses; je recherche les antiques surtout, les petits bronzes florentins; j'ai voyagé partout, je connais tous les musées de l'Europe; j'ai vu les femmes italiennes; jamais, mademoiselle, je n'ai rencontré un aussi beau buste que le vôtre. »

Mariette souriait.

Le vieil amateur continua dans son langage emphatique :

« Phidias, pourquoi n'as-tu pas rencontré une femme pareille? Nous aurions un chef-d'œuvre qui laisserait bien loin toutes les statues qu'on dit de forme si pure. Mais, pardon, mademoiselle, de mon admiration : les paroles, croyez-le, sont vaines pour rendre ce que j'éprouve.

— Je vous comprends, dit Mariette; je connais Phidias.

— Alors, mademoiselle, vous savez si j'exagère; vous devez bien mépriser l'art grec en vous regardant dans une glace.

— Oh! fit Mariette.

— Tenez, mademoiselle, je voudrais avoir sur moi un de ces petits bronzes florentins qui me paraissaient si purs avant que j'eusse le plaisir de vous connaître, et je vous montrerais, détail par détail, combien ce que je vois en vous est supérieur. Et si vous vouliez, mademoiselle, m'accorder une grande faveur.... je n'ose....

— Parlez, monsieur.

— Ce serait de venir visiter ma galerie une après-midi; vous comprenez l'art, cela est si rare chez les femmes! et je ne saurais vous dire combien je serais heureux si vous m'accordiez cette faveur. »

Gérard n'apprit ces détails que quand Ursule fut entrée, en qualité de cuisinière, chez M. de Labouglise. Mariette ne tarissait pas en éloges sur le musée du vieillard, qu'elle avait été visiter; jamais elle n'avait vu une si belle collection. M. de Labouglise avait dû dépenser des millions, disait-elle, pour sa galerie. Elle raconta à Gérard que le vieil amateur s'était jeté à ses pieds en lui demandant une grâce immense, la permission de corriger ses bronzes d'après elle.

« Comment! corriger des bronzes florentins! s'écria Gérard; cela ne s'est jamais vu!

— Il me trouve d'une nature si parfaite, dit Mariette, qu'aucune statue antique n'approche de moi. »

Gérard se mit à rire.

« Tu ne t'y connais pas, dit Mariette un peu piquée.

— Je t'aime, et je ne m'inquiète pas comment tu es bâtie.

— Alors, il te serait indifférent que je fusse bossue?

— Du tout, dit Gérard; mais je ne pense pas qu'on doive détailler les beautés de sa maîtresse, comme ceux-là qui vous disent: « Ma femme a la plus belle jambe du monde, et des « épaules superbes. » Je me promenais un jour au Louvre avec un homme qui m'arrête devant l'Antiope du Corrége: « C'est « absolument ma maîtresse! » me dit-il. Eh bien! je trouve que c'est montrer sa femme et que c'est manquer de pudeur, que de vous faire regarder une peinture de femme en disant: « C'est le portrait de ma maîtresse! »

— Tout le monde ne pense pas comme toi, dit Mariette, et M. de Labouglise....

— Qui sait ce que te veut ce vieillard?

— Il m'a offert trois cents francs par mois, dit Mariette.

— Vois-tu que j'avais deviné? Et tu l'as remercié?

— Non, dit Mariette.

— Ah! » s'écria Gérard, dont la figure pâlit tout à coup.

Il fit un tour dans la chambre, prit son chapeau.

« Adieu, dit-il.

— Que mon petit homme est bête! dit Mariette en se jetant à son cou.

— Laissez-moi, dit Gérard froidement.

— Vrai? » dit Mariette.

A son tour, sa figure devint froide, et elle s'assit la tête penchée. Gérard était debout, immobile, le chapeau sur la tête, ne sachant ni rester ni s'en aller. Après un quart d'heure de silence, d'une voix oppressée :

« Tu oses me dire de pareilles choses, Mariette !

— C'est bien, dit-elle, je sais que penser maintenant de votre amour.

— Assez ! dit Gérard indigné.

— Pourquoi ne m'as-tu pas laissé parler ? dit Mariette.

— J'en ai trop entendu.

— Tu ne veux pas savoir la fin ?

— Quelle fin ?

— Mais, mon ami, dit Mariette, M. de Labouglise m'offre trois cents francs par mois pour restaurer ses bronzes d'après moi !

— Je ne comprends pas !

— Veux-tu que j'entretienne ma mère et ma sœur avec l'air du temps ? C'est une fortune, nous sommes sauvés ! Il ne me demande que deux séances par semaine. Pendant que j'étais chez lui avec Ursule, il m'a priée d'ôter mon chapeau et mon bonnet ; il a pris sur une étagère une petite statuette de bronze, et, d'après mon cou, il a corrigé le cou de la statuette.

— Mais on ne corrige pas du bronze, dit Gérard ; comment fait-il ?

— Il a un assortiment de petites limes, et il gratte ses statues.

— C'est un maniaque, dit Gérard.

— Qu'importe ? je gagne trois cents francs sans mal ; et puis, c'est un homme bien élevé, qui ne ressemble pas à tous les artistes : il m'a écrit des vers sur mon carnet, pour moi seule.

— Ah ! je suis curieux de connaître les vers de ce vieillard. »

Sur le portefeuille était écrit :

A MADEMOISELLE MARIETTE.

. . . . Adorons l'Éternel
Qui, dans sa bonté, créa le papillon volage.

« Il n'y en a pas long, dit Gérard ; mais je ne saisis pas.

— Attends, dit Mariette, il me l'a expliqué : le papillon, c'est la femme, c'est moi, et il m'a dit qu'en me regardant il ne pouvait faire autrement que d'adorer l'Éternel.

— Cet homme est amoureux fou de toi, s'écria Gérard.

— En deviendra-t-il plus jeune?

— N'importe, je suis jaloux, dit Gérard.

— Ah! mon ami, d'un vieux à barbe grise!

— Est-il convenable que tu ailles chez un homme qui est amoureux de toi?

— Ursule ne me quittera pas, dit Mariette, c'est convenu. Sais-tu, Gérard, que j'étais fort embarrassée sans M. de Labouglise? j'ai déjà deux robes au mont-de-piété.

— Pauvre amie!

— Toi, tu ne vois rien; une fois que le dîner est sur la table, tout est dit. Mais ma mère, ma sœur et ma cousine, m'ont dépensé déjà plus de quatre cents francs!

— Quatre cents francs! s'écria Gérard; c'est tout au plus si je les gagne en six mois! Et c'est Ernest qui te les a prêtés?

— Une partie, avec Feugères et Charles.

— Je ne sais quand je pourrai les rembourser, dit Gérard; mes affaires ne prennent pas une tournure à me rendre millionnaire : j'ai une peine à placer mes articles! Heureusement, pendant ton voyage, il m'est venu une idée de féerie superbe : c'est une affaire considérable si elle réussit.

— Surtout, dit Mariette, ne te gêne pas pour moi. Travaille et tâche de gagner de l'argent, mais sans te fatiguer; mon petit homme est triste quelquefois, et je voudrais ne lui causer aucun chagrin.

— Que tu es bonne, Mariette!... Jamais je ne rencontrerai de femme pareille à toi! »

XVII.

Une partie de campagne.

Le ménage allait de la sorte, plus souvent gai que triste; sans la présence d'Antoinette, qui venait jeter un peu d'ombre sur le tableau, Gérard eût été le plus heureux des hommes. Il ne s'inquiétait pas de ce que faisait Mariette dans le jour, pourvu qu'elle ne le fît pas attendre; et, quand ils se retrouvaient le soir ensemble, c'était une fête.

Un jour, cependant, en rentrant plus tôt que de coutume, une demi-heure avant cinq heures, Gérard trouva chez lui le vieil amateur, qui parut tout surpris et qui sortit précipitamment. Les deux hommes se saluèrent froidement, et Mariette alla reconduire M. de Labouglise jusqu'à l'escalier; elle ne resta peut-être que cinq minutes, mais Gérard trouva que les cinq minutes duraient une heure. Il marchait en frappant du pied dans la chambre lorsque Mariette entra.

« Il vient donc ici? demanda Gérard.

— Oui, mon ami, et, si tu étais revenu à cinq heures, comme tous les jours, tu ne l'aurais pas rencontré, puisque cela a l'air de te déplaire. Qu'est-ce que cela te fait, dit-elle, deux fois par semaine, de ne rentrer qu'à cinq heures et demie?

— Pourquoi? dit Gérard.

— Oh! mon Dieu, que tu es entêté! M. de Labouglise vient travailler ici.

— Alors, c'est changé, tu ne vas plus chez lui?

— Non, dit Mariette.

— Pourquoi ne vas-tu plus chez lui?

— Parce que sa femme lui fait des scènes épouvantables quand elle me voit entrer.

— Il a donc une femme?

— Certainement. Et cela ne te coûte pas, mon petit Gérard,

de rentrer, le lundi et le jeudi, une demi-heure plus tard, n'est-ce pas?

— Je ne comprends rien! dit Gérard impatienté.

— Eh bien! M. de Labouglise n'aime pas qu'on le voie travailler.

— Si tu crois, Mariette, que je m'intéresse à ses grattages de bronze....

— Non, mais c'est une manie, dit Mariette; peut-être croit-il, car il sait que tu es journaliste, que tu pourrais imprimer comment il obtient des sculptures antiques plus belles que celles de tous les musées.

— Mais il les abîme, et je ne vendrais pas bien cher son secret.

— Tu ne voudrais pas me faire perdre, dit Mariette, ce que je gagne pour faire vivre ma mère et ma sœur? »

Gérard ne répondait pas.

« Cependant, si M. de Labouglise te gênait trop, je le renverrais, tout serait dit.

— Tu es folle, Mariette; mais j'ai été un peu froissé par je ne sais quoi en rencontrant ce vieillard que je ne m'attendais pas à voir. »

Depuis quelques jours le petit chat avait perdu sa gaieté; il ne courait plus à travers la chambre suivant son habitude. Gérard crut d'abord qu'il était effarouché par la présence d'autant de monde; mais, au bout de deux mois, il avait dû s'habituer à une nombreuse société. Il mangeait peu et dormait presque tout le jour; sa toilette n'était plus faite avec le soin qu'ont les chats pour leurs poils brillants.

Gérard s'en prenait à Mariette, en disant que la tristesse du chat venait d'une opération qu'on lui avait fait subir; Mariette répondait qu'il avait la maladie et que cela se guérirait tout seul : Gérard reprochait à son amie de lui avoir trop donné de viande; nécessairement un hébétement devait résulter de grosses rations quotidiennes de foie et de mou. Et il indiqua une nouvelle hygiène qu'il tenait de province, et qui consistait en pain trempé de lait et de fleur de soufre.

La mélancolie ne quitta pas le petit chat. Mariette avait beau lui faire mille caresses, lui tenir de douces conversations, le chat tournait tristement ses grands yeux verts vers sa maîtresse et retombait dans une profonde mélancolie. Ayant discuté longtemps s'il fallait le mettre à l'hôpital, Mariette dit qu'elle le soignerait mieux chez elle; d'ailleurs, qu'au besoin, si la maladie continuait, elle aimerait mieux appeler un médecin.

On dressa un petit lit avec de la laine dans un panier, et le chat resta accroupi au fond sans dire un mot.

Mais il fut un peu oublié à cause d'une grande partie de campagne qui se préparait, et à laquelle devaient assister Gérard et les deux sœurs. Ernest était venu faire une solennelle invitation d'aller à Asnières dans son canot, et de dîner dans une île, pour revenir la nuit sur la Seine. L'avocat et son frère se chargeaient de ramer; car Gérard, en matière de canotage, n'était adroit qu'à plaisanter les canotiers.

Toute la bande partit par le chemin de fer, emportant dans un immense panier de quoi vivre deux jours dans l'île la plus déserte. Gérard faisait de son mieux pour ne pas être désagréable à Ernest et son frère, qui appartenaient tous les deux à la magistrature, Ernest étant avocat et son frère avoué. « Mettons bien dans ma tête que ces gens-là ont des foulards rouges au cou au lieu de cravates blanches, pensait Gérard, et tout se passera gaiement. »

A midi, on s'embarqua sur un joli canot brillant et verni, et on aborda à une île dans l'intention de procéder au premier festin; cette île avait le charme d'une île abandonnée, car on n'y trouvait que broussailles épaisses et longues herbes qui semblaient pousser au hasard depuis des années. Ce fut une occupation que d'arracher les herbes et les broussailles, afin de s'asseoir tranquillement et d'obtenir un terrain plat qui pût servir de table.

Mariette voulait absolument monter aux arbres, malgré sa robe de soie, et elle courait dans l'île comme une jeune biche poursuivie. Antoinette, à qui personne ne faisait la cour, fronçait les sourcils et semblait encore plus déplaisante que d'habitude.

Bientôt on s'aperçut que cette île sans ombrage n'offrait pas d'abri contre le soleil; on s'embarqua à la découverte d'un endroit plus riant, et Gérard aperçut au loin un toit en ardoise qui était une ancienne ferme, convertie en auberge à l'usage des canotiers qui abondent dans ces parages.

Non loin du bord de l'eau est une haute balançoire qui a dû faire reposer plus d'une rame de canot; on lit en grosses lettres sur les murs blancs de la maison : *Tir au pistolet.*

« Qu'y a-t-il d'écrit sur le mur? je ne vois pas, le soleil me fait mal aux yeux, dit Mariette, qui ne voulait pas passer pour une femme qui ne sait pas lire.

— C'est un tir, dit Ernest.

— Oui, c'est un tir, je lis bien maintenant.... Oh! Ernest, arrêtons-nous là, j'aime tant tirer au pistolet! C'est que je suis forte!...

— Je ne t'avais jamais entendue parler de pistolet, dit Gérard.

— Il y a un mois, j'ai cassé plus de vingt poupées au boulevard d'Enfer avec Feugères. A Lyon, je ne faisais que ça.... n'est-ce pas, Antoinette? »

Antoinette répondit complaisamment que oui.

Il était dans les habitudes de Mariette de se donner mille talents dont elle n'avait pas la plus simple idée, et Gérard ne s'apercevait pas de ses contradictions et de ses mensonges perpétuels.

« Tu es donc raccommodée avec Feugères? lui dit-il.

— Mais tu le sais bien.... Oh! que tu es impatientant aujourd'hui!

— Tantôt tu es brouillée, tantôt tu es amie avec Feugères, ça se passe comme un éclair; comme je ne vois plus Feugères chez nous, je ne peux pas deviner.

— Laisse-moi tranquille avec ton Feugères, dit Mariette. Ernest, donnez-moi la main pour sauter du bateau.

— Mariette, dit Ernest, je vous joue quelque chose au tir. Si vous cassez une poupée la première, je vous promets ce qui vous fera plaisir. Et vous, que me donnerez-vous ?

— Tout ce que vous voudrez..... un baiser.

— Ah ! que ces jeunes gens sont jeunes ! » dit Gérard, qui alla s'étendre sur le gazon, ne s'inquiétant plus des choses de ce monde. Il était heureux qu'Ernest eût amené son frère, qui, par politesse, donnait le bras à Antoinette.

Gérard resta dans l'herbe à regarder le ciel et l'eau jusqu'à l'heure du dîner ; il entendait les cris joyeux de Mariette, qui se livrait à tous les divertissements possibles ; elle se faisait balancer et déployait toutes les petites coquetteries des femmes en pareille occasion.

« Paresseux ! dit-elle à Gérard en lui posant sur le front une grosse couronne qu'elle avait tressée.

— Je vais avoir l'air, dit Gérard, d'un élève de l'École normale.

— Non, il faut que tu la gardes ; nous aurons tous du feuillage dans nos cheveux pendant le dîner.

— Tu seras toujours Grecque, Mariette.

— Est-ce que tu ne me trouves pas bien ainsi ? » dit-elle.

Elle se mit à genoux devant lui, et Gérard aperçut dans ses beaux cheveux noirs des feuilles de lierre arrangées avec beaucoup d'esprit.

« Viens que je t'embrasse ! dit-il.

— Tu es fou ; devant le monde....

— Et toi, qui me sautais au cou sur le Pont-Neuf, devant la statue d'Henri IV.

— A Paris, c'est différent, dit Mariette.

— Femme bizarre ! dit Gérard en se levant. Ah ! que j'étais bien là-dessus ! comme un peu de soleil de campagne vous fait oublier bien vite tous les ennuis de Paris ! »

Le dîner fut d'une folie extrême. Ernest remplissait à chaque instant le verre de Gérard, et Gérard oubliait qu'il n'avait jamais autant bu. Les récriminations qu'il accumulait contre

Antoinette s'échappèrent tout d'un coup, et il noya la pauvre fille dans un flot de plaisanteries cruelles. Mariette prit le parti de sa sœur; celle-ci, se sentant défendue, se montra aigre et méchante, et l'altercation menaçait de devenir vive lorsqu'on se leva de table.

Il était neuf heures du soir, la nuit venait; Gérard ne se sentait ni l'esprit ni la marche certains : on embarqua. Gérard se laissa tomber plutôt qu'il ne s'étendit, à un bout du bateau, près du gouvernail; il regardait les étoiles avec de grands yeux, comme s'il les voyait pour la première fois.

Personne ne parlait dans le bateau; un grand silence régnait sur la rive; le paysage de nuit, avec l'île qui fend la Seine en deux bras, et les arbres de l'île qui portent de grandes ombres dans l'eau, laisse dans le cœur des impressions douces et calmes, qu'un habitant de Paris, toujours enfermé, ressent plus vivement qu'un autre.

« Mariette, dit Ernest, allez donc au gouvernail et poussez à gauche. »

Gérard fut tiré de sa contemplation par l'approche de Mariette, qui était obligée de le déranger.

« Mariette, dit-il, je t'aime ! »

A ce moment, elle était penchée sur lui; il la prit par la taille et chercha à l'étreindre.

« Moi je ne t'aime pas, dit-elle.

— Tu es fâchée, Mariette?

— Tu me gênes pour faire aller le gouvernail.

— Ah! je voudrais passer ma vie ainsi auprès de toi, sur l'eau.

— Laisse-moi, dit-elle en le repoussant brusquement, car il avait serré ses mains dans les siennes.

— Tu m'en veux donc?

— Eh! dit-elle, tu devrais faire attention à tes paroles, quand tu es en société.

— C'est bien, » dit Gérard en se recouchant au fond du bateau, pendant que Mariette quittait le gouvernail et retournait à l'autre bout.

Mille réflexions se pressaient dans la tête de Gérard, aussi inquiet maintenant qu'il était calme tout à l'heure. Il pensa qu'il avait pu dire quelques duretés pendant le dîner à Antoinette, et il cherchait à se les rappeler; il ne comprenait pas pourquoi Mariette l'avait traité si durement pendant la journée. Comme il n'arrivait pas à apporter de la clarté dans son esprit, il attribua ses idées confuses à la position horizontale, et il se releva lestement pour se mettre la tête dans les mains. La lune, qui jusqu'alors était cachée par un gros nuage, se montra brillante, et Gérard retomba avec un bruit sourd, la tête sur le fond du bateau.

Il avait vu Mariette pressée contre Ernest, et celui-ci l'étreindre et l'embrasser longuement.

« Serait-il malade? demanda Mariette, qui avait entendu le bruit qu'avait fait Gérard en tombant.

— Non, dit Antoinette, c'est le vin.

— Il dort, dit Ernest, et cela vaut mieux. »

Gérard ne dormait pas et entendait; il ne dit pas un mot et ne fit pas un geste, mais il s'appuyait convulsivement contre le fond du bateau; son plus grand désir eût été de faire enfoncer le bateau par son poids et de noyer tous ceux qui étaient dedans. Ne réussissant pas dans son projet de vengeance, il se jeta brusquement à droite du bateau pour le faire chavirer; mais le bateau était assez lourd pour supporter ce contrepoids.

On arriva bientôt à Asnières; Mariette sauta la première à terre, aidée par le frère d'Ernest; puis vinrent Antoinette et Gérard. Ernest était occupé à attacher son canot.

« J'ai tout vu, dit Gérard à Mariette.

— Vu.... » dit-elle.

Gérard se précipita sur Mariette et chercha à l'entraîner du côté de la Seine; Antoinette courut à la défense de Mariette. Gérard se trouva en présence de deux ennemis. Tout à coup il reçut en pleine poitrine un coup violent qui le fit chanceler, tomber à terre à dix pas, et perdre connaissance.

Quand il se réveilla, le silence était plus grand que jamais : il chercha à se reconnaître et ne trouva que du sable; il regarda derrière lui et reconnut la Seine; devant lui brillaient encore quelques lumières. Il entra dans un cabaret, se regarda dans une glace, n'étant pas certain de ne pas rêver. Il était d'une extrême pâleur. Il demanda si le chemin de fer partait encore pour Paris; on lui répondit qu'il n'avait plus que dix minutes à attendre pour le dernier convoi.

Pendant le trajet du chemin de fer, Gérard ne remua pas, il semblait de pierre; mais à peine fut-on arrivé au débarcadère, qu'il sauta brusquement du wagon et se mit à courir comme un éclair dans la direction de la rue Saint-Benoît. Il mit à peine un quart d'heure à franchir l'énorme distance qui sépare le faubourg Saint-Germain de la rue Saint-Lazare, et il prit la clef en tremblant chez la portière.

Ses craintes étaient réalisées : en entrant il trouva la chambre dérangée; il ouvrit l'armoire où Mariette mettait son linge et ses robes : il n'y avait plus de linge ni de robes !

Gérard se laissa tomber dans son vieux fauteuil, qui était comme le dieu lare de la chambre; une jambe du fauteuil se cassa. Il envoya un violent coup de pied au fauteuil, qui alla rouler près du panier où était le petit chat. Gérard se rappela alors que son chat était malade, et craignit de l'avoir dérangé en jetant le fauteuil : le petit chat n'y était plus!

Sans dire un mot, mais la figure sombre et les yeux tendus, Gérard passa dans la chambre à coucher : il trouva le petit chat par terre, qui ne marchait pas, mais qui frottait son ventre contre le pavé. Gérard l'appela et le chat ne répondit pas; il lui passa sa main sur le dos et il trouva encore un peu de chaleur.

Après être resté près d'une heure la tête dans les mains, ne voyant rien, ne pensant à rien, Gérard se leva brusquement : il avait entendu un léger craquement dans la direction du lit. Il pensa que Mariette avait joué une petite comédie et qu'elle se tenait cachée dans un coin.

« Mariette! » cria-t-il.

Mais il n'entendit aucune réponse et, malgré son peu d'espoir, il eut l'idée d'aller regarder tous les coins de sa chambre.

Il prit un livre; la bougie touchait à sa fin; bientôt elle s'éteignit. Gérard se jeta tout habillé sur le lit, mais la pensée de Mariette venait l'y trouver; il écoutait encore si on ne sonnerait pas à la porte de la rue, car il espérait que la colère de Mariette s'apaiserait, et qu'elle reviendrait. Aussitôt la scène du bateau se représentait à ses yeux, et l'idée de Mariette embrassée par l'avocat lui faisait pousser des cris de rage. Il se rendait alors compte de la froideur de Mariette à son égard, et la jalousie frappait avec ses mille marteaux sourds dans son cerveau.

Encore si le jour était venu! mais la nuit était profonde. Gérard crut qu'il étoufferait; il ouvrit la fenêtre et éprouva quelque soulagement de l'air frais qui entrait dans ses cheveux. Il rejetait la faute sur la sœur de Mariette, et se rendait compte maintenant de la haine qui le tenait contre Antoinette: elle seule avait poussé Mariette dans ces désordres, elle l'avait rendue coquette, elle avait dû l'aider à déménager le soir même ses robes.

« Où passera-t-elle la nuit? » se demandait Gérard. Et la voix de l'espoir lui répondait: « Chez sa mère! » Puis, il pensait que demain matin Mariette reviendrait en faisant une petite mine, et qu'au bout d'un quart d'heure la paix serait conclue. Gérard se reprochait maintenant de s'être emporté contre Mariette; et cependant il pensait que, si Mariette avait quelque amour pour lui, elle oublierait bien vite un moment de colère.

Le jour vint, le chat poussa un cri; Gérard courut à lui: il était mort. Gérard, accablé de douleur, descendit chez la portière.

« Mariette n'a rien dit en rentrant hier au soir?

— Non, monsieur.

— Voudriez-vous enlever le corps du petit chat, qui vient

de mourir?... Si quelquefois on venait me demander, vous diriez que je suis parti pour quelques jours à la campagne. »

Ayant attendu inutilement jusqu'à midi, Gérard prit le parti d'aller demander l'hospitalité à son ami Giraud, qui demeurait depuis peu de temps dans une petite maison, à Auteuil.

« Tout est fini entre elle et moi, pensait Gérard en marchant à grands pas; elle n'est pas revenue ce matin, elle ne reviendra pas. Pourquoi faut-il que j'aie mis ma confiance dans une telle créature vaniteuse et coquette? J'aurais dû tous les soirs m'endormir avec l'idée que je me réveillerais seul le lendemain. Où sont envolés les beaux jours de la rue du Regard et de la rue des Canettes? Quand elle avait ses petites robes de toile si propres.... Si j'avais écouté Thomas, je ne me serais pas illusionné si longtemps. »

Cinq minutes après, Gérard se surprenait à défendre Mariette; peut-être avait-elle été entraînée à cause de sa mère et de sa sœur. Si elle n'avait pas été à Lyon, elle n'aurait pas eu besoin d'argent; si elle n'avait pas eu besoin d'argent, elle n'aurait pas pensé à l'avocat. Et toujours ce mot cruel d'argent venait se mettre dans la balance à côté de son amour.

« Encore, pensait Gérard, si elle m'eût dit : « Je ne t'aime « plus, séparons-nous; » je l'aurais compris. Qui la forçait à rester avec moi, si elle ne m'aimait plus? »

Alors Gérard se rappela les discours de sa mère à ce sujet. « Ma pauvre mère avait raison, se dit-il; je l'ai bien oubliée depuis quelque temps; je ne lui dirai pas ce qui arrive, mais elle me consolera toujours. »

A Auteuil, Gérard trouva Giraud en compagnie d'un philosophe excentrique, qui se partageaient un immense plat d'oseille. Il fut reçu à bras ouverts et invité à prendre sa part du festin; on lui offrit une énorme tranche de pain noir de paysan et une cuiller pour prendre de l'oseille. Gérard fit une forte grimace en mangeant la première bouchée : l'oseille était cuite sans beurre.

« Mon cher, dit Giraud, si ce régime te va, tu peux rester ici tant que tu voudras; mais, si tu as peur de la nourriture d'ermite, sauve-toi, nous n'avons absolument que ce légume à t'offrir. Le jardin produit de l'oseille, nous la mangeons; dans un mois, nous aurons des raisins, et nous attendons cette époque avec bonheur.

— La première fois on est tout étonné.

— N'est-ce pas? dit Giraud; on s'y fait; le pain est bon, quoique de troisième qualité; après tout, il y a du tabac. Que veux-tu? nous avons une maison de campagne, c'est pour faire des économies.... D'ailleurs, elles sont forcées. Es-tu riche dans ce moment?

— J'ai cinq francs, dit Gérard.

— Il a cinq francs et il ne le disait pas! tu as le droit d'être nourri dix jours avec de la viande; nous allons acheter dix sous de viande par jour.

— C'est trop, dit le philosophe, qui avait jusqu'alors gardé un profond silence.... la viande alourdit l'esprit.

— Je te présente mon ami, dit Giraud, un philosophe distingué qui t'expliquera lui-même son système.

— Plus tard, dit Gérard, qui ne pouvait supporter tous les philosophes d'occasion qui sortent de dessous chaque pavé de Paris. Je savais que tu as un jardin, et je ne te demande qu'un service, c'est de m'indiquer le moyen de me rendre utile.

— Tu veux travailler au jardin?

— Oui, dit Gérard.

— Tant mieux, nous ne prendrons pas de jardinier. Il y a à enlever toutes les herbes qui croissent dans les allées et les plates-bandes, il y a à puiser de l'eau et à arroser.... Oh! tu renonceras bien vite à l'ouvrage. Je suis entré comme toi plein de bonne volonté, mais au bout de deux jours j'ai renoncé à jardiner. Si tu travailles, je m'engage à te faire boire le vin que tu désireras, du vin de Bourgogne ou du vin de Bordeaux.

— Je n'y tiens pas absolument, dit Gérard.

— N'importe; le vin est nécessaire pour faire passer l'oseille.

— Vous avez donc du vin dans la cave?

— Pas une larme; mais, en nous promenant, nous avons découvert d'honnêtes commerçants, qui nous offrent tout ce que nous désirons.

— Je veux travailler, » dit Gérard.

Il espérait ainsi, à force de fatigues nouvelles pour lui, épuiser son corps et perdre le souvenir de Mariette. Toute la journée Gérard montra un grand courage ; la nouveauté le tenait ; il puisait de l'eau, arrosait les fraisiers sans penser que la saison en était passée depuis longtemps. Il arrachait les mauvaises herbes et les brouettait au dehors de la maison.

Il atteignit assez vite six heures du soir, après avoir travaillé sérieusement quatre heures ; la perpétuelle oseille reparut au dîner en grande abondance, mais couronnée par un petit morceau de bœuf saignant, que le philosophe avait fait cuire avec amour.

« Tu mérites le vin, Gérard, car je t'ai vu travailler comme un maçon; mais il nous faut sortir. »

Sur la route, Giraud montra à son ami une maison neuve.

« Vois-tu, lui dit-il, c'est la maison d'un riche marchand de vins; tu vas dire que tu demeures ici et que tu désires acheter une pièce de vin; alors, on te conduira à la cave, et on se fera une joie de te faire goûter différentes espèces de vins. Sois grand seigneur, tu n'es pas mal vêtu; plus tu te montreras difficile, plus tu boiras.

— Mais je n'ai pas envie d'acheter de vin.

— Qu'est-ce que ça fait? tu ne t'engages à rien. Allons, entre.... nous t'attendons.

— Et vous ne venez pas avec moi?

— Nous ne pouvons pas, dit Giraud; nous sommes déjà connus dans la maison.

— Je n'irai pas, dit Gérard.

— Que tu es lâche! Vois-tu là dedans quelque chose contre la probité la plus rigoureuse?

— Non, mais je n'y tiens pas.

— Je te mènerais bien boire le vin en ma compagnie dans une autre maison; mais nous avons épuisé tous les gros commerçants en vins à une lieue à la ronde. Le philosophe et moi connaissons déjà cinq caves bien garnies! »

Les trois amis firent leur promenade du soir, et rentrèrent à la maison d'Auteuil. Quoiqu'il fût très-fatigué, Gérard ne dormit pas. Le souvenir de Mariette était plus fort que les travaux de jardinage : c'était ce qui faisait peur à Gérard, que cette solitude de la nuit, sans distractions, sans pouvoir confier ses secrètes pensées. Il entendait les cris du chat mourant, et le mystérieux rapport qui l'avait séparé en même temps du chat et de Mariette le plongeait dans d'amères pensées.

Il se leva et alla faire un tour dans le jardin; mais ces dérangements ne ramenaient pas plus le calme dans son esprit qu'un malade ne retrouve la santé en changeant de place dans son lit.

« Pourquoi ne meurt-on pas tout d'un coup dans les bras de celle qu'on aime? pensait-il; combien on serait heureux d'être ainsi délivré de la vie! »

Gérard faisait mille projets et pensait à retourner chez sa mère; mais elle s'apercevrait vite de son chagrin et serait heureuse de la séparation de son fils d'avec Mariette.

« Si je pouvais en aimer une autre! se disait-il; je fermerais les yeux, je croirais que c'est Mariette.... Mais c'est impossible.... »

Et il pensait qu'il avait mal fait de venir à Auteuil, que peut-être Mariette reviendrait; peut-être était-elle déjà venue. Mais si elle ne venait pas? combien la chambre lui paraîtrait triste sans la voix de cristal dont il conservait le timbre dans son souvenir! combien l'appartement devait être funèbre, sans les cercles capricieux du petit chat tournant comme une fusée!

Gérard se raisonna sérieusement afin de prendre courage et de continuer son travail de jardinage; mais la corde à puits, la bêche et la brouette lui faisaient mal aux mains. Il essaya de se fatiguer en marchant beaucoup : au bout de dix tours dans le jardin, qui n'était pas très-long, il eut honte de ce métier de cheval de fabrique, et il alla se jeter sur sa couchette en pleurant, ne se sentant plus ni fermeté ni résignation. Au dîner, il ne dit pas un mot; Giraud lui demanda des nouvelles de Mariette, et Gérard se sentit froid en dedans en entendant ce nom.

« Elle va bien, » dit-il, ne voulant pas entrer dans des confidences inutiles.

Ne sachant comment se dérober à l'immense douleur qui l'accablait, Gérard, tout en regardant alors les livres avec un souverain mépris, prit un volume dépareillé de Montaigne, qui traînait dans la bibliothèque de Giraud.

« Voyons les moralistes, se dit-il; on prétend qu'ils sont bons à calmer la douleur. »

Il parcourut divers chapitres : *de l'amitié*, *de la modération*, *de ne communiquer sa gloire*, qui ne correspondaient en rien à la situation dans laquelle il se trouvait. Cependant, en feuilletant machinalement le Montaigne, qu'il avait plutôt envie de jeter dans le puits, il tomba sur le passage suivant :

« En cette arrière-boutique, faut-il prendre nostre ordinaire entretien de nous à nous-mesme, et si privé que nulle accointance ou communication de choses estrangieres y trouve place; discourir et y rire, comme sans femme, sans enfans et sans biens, sans train ou sans valeur, à fin que, quand l'occasion adviendra de leur perte, il ne nous soit pas nouveau de nous en passer. »

Gérard fit deux fois le tour du jardin et relut ce passage, se tâtant et cherchant où pouvait se trouver cette fameuse *arrière-boutique* au fond de laquelle on était libre de se garer du chagrin, comme d'autres se protégent du soleil sous une tente.

Après avoir réfléchi, Gérard s'écria :

« Ce Montaigne est un misérable ! »

Et, tout le temps du dîner, il éclata en telles acrimonies contre le moraliste, que Giraud lui demanda la raison de sa colère subite.

« Montaigne est un égoïste, disait Gérard.

— Pourquoi ? dit Giraud.

— Mon ami, il prétend que chaque homme, lorsqu'il a perdu ses biens, sa femme, ses enfants, doit pouvoir rire comme si rien ne lui manquait. J'aurais voulu lui voir perdre sa.... »

Gérard s'arrêta brusquement.

« Perdre quoi ? demanda Giraud.

— Ah ! Montaigne n'a jamais aimé les chats ! S'il avait été à ma place et qu'il eût compris les souffrances de cet animal qui se mourait tristement, il ne se serait pas retiré dans son arrière-boutique, comme il dit. Il n'a pas de cœur !

— Qu'en sais-tu ?

— Je me doute, dit Gérard, qu'il n'a jamais souffert.

— Quand tu seras réellement dans la douleur, dit Giraud, ne lis jamais les moralistes ; c'est le moment ou jamais d'acheter Paul de Kock.

— Tu as raison, dit Gérard ; je me rappelle maintenant qu'un homme intelligent, qui commençait à relever de maladie, me dit qu'il ne pouvait supporter ni Shakspeare, ni Molière, ni Balzac, et qu'à force de songer, il envoya chercher *Monsieur Dupont* au cabinet de lecture ; le lendemain, il était guéri.

— Il ne faut pas en abuser, dit Giraud ; la popularité de Paul de Kock est tout entière dans son gros comique, sa joie franche, la santé perpétuelle de ses héros, la gaieté de ses repas improvisés et le bonheur de ses amoureux.

— Voilà un homme, dit Gérard, qui aura fait rire toute une génération de grandes dames et de grisettes, de portiers et d'artistes ; lui seul aura conservé la joie dans une époque triste et tourmentée. Et, parce qu'il n'écrit pas d'une façon tout à fait parfaite, on ne lui élèvera pas de statues! Ses œuvres mourront faute d'avoir été embaumées par la forme!... Décidément, nous sommes des ingrats! Je m'en vais louer un roman de Paul de Kock! »

Malheureusement, il n'y avait pas de cabinet de lecture dans le pays, et Gérard retomba dans sa tristesse.

Le troisième jour, Gérard n'y tint plus et partit pour Paris. En arrivant dans la rue Saint-Benoît, il fut pris d'une grande émotion en pensant que peut-être Mariette était revenue et qu'elle l'attendait. Pour conserver plus longtemps cette illusion, il fit un détour en se nourrissant de cette douce idée, et il passa rapidement devant la loge du portier, ne voulant entendre parler personne avant d'entrer.

Mais la petite chambre était froide et nue comme si elle n'avait pas été habitée depuis de longues années; tout était en désordre par le déménagement de Mariette. Gérard n'était ni soigneux ni propre; il fallait s'occuper de lui comme d'un enfant pour le tenir en toilette convenable; il apportait le même esprit d'insouciance dans sa chambre, laissant toutes choses traîner à l'aventure : les papiers, les habits et les livres. Et cependant une jolie chambre propre, aérée, avec un peu de soleil et quelques fleurs, mettait son esprit en fête.

Mariette savait lui procurer ces plaisirs; aussi fut-il pris d'un grand serrement de cœur en regardant les souliers non cirés au milieu de la chambre, la poussière sur tous les meubles; plus de Mariette, plus de petit chat, le coucou morne et sans mouvement. Il voulut travailler; mais les quelques pages précédentes qu'il avait écrites lui donnèrent du dégoût : jamais il ne crut à sa médiocrité comme ce jour-là.

Il s'étendit sur son lit et s'endormit. Quand il se réveilla, la nuit venait. L'ennui et le dégoût de la vie s'étaient tellement emparés de lui, qu'il n'eut pas le courage de descendre pour aller manger. Le lendemain matin, il fut réveillé par le soleil, qui se glissait sur le lit par une toute petite fenêtre que les habits de Mariette couvraient ordinairement. Gérard se leva et essaya de secouer son apathie, et il combina quels amis joyeux il pourrait aller visiter, qui n'avaient pas trop l'habitude de travailler.

On frappa à la porte; Gérard courut ouvrir. C'étaient Mariette et sa sœur. Gérard crut que sa tête allait éclater; les tempes lui battaient. Mais autant il éprouvait d'émotion, autant il se montra froid. D'ailleurs, la présence d'Antoinette le glaçait. Mariette était pâle et les yeux cernés. Elle ne dit d'abord rien et fit semblant de chercher quelque objet dans les armoires.

« Bonjour, mademoiselle, » avait dit Gérard.

Et ce mot de mademoiselle, qui lui sciait le gosier quand il passa, donna le ton à la conversation.

« Gérard, dit Mariette, qui n'employa pas le mot de monsieur, tout en renonçant au tutoiement, j'ai à vous demander un service.

— Je suis tout à vos ordres, mademoiselle.

— Je suis très-gênée, dit Mariette; je viens vous demander si vous voudriez bien me donner un matelas, une chaise et une table.

— Oui, mademoiselle, dit Gérard, vous pouvez les faire emporter. »

En parlant ainsi, Gérard avait des larmes dans la voix; quelque chose d'intérieur le poussait à se jeter aux genoux de Mariette, à lui dire combien il l'aimait encore, qu'il n'aimerait jamais qu'elle, malgré tout ce qui était arrivé, et il se sentait retenu par une sotte timidité. Antoinette, avec son menton pointu, les regardait tous deux dans l'embarras et semblait être heureuse de leur brouille.

« J'ai un petit coffret dans l'autre chambre, dit Mariette; savez-vous où il est, Gérard ?

— Oui, dit-il, je vais vous le chercher. »

Il entra dans la chambre à coucher, prit le coffret et le donna à Mariette; mais leurs mains s'étaient touchées; ils tombèrent dans les bras l'un de l'autre sans dire un mot. Ils seraient restés ainsi longtemps, oubliant ciel et terre.

« Et ma sœur qui est par là! dit Mariette; attends-moi à cinq heures, mon Gérard.

— Vraiment! dit Gérard.

— Oui, sans manquer; ne dis rien devant Antoinette. »

Ils rentrèrent dans la chambre précédente.

« Si vous voulez envoyer chercher les meubles aujourd'hui, dit Gérard, je donnerai l'ordre au portier de les laisser passer. »

Mariette sortit, laissant Gérard en extase. Il se sentait rajeuni de dix ans; il s'habilla en moins d'un clin d'œil en grande toilette et sortit dans les rues, s'étonnant de se trouver léger comme une plume. Il lui prenait des envies de s'envoler; rien ne lui semblait impossible.

La joie lui sortait par tous les pores; il regardait les passants en souriant, comme pour leur annoncer la bonne nouvelle : tous les hommes lui semblaient bons et beaux, les femmes aussi, le ciel, la rue, les boutiques. Il courut d'un trait jusqu'au quai Malaquais, et ce n'était qu'en raisonnant un peu qu'il se gênait pour ne pas crier à tout Paris : « Je suis aimé! »

A cinq heures juste, Mariette arriva, et son arrivée fut un long baiser sans fin; cependant elle se débarrassa des étreintes de Gérard et se détourna pour pleurer.

« Qu'est-ce qu'il y a, mon amie? dit Gérard.

— Je t'ai trompé, dit-elle en sanglotant.

— C'est déjà oublié, mon amie; je t'en prie, ne pleure pas.

— Comme tu as été méchant! dit-elle; regarde ma pauvre oreille. Tu as arraché ma boucle d'oreille; j'ai beaucoup saigné.

— Oh! ma pauvre amie, laisse-moi baiser ton oreille.

— Et Antoinette qui ne t'avait rien fait, et que tu as battue indignement!

— Est-ce possible? dit Gérard; je ne me rappelle rien.

— Je crois que tu nous aurais tuées toutes les deux, si Ernest n'avait pris notre défense.

— C'est donc Ernest? demanda Gérard; je ne le savais pas non plus.... Quand je le reverrai....

— Non, dit Mariette; je veux que tu me jures que tout est fini.

— C'est impossible, dit Gérard; on ne reçoit pas un coup pareil, qui vous fait perdre connaissance, sans chercher à se venger.

— Oublie Ernest comme je l'oublie, dit Mariette, et je vais t'en donner une preuve. Prends ta plume et écris. »

Gérard obéit.

« Ernest, dicta Mariette je vous prie de ne plus chercher à me voir, je suis avec Gérard.... Maintenant, dit-elle, tu mettras toi-même la lettre à la poste pour être sûr que je ne te trompe pas. »

Mariette expliqua à Gérard qu'elle lui avait demandé quelques meubles, afin de loger Antoinette dans un petit cabinet, non loin de sa mère.

« Tu as eu là une bonne idée; vrai, mon amie, le malheur est entré ici derrière les talons de ta sœur.

— Mais je veux que, quand vous vous rencontrerez, vous ne vous fassiez pas mauvaise mine, dit Mariette.

— Je l'aime, maintenant; j'aime tout le monde. »

XVIII.

Une soirée au bal.

Huit jours se passèrent ainsi, pleins de bonheur et de tranquillité; cependant, le soir du huitième jour, Mariette, ayant eu une petite querelle avec Gérard, entra dans de violentes attaques de nerfs; elle étouffait, se trouvait mal, et demandait de l'air.

Gérard courut chercher un médecin; ayant frappé inutilement à la porte des plus proches médecins du quartier, il finit par en trouver un, et rentra ; mais, à sa grande surprise, Mariette n'y était plus. Le médecin arriva et sourit en entendant parler d'une femme tout à l'heure à la mort, et qui avait pris la fuite aussitôt qu'on était allé chercher du secours.

Cette nuit fut une des plus pénibles pour Gérard, qui ne trouvait aucuns motifs à la disparition de Mariette; cent fois de légères altercations avaient eu lieu, qui s'étaient apaisées d'elles seules. Le lendemain il reçut un mot de billet qui contenait ces mots : « Gérard, je suis obligée de ne plus demeurer avec toi ; mais, si tu veux venir, tu me feras plaisir. Demande Mme Roux, rue des Marais-Saint-Germain, n° 14. »

La rue des Marais est à deux pas de la rue Saint-Benoît ; Gérard y courut, ne s'expliquant pas un changement de nom et d'adresse si subit. Mariette vint ouvrit elle-même, habillée d'un élégant peignoir blanc.

« Est-ce toi Mme Roux ? dit-il.

— Tu peux toujours m'appeler Mariette.

— Pourrais-tu m'expliquer pourquoi tu t'es sauvée tout d'un coup ?

— Mon ami, je n'aurais pas osé te le dire, tu te serais fâché; maintenant je te crains.

— Oh ! dit Gérard.

— Mon oreille est seulement guérie depuis deux jours. M. de Labouglise....

— Encore ce vieillard ! dit Gérard.

— M. de Labouglise a peur de toi également ; il dit que tu as des yeux perfides, et il n'aime pas à te rencontrer.

— Vieux fou qui racle des antiques !

— Il n'est pas fou pour moi, dit Mariette, puisqu'il me fait vivre ; quand je me suis brouillée avec toi, à la suite d'Asnières, je lui ai été porter une nouvelle adresse; mais, chez ma mère, il ne pouvait pas travailler. Il est très-riche, rien ne lui coûte pour satisfaire ses fantaisies; il m'a proposé de me meubler un appartement.

— Il t'entretient alors? s'écria Gérard.

— Lui! M. de Labouglise! il se soucie bien des femmes! il n'aime que ses bronzes. Il me retient cinquante francs par mois sur mes trois cents francs pour les avances qu'il m'a faites en achetant des meubles, et il va continuer sa sculpture. Il ne voulait plus venir chez toi; tu vois donc qu'il me fallait un autre appartement. »

Gérard secouait la tête.

« Cela ne t'empêchera pas de me voir. J'irai chez toi tous les jours, une heure ou deux.

— Une heure ou deux! s'écria Gérard; nous ne vivrons plus ensemble!

— Mon ami, cela ne se peut pas.

— Alors, je m'en vais, dit-il.

— Que tu es singulier! Ma mère exige que j'aille dîner avec elle; ma sœur est très-paresseuse: il faudra que je veille à tout, que je fasse aller la maison; mais je te promets que j'irai dîner avec toi le plus souvent possible. »

Gérard se laissa persuader, quoiqu'il eût la tête troublée de tous les événements qui s'étaient passés en moins de quatre jours.

« Surtout, dit Mariette, viens plutôt le matin ici, quand tu voudras me voir; car M. de Labouglise arrive à peu près à cette heure-ci tous les jours; il n'est pas nécessaire que vous vous rencontriez.

— Mariette, Mariette! s'écria Gérard d'un ton plein de désolation et de reproches.

— Quoi encore?

— Je crois que nos beaux jours sont passés.... je t'aime, mais je ne viendrai plus ici.

— Et moi, je n'irai plus chez toi, s'il en est ainsi.

— Chez moi, Mariette, dans notre ancien logement, nous serons heureux en nous retrouvant ensemble; mais ici, ces meubles neufs, ce grand escalier, tes toilettes, tout me rappelle trop notre passé si modeste. Tu m'aimerais ici de toutes

tes forces, mieux que tu ne m'as jamais aimé, que je ne le croirais pas; chez moi, au contraire, aime-moi aussi peu que tu voudras, et je serai content. Adieu! » dit-il.

Autant Gérard était heureux la veille, autant il était malheureux en sortant; il eut honte de son habit qui était lustré sous les bras; il s'aperçut que ses souliers ne brillaient pas, qu'il portait le même chapeau depuis six mois; il regarda sa toilette dans une glace et perdit courage. Il enfonça son chapeau sur ses yeux pour ne pas être vu, et marcha sans savoir où il allait.

« Ah! que tu as l'air funèbre! dit Thomas, qu'il rencontra près de l'école des Beaux-Arts. Sont-ce les envois de Rome qui te rendent triste?

— Je me soucie bien des envois de Rome!

— Moi aussi, dit Thomas, mais je m'en vais chaque année contempler l'abrutissement de ces pauvres jeunes gens qu'on dresse à cet horrible métier de peintres de Rome. Est-ce que tu n'écris rien là-dessus?

— Pour quoi faire? dit Gérard; perdre son temps à se moquer de pareilles médiocrités! Les changerai-je en hommes supérieurs? Non. En hommes de talent? Encore moins. Alors c'est de la besogne inutile.

— Cependant, dit Thomas, on peut attaquer l'Académie, qui fait des momies de jeunes gens peut-être distingués.

— L'Académie ne corrompt rien, dit Gérard; l'Académie aime la médiocrité, le convenu, la tradition, et toutes les médiocrités vont à elle et ne demandent pas mieux que d'être guidées dans cette voie.

— Cependant, dit Thomas, on a vu des peintres de talent qui étaient partis de Paris après avoir exposé de bons tableaux et qui s'en revenaient classiquement ennuyeux. C'est donc la faute de l'enseignement de l'Académie.

— Bah! dit Gérard, rien n'arrête le développement d'un homme de talent : ni la misère, ni la maladie, ni les faux conseils, ni les mauvais enseignements. Nous sommes environnés d'ennuyeux, d'imbéciles, de traîtres, de lâches; si nous sommes forts, nous devons nous débarrasser de tous ces ennemis. Si nous n'avons pas le courage, c'est-à-dire une conviction profonde de l'art, nous succombons, tant pis, il n'y a rien à dire. Nous ne sommes pas des victimes, nous n'étions pas dignes de faire de l'art, et nous sommes entrés par erreur dans ce beau et rude chemin qui mène à la popularité. On est doué, ou on ne l'est pas; ceux qui ne sont pas doués réussissent en apparence, dans le moment, plus que ceux qui sont doués; ils ont la fortune, les honneurs, la réputation plus vite que les autres. Tu comprends : étant des médiocrités, ils ne blessent personne, ils sont aimables, bons enfants à la surface, et n'offrent pas de ces angles dont sont pleins ceux qui sont doués; mais le temps fait bonne et prompte justice des médiocrités. Au contraire, ceux qui sont doués passent à travers les jalousies, les haines et les diffamations, comme Murat passait au milieu d'un régiment qui tirait sur lui, sans être atteint. Ils supportent faim, misère, envie, railleries, sans en être touchés : ils ont la foi en eux-mêmes; avec cette croyance on vit vieux, plein de santé, et, à cinquante ans, on a les cheveux noirs.

— Cependant, dit Thomas, j'ai connu plus d'un peintre que la misère a paralysé complétement, et qui, avec un peu d'aide, eût produit de belles choses. Au lieu de cela, il est tombé dans les mains des marchands, et il s'est livré à de honteuses lithographies.

— C'est qu'il était né pour faire de pareilles lithographies.

— Mais, dit Thomas, il pleure d'être obligé de faire du commerce.

— Il fait semblant de pleurer.

— Non, non, dit Thomas.

— Alors il se trompe sur lui-même : puisqu'il comprend tellement l'art, pourquoi ne fait-il pas d'art?

— Parce qu'il gagne à peu près sa vie en faisant du commerce.

— On dirait que tu ne veux pas me comprendre, toi qui as justement passé par là. Comment faisais-tu quand tu étais compositeur d'une imprimerie?

— Le soir, dit Thomas, et le matin en hiver, à partir de quatre heures, je faisais des études à la lampe pendant deux heures, jusqu'au moment où j'allais à l'atelier.

— Et tu ne vivais pas de la peinture?

— Je ne gagnais pas un sou.

— Bon! dit Gérard; tu vois bien que tu faisais du commerce en dehors de l'art et que cependant tu étudiais. Quand tu es sorti de l'imprimerie, comment as-tu vécu?

— Je faisais cinq ou six petites aquarelles par jour, que je vendais, sous les arcades de l'Institut, six sous pièce.

— Et tu en vivais; c'est encore du commerce; tu vois donc que ni l'imprimerie, ni les petits dessins à cinq sous, ni la privation, ni la misère ne t'ont empêché d'arriver.

— Je ne suis pas arrivé.

— N'importe, tu arriveras certainement. Ainsi, comprends bien que tous ces gens qui pleurnichent, qui font sonner l'art si haut, qui se disent victimes de la société, qui gagnent largement leur vie à des travaux tels que la gravure et la lithographie, sont des orgueilleux: ils donnent tout ce qu'ils peuvent donner; ils étaient nés pour être des ouvriers, et se sont lancés dans l'art par une manie trop commune aujourd'hui; ils sont restés ouvriers, c'est-à-dire de médiocres interprètes des créateurs; ils n'en sont pas même dignes, et ils se plaignent encore! Si tu veux d'autres exemples qui prouvent que la misère et les autres piéges tendus sous nos pas ne doivent rien arrêter, tu te rappelles bien ce pauvre garçon dont vous admiriez les eaux-fortes, que vous mettiez aussi haut que Rembrandt, et qui aurait été loin, disiez-vous, s'il n'avait tant souffert de la faim. Qu'est-ce qu'il a fait le jour où il lui est tombé un petit héritage du ciel?

— Il est vrai, dit Thomas embarrassé, qu'il a perdu tout son sentiment.

— Ce n'était pas cependant une de ces grosses fortunes qui tuent un homme, qui le rendent lourd, fier et insolent : il avait juste de quoi vivre, six cents francs de rentes, une fortune pour lui, qui vivait avec cinq francs par mois. Il a continué à travailler; mais ses eaux-fortes n'étaient plus supportables; tandis qu'avant, il vivait avec un morceau de pain et des légumes; il avait du talent. Cela, Thomas, doit te prouver que ni les mauvais enseignements, ni les influences, ni la misère, ni la faim, ni la maladie, ne peuvent corrompre une nature bien douée. Elle souffre; mais trouve-moi un grand artiste qui n'ait pas souffert. Il n'y a pas un seul homme de génie heureux depuis que l'humanité existe.

— J'ai envie, dit Thomas, de te faire cadeau d'une jolie cravate.

— Pourquoi? dit Gérard.

— Parce que tu as bien parlé, quoique d'une façon amère. Je sens que tu as raison, et je voudrais te corriger d'un fond de chagrin qu'il y a en toi : voilà pourquoi une jolie cravate en soie, fond paille, avec de belles pivoines rouges et des tiges d'un vert surprenant, fera tellement bien à ton cou, que, quand tu te regarderas, tu seras plein de joie. Nous ne savons pas assez profiter des couleurs, et les sauvages et les paysans, qui s'habillent d'étoffes bariolées, sont plus raisonnables que nous. »

Gérard soutenait la question du noir dans les habits, et le peintre n'avait pas beaucoup de peine à le battre.

« Cependant, disait Gérard, je n'oserai pas me présenter dans la société avec ta fameuse cravate à perroquets.

— Avec beaucoup de courage, dit Thomas, on s'impose; quant à moi, je ne la quitte jamais nulle part; je laisse rire ceux qui veulent rire, et je regarde les autres s'ennuyer dans leurs cravates blanches empesées. »

Un soir, Gérard accompagna Mariette à Mabille; elle avait abandonné les bals d'été du quartier latin en même temps qu'elle avait dépouillé ses robes de toile. Elle était partie dans un élégant coupé de louage avec Gérard et M. Charles, le marchand de couleurs.

Mariette avait une toilette splendide, et pouvait rivaliser avec les lorettes les plus en renom de la rue Bréda. On la regardait beaucoup, on venait instamment la prier à danser et à valser; Gérard était heureux du succès de son amie. Cependant, quand elle le quittait pour répondre à une invitation de danse, il lui semblait que son bonheur s'envolait, et il fronçait les sourcils en voyant les mille manéges de coquetterie que Mariette faisait à son cavalier.

« Pourquoi ne veux-tu pas danser? dit Mariette.

— Cela ne se peut pas, dit-il, ce n'est plus de mon âge.

— Ah! quand tu m'aimais, lui dit-elle, au Prado, tu ne parlais pas ainsi.... Rappelle-toi tes cheveux coupés au Prado.

— Au Prado, dit Gérard, on danse comme on veut; ici, tous ces messieurs me font l'effet en même temps de commis de magasin et de maîtres de danse.

— Je parie que Charles sera plus aimable, dit Mariette. Charles, voulez-vous m'inviter pour la valse?

— Avec plaisir, » dit celui-ci, qui prit Mariette par la taille, et l'entraîna rapidement dans le tourbillon des valseurs, pendant que Gérard restait seul.

Cette dernière circonstance accrut encore sa mauvaise humeur; il bouda Mariette quand elle revint, et se promit de lui dire en chemin qu'il ne reviendrait plus au bal Mabille, parce qu'il se sentait jaloux des moindres paroles qu'on lui adressait. Mais Charles ne quitta pas Mariette à la sortie du bal, comme l'avait espéré Gérard, et sa mauvaise humeur s'en accrut. Il resta tout le long du chemin morne et la tête baissée, préparant un orage de raisons pour le moment où Mariette rentrerait chez elle.

On arriva au quai Malaquais, que Charles devait suivre pour s'en retourner dans le quartier de l'Hôtel-de-Ville; Gérard fut on ne peut plus étonné de voir le marchand de couleurs tourner la rue des Marais; si encore Gérard avait donné le bras à Mariette, il lui aurait été facile de s'arrêter au quai et de souhaiter le bonsoir au marchand de couleurs, mais la mauvaise humeur de Gérard fit que, restant en arrière en sortant du bal, Mariette avait pris le bras de Charles. Aussi, pendant le chemin, Gérard, qui marchait derrière eux, sentit sa colère s'accroître, et elle faillit éclater lorsqu'il vit qu'il ne reconduirait pas son amie seul.

Son espoir fut que Charles, aussitôt qu'on serait arrivé à la porte, s'éloignerait par discrétion et les laisserait ensemble quelques minutes; mais Charles continua à causer avec Mariette jusqu'à ce que le cordon fût tiré, et Gérard, que la présence d'un tiers gênait, s'en alla, pour la première fois, sans avoir embrassé son amie. Il dit un brusque bonsoir au marchand de couleurs et lui tourna le dos, car son chemin était de descendre la rue, tandis que Charles la remontait.

A peine avait-il fait quelques pas, que Gérard tourna la tête par un mouvement dont il ne se rendit pas compte: la rue des Marais est étroite, assez mal éclairée; cependant il put s'apercevoir que Charles s'était arrêté également. Gérard fit encore quelques pas, en affectant de faire sonner ses talons et en diminuant graduellement comme un voyageur dans le lointain, et s'embusqua dans une porte cochère; il y resta tapi cinq minutes et sortit tout à coup; mais il lui sembla que Charles avait fait le même manége de son côté.

« Il paraît que ce monsieur m'espionne, » dit Gérard en s'en retournant chez lui triste et découragé.

Le lendemain matin, il était chez Mariette et lui demandait compte de la conduite de M. Charles.

« Pourquoi, dit-il, semblait-il attendre que je fusse parti?

— Tu ne vois pas clair, dit Mariette, tu auras pris quelqu'un pour lui.

— J'en suis sûr, dit Gérard. Qu'est-ce que cela veut dire? Est-ce que je le gêne, ce Charles?

— Tu te montes toujours la tête, tu vois des choses où il n'y a rien. Pourquoi Charles serait-il gêné par toi?

— Eh bien! dit Gérard, il me gêne, moi; il me semble qu'il aurait bien pu suivre son chemin et ne pas venir jusqu'à ta porte et m'empêcher de te parler.

— C'est-à-dire que tu faisais la mine et que tu n'avais rien à dire que des choses désagréables; comme je m'en doutais, j'ai prié Charles de m'accompagner jusqu'à ma porte.

— C'est bien aimable de ta part.

— Je n'ai pas envie, dit Mariette, de supporter tes humeurs noires.

— Et moi, dit Gérard, il ne me plaît pas de t'accompagner à Mabille.

— Qui est-ce qui te force? »

Gérard rugissait en dedans et n'osait le montrer; il sentait que sa liaison avec Mariette ne tenait plus qu'à un fil, et il craignait de voir ce fil se briser.

« Où est le temps, dit Gérard en se radoucissant, où nous n'avions jamais de querelles, où nous vivions seuls, sans amis? Vois-tu, Mariette, que ce sont les amis qui nous séparent? c'est Ernest, c'est le vieux gratteur.

— Tu pourrais bien dire M. de Labouglise, dit Mariette en appuyant sur le titre.

— On dirait que tu aimes la noblesse, maintenant, toi qui me disais combien tu étais heureuse de tourmenter, dans le temps, le comte Marie avec tes artistes.

— J'aime les gens comme il faut, dit Mariette.

— Et c'est pour cela que tu ne vois plus ton ami Thomas.

— Thomas, dit Mariette, est un paresseux; je lui commande de la peinture, et il ne travaille pas. J'ai besoin de tableaux dans mon salon, Thomas ne fait rien; un jour, il est venu nous déranger pendant la séance avec M. de Labouglise, et il ne s'est pas gêné: il a fumé tout le temps. M. de Labouglise n'aime pas ça....

— Et toi non plus, n'est-ce pas?

— Moi, Dieu merci, j'y ai été assez habituée par vous autres, mais ce n'en est pas plus convenable.

— Tu verras, un jour, Mariette, que tu ne voudras plus me reconnaître dans la rue.

— Au contraire, dit Mariette, je voudrais te voir dans une toilette convenable; tes habits ne sont jamais brossés : sans cela, je t'aurais fait trouver avec M. de Labouglise.

— Pour quoi faire?

— Il a une galerie; il sait que tu aimes les arts, et il ne serait pas fâché de te la montrer. Au fait, veux-tu dîner avec moi aujourd'hui ici? viens à cinq heures, tu le rencontreras. »

Pour ne pas avoir une nouvelle discussion, Gérard promit de faire grande toilette, espérant plaire à Mariette. Il fut très-surpris de voir trois couverts sur la table; Mariette était seule, mais elle prévint Gérard que M. de Labouglise était allé commander le repas chez un pâtissier voisin.

« Comment! nous dînons tous les trois? s'écria Gérard.

— Ne te l'avais-je pas dit?

— Du tout, tu m'avais dit que je rencontrerais ici le vieillard....

— Encore! dit Mariette; surtout, ne t'avise pas de le plaisanter.

— Je m'en vais, dit Gérard.

— Si tu t'en vas, Gérard, fais attention que ce sera la dernière fois que nous nous rencontrerons. »

Gérard resta silencieux pendant le repas; il ne quittait pas des yeux le vieillard, cherchant à saisir dans sa physionomie l'hallucination qui le poussait à gratter sans cesse des figurines antiques, dans le dessein de les rendre parfaites; mais M. de Labouglise semblait intimidé de la présence de Gérard et absorbé par la conversation de Mariette. Au milieu du repas, Gérard, qui portait son verre à ses lèvres, devint pâle tout d'un coup en remarquant que le vieillard avait passé son bras autour de la taille de Mariette. Gérard lança un juron d'une voix pleine de rage, et il frappa son verre plein avec une telle force sur la table, que les morceaux de verre éclatèrent; le vin coula sur la nappe, le vieillard s'affaissa sur sa chaise en dégageant son bras, Mariette se leva, et Gérard prit la fuite après avoir lancé un regard plein d'éclairs.... Il renversa un fauteuil dans le salon, claqua la porte et disparut, laissant Mariette anéantie.

« La malheureuse! s'écria-t-il dans l'escalier; pourquoi n'ai-je pas jeté mon verre à la tête de ce vieillard? C'est lui qui aurait dû sortir. »

Gérard grinçait des dents et se serait volontiers brisé la tête contre les murs.

« Elle me fait appeler, se disait-il, pour voir une pareille infamie. Combien j'ai été lâche! C'est fini, je ne la reverrai plus jamais... »

Et il errait par les rues, aussi triste qu'un chien qui a perdu son maître. Machinalement il se dirigea vers l'atelier de Thomas, dans l'espoir de se décharger le cœur; mais il réfléchit qu'on se moquerait de lui s'il mettait à nu ses rages et ses blessures. Dans l'escalier, il chercha à se composer un masque calme, et il entra d'un air presque riant.

« Tu arrives bien, dit Thomas, j'allais au bal.

— Je t'accompagne alors, dit Gérard, qui espérait oublier la scène qui venait de se passer.

— Je suis triste, dit Thomas.

— Moi aussi, répondit Gérard.

— Je ne vends pas ma peinture; j'ai fait un petit tableau très-réussi.... Mariette l'aime beaucoup.

— Cependant elle se plaint beaucoup de toi.

— C'est moi qui devrais me plaindre d'elle; qu'est-ce qu'elle dit?

— Que tu es un paresseux.

— Ah! c'est trop fort; mais je ne la comprends plus : depuis quelque temps elle devient égoïste en même temps que grande dame. Croirais-tu qu'elle m'a offert de me faire faire un habit pour mon tableau?

— Comment, un habit?

— Oui, par un tailleur qu'elle connaît; je devrai lui donner mon tableau que je viens de terminer, et de plus, faire le portrait du tailleur.

— Quel commerce! s'écria Gérard.

— Je lui ai dit que je n'avais pas besoin d'habit; elle prétend que je suis mal habillé et que cela m'empêche de vendre ma peinture. A cela j'ai répondu que j'avais absolument besoin de payer mon terme et qu'on me mettra à la porte si je ne paye pas dans un mois; qu'alors je désire tirer de l'argent de ce tableau : il me semble que c'est bien naturel. Malgré tout, le tailleur est venu chez moi; il voulait me prendre mesure de force : je l'ai mis à la porte.

— Ah! je comprends maintenant, dit Gérard.

— C'est qu'elle voulait aussi un pendant à ce tableau, qu'elle m'aurait payé plus tard. Je ne connais pas de *plus tard;* elle dit qu'elle est riche. Si elle veut de la peinture, qu'elle l'achète comme tout le monde. Je lui en ai déjà assez donné.... c'est une femme perdue par l'argent.

— Tu crois? dit Gérard.

— Oui, il n'y a plus de cœur.... »

Cette conversation faisait le plus grand mal à Gérard, qui aurait voulu entendre dire du bien de Mariette et qui se garda alors de raconter l'événement du dîner, craignant d'entendre Thomas en tirer des conclusions trop sévères.

« Je la regarde maintenant, dit Thomas, comme une lorette, une femme qui ne croit à rien, qui n'aime plus que l'argent. Tiens, continua Thomas, regarde cette créature qui danse d'une façon excentrique et que tout le monde admire, la Cabrionnette; voilà une femme qui est bien le type de ce monde-là. Elle danse et n'a pas même foi en la danse; elle se donne beaucoup de mal, mais tout cela est étudié, froid; c'est un travail qu'elle accomplit dans ce moment, parce qu'elle sait qu'on la regarde et que la danse lui fera vendre sa nuit plus cher. Il me prend des envies de marcher sur ces créatures-là;

je leur pardonnerais si elles avaient le diable au corps, si elles apportaient quelque caprice dans leur danse, si elles ne jouaient pas un rôle en public : mais telles que je les comprends, telles que tous ces jeunes gens les admirent, avec leur sottise et leurs mots appris, je préfère la dernière fille des rues; encore peut-on espérer de découvrir un coin naïf qui ait échappé à la corruption.

— Ah ! mon ami, Mariette n'en est pas encore là.

— Elle y arrivera, dit Thomas, qui enfonçait à chaque parole un poignard de plus dans le cœur de Gérard.

— Allons-nous-en, dit-il; ordinairement le bal m'égaye, aujourd'hui il me semble que j'ai la jaunisse : le gaz ne brille pas, les femmes sont affreuses, les étudiants bêtes, et la musique joue faux. »

Ils sortirent et se promenèrent silencieusement sur le boulevard Montparnasse, dont le calme et l'obscurité convenaient mieux à l'état d'esprit de Gérard. Après un assez long silence :

« Penses-tu quelquefois à la mort ? dit Gérard.

— Quand je suis heureux, dit Thomas; jamais quand je souffre.

— S'il n'y avait que le dernier moment, dit Gérard, qu'importe ! Mais c'est la fin qui est triste et déplaisante; penser que tous les gens qui vous regrettent vous auront oublié dès le lendemain ! s'en aller en se voyant fumer comme la mèche d'une chandelle, petit à petit, et avec plus de douleur que la chandelle !

— Est-ce l'inconnu qui te fait peur ? dit Thomas.

— Oh ! l'inconnu, je ne m'en inquiète guère.... je crois à un néant absolu. Nous servons à fumer des terres : voilà ce qu'il y a de plus clair pour moi. Peut-être la mort ne fait-elle que nous agrandir ! qui sait ? J'ai toujours plaint les malheureux qui restent un mois, six mois sur leur lit, parce qu'ils ont le temps de trop souffrir du corps et de l'esprit; car leurs meilleurs amis s'habituent à leur mal, viennent souvent dans les commencements, puis moins souvent, enfin disparaissent tout d'un coup et ne pensent plus à eux qu'en recevant un billet de faire part. Cela est cruel pour le malade.

— Le malade s'en inquiète-t-il beaucoup? dit Thomas. Crois-tu que son mal ne l'occupe pas assez pour l'empêcher de faire des réflexions sur l'ingratitude?

— Ah! dit Gérard, le malade tient à la vie et aux habitudes de la société jusqu'au dernier moment. J'ai connu une femme charmante, distinguée, bonne et spirituelle, qui mourut jeune; ce sont toujours celles-là qui s'en vont les premières. Elle n'aimait plus son amant, et son amant ne l'aimait plus; elle ne devait donc pas craindre de lui laisser une mauvaise opinion d'elle. C'était une femme jeune encore et qui disait avoir vingt-huit ans; cinq minutes avant de mourir elle appela sa mère; j'étais là et je me retirai : je croyais à des révélations au dernier moment, à des regrets, à un langage qui tient déjà de la langue du monde inconnu; eh bien! son dernier mot fut de faire jurer à sa mère qu'on mettrait sur les billets de mort qu'elle n'avait que vingt-huit ans. Elle en avait trente.

— Quelle coquetterie! dit Thomas.

— Je n'ose pas appeler cela de la coquetterie, car la femme n'était pas coquette pendant sa vie.

— Alors à quoi servait-il de mentir à son extrait de naissance?

— Je n'en sais rien, dit Gérard, et j'y ai pensé pendant huit jours sans pouvoir me rendre compte d'une telle fantaisie de mourante.

— J'appelle ça de la coquetterie, dit Thomas.

— A qui voulait-elle plaire? Elle savait qu'elle allait mourir; elle le disait.

— Elle le disait et ne le croyait pas.

— Je te répète que je ne l'avais jamais connue coquette de son vivant.

— Alors la mort la rendait coquette. Il faudrait, dit Thomas, avoir longtemps étudié la mort dans les hôpitaux; comme on a beaucoup d'individus à observer, on recueillerait des observations très-précieuses sur les derniers moments et les dernières paroles des mourants.... J'ai vu finir un de mes bons amis qui avait souffert longtemps, que la maladie avait aigri et qui ne nous reconnaissait que pour se plaindre de nous. A sa dernière minute il dit : « Des femmes! des fleurs! » et mourut. Peut-être entrevoyait-il comme un paradis; ainsi la mort faisait disparaître son mauvais caractère, et il semblait entrer dans un chemin de roses. Ce pauvre garçon! il aurait eu beaucoup de talent s'il avait vécu plus longtemps.

— En es-tu bien certain? dit Gérard; j'ai toujours cru qu'on mourait parce qu'on n'avait rien de mieux à faire; aussi je ne crois pas à ta phrase : *S'il avait vécu!* Les hommes de génie qui meurent jeunes ont presque toujours beaucoup produit; ils ont autant et plus travaillé en dix ans que d'autres en cinquante, et je suis persuadé que tout ce qu'ils avaient en eux d'intelligence, ils l'ont donné entièrement.

— J'aimerais mieux un fait, dit Thomas, que tes généralités, je m'y reconnaîtrais mieux. Par exemple, Hoffmann, que tu aimes tant, ne serais-tu pas heureux qu'il eût vécu plus vieux et qu'il eût eu le temps de terminer les contes dont on n'a que des plans?

— Certainement, dit Gérard, je serais heureux qu'Hoffmann eût vécu plus longtemps; mais, le fait existant, sa mort prématurée, je dis qu'il a donné tout ce qu'il pouvait donner. Pour moi, il y a une loi mystérieuse, fatalité ou Providence, qui règle le sort des hommes. Ils doivent mourir tel jour, et tout ce qu'ils feront ne les empêchera pas de mourir à l'heure fixée; s'ils doivent mourir tel jour, c'est qu'ils ont accompli leur mission sur la terre.

— Est-ce parce qu'ils sont usés, dit Thomas, qu'ils s'en vont?

— Je le crois.

— Mais pourquoi tant de vieillards, qui ne voient pas, n'entendent pas, ne pensent pas, restent-ils vingt ans cloués sur leur fauteuil avec autant de vie qu'une momie ?

— Ah ! je n'en sais rien, dit Gérard, que la moindre objection dans la discussion renversait.

— Tu parlais de mission sur la terre, dit Thomas ; qu'est-ce qu'y viennent faire les voleurs, les assassins, les forçats et les gens irritants, dont le nombre est grand et qui vivent longtemps ?

— Je n'aime pas à discuter, dit Gérard.

— C'est bientôt dit ; mais je ne te conseille pas, devant le monde, de commencer tes thèses, parce qu'il se trouvera un raisonneur frotté de philosophie qui fera qu'on se moquera de toi.

— Bah ! dit Gérard, moi je pense de la mort comme Hamlet ; et, une nuit que j'ai cru mourir, j'ai eu la force d'aller à ma bibliothèque, de prendre mon Shakspeare, de chercher le fameux monologue d'Hamlet, et cette lecture m'a calmé tout d'un coup. Pourquoi ? Je n'en sais rien. Hamlet n'est pas consolant ; tout est mystère en lui ; chaque mot du monologue est un doute ; il n'y a pas là de quoi rassurer l'esprit, et cependant j'ai été tranquillisé sur le moment. Cependant, à côté du Shakspeare, était un volume de la Bible ; je me suis demandé un moment si je ne chercherais pas un passage de la Bible en rapport avec ma situation maladive ; j'ai choisi Shakspeare, et j'ai bien fait. »

Cette conversation à bâtons rompus avait chassé l'image de Mariette de l'esprit de Gérard ; mais, quand il se retrouva seul dans sa chambre, il se rappela la cruelle réflexion de Thomas et la manière brutale dont il entrevoyait l'avenir de Mariette.

« Elle n'est pas ainsi, se dit-il ; ou Thomas ne la connaît pas, ou il est toujours animé contre elle d'un certain dépit qui la lui montre sous le jour le plus désagréable. Non, Mariette n'est pas de ces créatures froides qui ne s'émeuvent qu'au son de l'argent. Thomas a peut-être été froissé dans son amour-propre de peintre de ce qu'elle ne lui a pas offert la valeur de ses tableaux ; mais c'est déjà bien à Mariette de s'occuper de peinture, quand tant d'autres ne songent qu'à leur toilette. »

A force de raisonnements, il se rendait compte de la conduite de M. de Labouglise, et il se blâmait d'avoir fait une scène si violente sans preuves; maintenant il n'oserait plus reparaître devant Mariette après un tel scandale. Gérard s'endormit avec l'idée consolante que Mariette reviendrait le lendemain matin; mais le lendemain Mariette ne vint pas, ni le surlendemain, ni le jour d'après. « Elle est fâchée, » se dit Gérard. Et, quoiqu'il se donnât tort, il avait la fierté de ne pas retourner à la rue des Marais.

Le quatrième jour, il reçut une lettre de sa mère, qui était dans un état maladif, et qui lui faisait entrevoir qu'elle attendait la mort avec résignation. Après avoir lu cette lettre, Gérard courut comme un fou chez Mariette. Il trouva la sœur en train de mettre le couvert.

« Où est Mariette? dit-il d'un tel son de voix qu'Antoinette eut peur.

— Elle est dans sa chambre, » dit la sœur.

Gérard ouvrit la porte; Mariette était occupée à faire sa toilette.

« Ah! mon amie, dit-il, si tu savais ce qui m'arrive! »

Il y avait dans les traits de Gérard une telle émotion causée par la nouvelle de la maladie de sa mère, que Mariette crut que la pâleur et l'air affecté de Gérard venaient uniquement de leur séparation de quatre jours. Il lut la lettre en pleurant, et Mariette essuyait avec ses lèvres les larmes de Gérard.

« Je vais partir ce soir, dit-il; qui sait si nous nous reverrons?

— Oh! oui, nous nous reverrons.... console-toi, mon ami! Tu vas dîner avec moi; ensuite j'irai te conduire à la diligence.

— Que tu es bonne! » dit Gérard, qui oubliait en une heure tout ce qui s'était passé depuis un mois.

En chemin, Mariette dit à Gérard :

« As-tu de l'argent au moins pour partir ?

— Oui, dit-il, j'ai assez pour faire la route.

— Et comment feras-tu pour revenir ?

— Je n'en sais rien.

— Aie bien soin de m'écrire de ton pays, dit Mariette, s'il te faut de l'argent.

— Oh ! mon amie, dit Gérard, tu es trop bonne ; j'en trouverai toujours un peu là-bas.

— Et si tu n'en trouvais pas ? et si tu ne revenais pas ?

— Je reviendrai bien vite, va.

— Je ne veux pas qu'un peu d'argent retarde là-bas mon petit homme.

— Tu m'aimes donc encore ?

— Plus que tu ne mérites.... Ah ! tu m'en as fait avoir, des scènes !

— Pourquoi ?

— Il demande pourquoi ! il se fâche pour un rien, parce que M. de Labouglise m'a pris la taille.

— J'avais raison, dit Gérard, il ne doit pas te prendre la taille.

— Allons, ne vas-tu pas être jaloux d'un homme aussi âgé, qui m'embrasse sur le front quand il arrive ?

— Je n'aime pas ça, dit Gérard ; il n'a pas besoin de te prendre la taille devant moi.

— Vilain jaloux, va, dit Mariette, qu'est-ce qui me fait aimer un homme comme toi ? »

Les deux amants étaient arrivés dans la cour des messageries de la rue du Bouloy.

« Oh ! je vois des gens de mon pays, dit Gérard ; ils diront qu'ils m'ont rencontré avec une femme.

— Je me sauve alors, dit Mariette.

— Reste, mon amie ; qu'ils disent ce qu'ils voudront ; je t'aime et je ne connais plus rien au monde.

— Adieu donc, à bientôt, dit Mariette en embrassant Gérard; et surtout ne manque pas de m'écrire aussitôt que tu seras arrivé. »

Gérard employa sa nuit en diligence à rêver à ce qui venait de se passer. Mariette était à ses yeux toujours la même : la fortune ne l'avait pas changée; elle n'avait changé que ses robes; Thomas était un esprit soupçonneux qui ne voyait que l'envers du bien. Gérard eût voulu que le peintre eût assisté dans un coin à la scène d'adieux des messageries, ou plutôt à la scène de réconciliation. Comme Mariette avait été bonne et était entrée dans le chagrin de son ami! Comme elle avait oublié vite la scène désagréable qui s'était passée entre Gérard et le gratteur maniaque!

Jamais Gérard ne retrouverait de femme pareille : c'était ce qui faisait la force de son attachement. Des femmes, il n'en manque point. Mais avoir trouvé une femme jeune et belle, ne sachant pas lire et pleine de sentiments délicats, qui avait traversé les sociétés les plus corrompues des ateliers en gardant une chasteté de jeune fille, voilà ce qui rendait Gérard plus heureux que d'avoir déterré un trésor. Surtout avec les tourments et les inquiétudes de la vie littéraire, pouvoir se consoler auprès d'une amie dévouée, si différente des femmes que Gérard avait vues avec ses camarades!

XIX.

Amours éteintes.

La mère de Gérard était beaucoup mieux quand il arriva : il ne resta que quatre jours, trouvant le temps long, la ville triste et les habitants plus ennuyeux que par le passé; mais, ne sachant comment occuper ces longues journées de province, il mit en ordre quelques notes de souvenirs du petit chat.

« 15 *juin* 184.. — Moi qu'on dit rêveur, observateur et paresseux, jamais je n'atteindrai aux rêves, à l'observation et à la paresse du petit chat. Il s'intéresse extraordinairement aux suites de la fumée de tabac. « Où va-t-elle? » se dit-il en interrogeant le plafond qui la dévore. Et son nez rose et velouté se dresse, fouillant les tourbillons nuageux qui sortent en flocons de la pipe.

« Ses observations commencèrent à l'âge de cinq mois; il était trop jeune, quand Thomas l'enleva à l'épicier brutal, pour se mêler des choses de la vie pratique. Avait-il enfin découvert, à force de reflexions, où va la fumée de la pipe? Je ne sais. Les chats ne communiquent pas facilement leurs impressions. Quelle supériorité les sépare du chien, cet animal tapageur qui ne saura jamais garder le fruit de ses observations pour s'en récréer silencieusement!

« 2 *juillet* 184.. — Le chat me coûte cher, autant qu'une blanchisseuse de fin. Je ne parle pas de sa nourriture, car à tout être vivant il faut un *minimum*. Un sou de lait le matin, deux sous de mou pour la journée, ne sont pas la ruine d'une maison, et même je ne me plains pas de la cherté du foie qu'on lui sert aux jours de fêtes carillonnées; mais le petit chat jouit d'un organe exquis qui a ses désagréments : quand il entend des sonneries extraordinaires au vieux clocher de Saint-Germain des Prés, il croit que c'est jour de fête, et rien ne l'en ferait démordre.

« Pour un mariage ou un enterrement de première classe, les sonneurs mettent tout en branle. Le petit chat ne comprend pas ou fait semblant de ne pas comprendre que les joies et les douleurs particulières ne me regardent pas. On a carillonné, il faut du foie.

« 19 février 184.. — Nous avons passé une belle soirée avec un ami qui partage mes idées en peinture, en théâtre et en musique. Il est si rare de rencontrer un esprit d'un tempérament parallèle au sien, qu'il ne faut jamais s'en défaire. Mon ami a surtout étudié longuement les chats; il les arrête dans la rue, entre dans les boutiques où le chat médite accroupi sur le comptoir, les caresse et les magnétise de son regard.

« Il faisait froid ce soir; le petit chat sommeillait sur l'épaule de Mariette; de temps à autre, il clignait des yeux pour regarder le charbon de terre enflammé; depuis quelques minutes nous ne parlions pas. « Si le chat meurt un jour, » dit mon ami, « il ne faudra pas l'empailler. »

« Ce mot me fit frémir. Le chat lui-même, si calme, jeta un regard de travers sur le sinistre pronostiqueur, qui, ne s'inquiétant guère de la prédiction : « Voulez-vous, dit-il, écou-
« ter ce sonnet sur les chats :

« Les amoureux fervents et les savants austères
« Aiment également, dans leur mûre saison,
« Les chats puissants et doux, orgueil de la maison,
« Qui comme eux sont frileux et comme eux sédentaires.

« Amis de la science et de la volupté,
« Ils cherchent le silence et l'horreur des ténèbres;
« L'Érèbe les eût pris pour des coursiers funèbres,
« S'ils pouvaient au servage incliner leur fierté.

« Ils prennent en songeant les nobles attitudes
« Des grands sphinx allongés au fond des solitudes,
« Qui semblent s'endormir dans un rêve sans fin.

« Leurs reins féconds sont pleins d'étincelles magiques;
« Et des parcelles d'or, ainsi qu'un sable fin,
« Étoilent vaguement leurs prunelles mystiques.

« Le petit chat avait écouté le sonnet avec une attention soutenue; il quitta le dos de sa maîtresse et alla faire des compliments à l'auteur en daignant sauter sur ses genoux. Il se livra même à sa toilette du soir et nous prédit, par des signes certains, qu'il pleuvrait le lendemain.

« 10 *mars* 184.. — Je n'ai jamais eu de vives sympathies pour l'homme si bien vu des professeurs de littérature, M. de Buffon; sa phrase, calculée, harmonieuse, qui a du nombre, qui est pompeuse, ne me plaît pas. Je lisais ce qu'il avait écrit sur les chats. Le mien s'asseyait souvent, pendant que je feuilletais, sur le coin de mon bureau, en faisant une mine refrognée, ou encore faisant semblant de dormir; mais à travers ses longs cils brillait l'émeraude de ses yeux. Le sournois se doutait des accusations répandues à foison dans le livre contre sa race.

« Sous prétexte de grimper sur la fenêtre, il sauta dans l'encrier et éclaboussa de la façon la plus noire les œuvres de M. de Buffon; jamais le petit chat ne fut maladroit de sa vie, preuve de perfidie calculée. On frappe à la porte, je cours ouvrir; pendant ce temps le petit chat souillait le Buffon de telle sorte que la plume se révolte à rendre compte de cette polissonnerie. Cependant, le petit chat est bien élevé, de mœurs convenables, n'ayant jamais sali la chambre. Quelle intelligence et quel raffinement de vengeance!

« 20 *avril* 184..—Les Parisiens, qui ne reculent devant aucun crime pour satisfaire leurs jouissances, emploient à l'égard des chats le procédé suivi en Espagne pour les porcs, en Italie pour les chanteurs, au Mans pour les poulets; procédé barbare, qui conserve la voix aux hommes et donne la graisse aux animaux, mais qui tranche brutalement la racine des passions.

« Cette coutume atteint les chats quelques mois après leur naissance; elle n'est que faiblement expliquée par la petitesse des appartements, l'absence de greniers et de caves. On veut un chat pour soi, un chat domestique, gros, calme et sérieux. Mais, pour lui, plus de gouttières! »

« La portière, un jour, me dit:

« Prenez garde à l'âge de votre chat, monsieur, il n'est que « temps. »

« Ces quelques mots me reportèrent à bien loin de là, dans ma petite ville, un soir que je lisais dans ma chambre. Des cris perçants se firent entendre; la porte était ouverte: trois ombres, noires et longues, filent rapides comme l'éclair, grimpent après les rideaux du lit, retombent sur la cheminée, grimpent sur la pendule et disparaissent aussi vite qu'elles sont entrées! Ces trois longues ombres noires, passant comme le vent, étaient trois chats que le délire de l'amour emportait. Ils laissaient après eux une insupportable traînée d'odeurs malfaisantes. Combien sont sérieuses les amours de ces animaux! Souvent un couple entrelacé tombe d'une gouttière et roule de toits en toits jusqu'à ce que mort s'ensuive. Une belle mort! Mais cela se passe dans de raisonnables provinces qui ne condamnent pas les chattes au triste sort d'Héloïse.

« Les mots de la portière avaient porté fruit; en passant sur le Pont-Neuf, j'étudiai les boutiques de décrotteurs, et surtout la petite peinture qui orne leurs boîtes, où sont représentés, pleins de curiosité l'un pour l'autre, un caniche tondu et un chat d'une tonsure plus secrète. Et, à chaque traversée du Pont-Neuf, mon cœur disait : « Non. »

« Le chat avait atteint ses six mois, époque fatale; au milieu d'oscillations et de balancements sans nombre, la nature me criait : « Laisse croître en paix le chat; laisse le parler « d'amour à ses sœurs. Ne fais pas aux autres.... »

« La nature avait raison; je pensais que deux petites flûtes qui jouent l'ouverture de *Robert-le-Diable* contrarieraient Meyerbeer, et que rien ne m'était plus désagréable que les sapins du château de Versailles qu'on taille en pains de sucre. Mais je craignais les odeurs pestilentielles que le chat apporterait dans la chambre aussitôt qu'il se sentirait nubile.

« Mariette prétendait que les femmes du Pont-Neuf étaient très-adroites : en un clin d'œil tout était fait; le poëte des chats rêvait de le voir assis sur la cheminée avec la mine réservée d'un bailli qui complimente. Enfin, un mercredi, la femme du Pont-Neuf fut commandée; le petit chat était sur le lit; en attendant l'heure du déjeuner, il étudiait avec une inquiétude sanguinaire une hirondelle qui avait établi son nid dans un mur en face de la fenêtre.

« L'hirondelle est libre, elle a su inspirer du respect aux chasseurs. L'hirondelle échappe aux opérations du Pont-Neuf.

« La femme prit le chat dans ses bras; je l'embrassai, le cœur tiré à quatre chevaux. Les chats, qu'on accuse d'être rusés, sont pleins de naïveté; le mien, trop confiant dans mes bons procédés, marchait au supplice avec autant de joie que s'il eût vu une paire de souris. Je fermai toutes les portes, espérant échapper aux douleurs de l'opération. Je souffrais mille morts; j'étais comme ces gens nerveux à une clinique, qui ressentent toutes les douleurs de l'opéré. Je sentais le fer froid des ciseaux; je frissonnais.

« La femme entra.

« Et le chat ? m'écriai-je.

« — Il n'a pas soufflé mot. »

« En même temps le chat entrait en courant; il sauta d'un bond sur le lit; il n'avait pas conscience des trésors dont on l'avait dépouillé. On m'a expliqué depuis qu'on mettait l'animal la tête dans un sac, afin qu'il ne vît pas les apprêts du supplice. Cela, je le comprends. Mais, on ne m'a pas expliqué pourquoi mon chat, qui devait devenir sérieux, grave, et prendre les attitudes contemplatives, était devenu plus fou que jamais.

« 13 *septembre* 184.. — Depuis quinze jours le petit chat tournait en langueur. Il y a deux mots qui m'ont toujours ému : *Pauvre Yorick!* Chaque lettre est une larme douce. Ces deux mots sont forgés d'une douleur mystérieuse. Le petit chat est maintenant gravé dans mon cœur en caractères plus mélancoliques que *Pauvre Yorick!* Il a tant souffert! je l'avais connu si gai, si spirituel! Il était tout à la fois méchant et doux comme Henri Heine, et il devait être plus fort en philosophie.

« Quel martyre! il s'est allongé huit jours, sans bouger; le lit était trop doux. Le chat s'est traîné sur le carreau; son corps devait brûler au dedans, et pas une plainte! Quand je lui parlais, il essayait encore de me répondre avec son ronron éteint. Il traîna son ventre dans l'eau. Implacables douleurs! il y resta toute la nuit. Je l'ai caressé sur la tête, il aimait à être gratté près des oreilles, et il n'a pas répondu!

« Je rentre un soir dans la maison, qui fut si gaie avec le petit chat; il a tourné vers moi ses grands yeux verts affaiblis, qui me caressaient le cœur tout comme autrefois il me caressait les jambes à mon arrivée. Le lendemain matin, je suis réveillé par deux cris, deux notes telles que je n'en entendrai jamais de pareilles : c'est comme deux notes de flûte qui passeraient dans un crêpe noir. »

Gérard partit après avoir écrit à Mariette qu'il la priait de l'attendre chez lui à onze heures du soir, qu'il voulait la voir en arrivant; mais il fut très-surpris de ne pas trouver la clef de sa chambre chez le concierge : Mariette était venue la veille et l'avait emportée. Gérard se rendit à la rue des Marais, pensant que là Mariette lui donnerait à entendre qu'elle désirait le voir arriver chez elle.

Il sonna plusieurs fois sans réponse; cependant un pas lent lui annonça que quelqu'un avait entendu de l'intérieur. C'était la mère de Mariette, qui demanda : *Qui est là?* A quoi Gérard, étonné, répondit : *C'est moi!* ne comprenant pas pourquoi la mère infirme demeurait aujourd'hui avec sa fille. La porte ne s'ouvrit qu'après que Gérard eut crié son nom, et il se précipita dans la chambre en demandant où était Mariette.

« Je ne sais pas, dit la mère.

— Je voudrais voir clair, » dit Gérard, qui avait été reçu sans lumière par la mère aveugle.

Celle-ci grommela et indiqua des allumettes dans la cuisine. Gérard alluma une bougie, pendant que la mère de Mariette continuait à gronder sourdement.

« Pourquoi Mariette a-t-elle emporté ma clef? » dit Gérard à la mère, cherchant ainsi à lui expliquer sa présence.

Mais elle ne répondit pas.

Une demi-heure après, Mariette rentra, belle et parée, avec d'énormes bouquets de fleurs dans les bras.

« Tiens! te voilà? dit-elle froidement.

— C'est ainsi que tu me reçois? dit Gérard.

— Je ne t'attendais pas sitôt.

— Je te l'ai écrit.

— Ah! je l'ai oublié, ainsi que ta clef.

— Quels beaux bouquets tu as là!

— N'est-ce pas? Oh! j'ai eu un succès fou à Mabille; j'aurais pu rapporter une voiture de bouquets.... On voulait me porter en triomphe.... Tiens, regarde mes jolis souliers!

— Est ce la mode de mettre des talons rouges?

— Il n'y a que moi, dit Mariette; tout le monde me regardait : j'ai presque failli être enlevée, sans Ernest.

— Ernest! s'écria Gérard.

— Je l'ai rencontré au bal, et il m'a servi de cavalier.

— Ah!... vraiment?...

— Qu'est-ce qui te prend? dit Mariette.

— Rien, dit Gérard.

— Je m'en vais mettre mes fleurs dans l'eau, » dit Mariette en passant dans sa chambre à coucher.

Gérard la suivit.

« Et tu ne m'embrasses pas? dit-il.

— Tu vois bien que j'ai les mains embarrassées.

— Tu aurais pu poser tes fleurs, depuis que tu es entrée.

— D'ailleurs, dit-elle, c'est à toi à m'embrasser. Quand on arrive de voyage....

— Tu me reçois si froidement, que je suis tout interdit et que je ne sais pas si mon arrivée te fait plaisir.

— Voilà encore tes lubies qui te reprennent! Est-ce que tous les gens de ton pays sont comme toi? »

Gérard était assis sur une chaise, triste et pensif.

« Il est fort tard, dit Mariette, je vais me déshabiller. »

D'habitude Mariette faisait sa toilette de nuit sans l'annoncer; Gérard soupçonna donc un avertissement dans cette phrase.

« Voilà ta clef, dit-elle; si j'avais prévu que tu arrivais aujourd'hui, je l'aurais laissée.

— Et je ne t'aurais pas vue, alors, dit Gérard; est-ce ainsi que tu fais attention à ce que je t'écris?

— Puisque j'avais ta clef, je savais bien que je te verrais, dit Mariette. Ah! que j'ai envie de dormir!

— Tu me renvoies donc? dit Gérard.

— Comment! dit-elle, tu penses à rester ici?

— Il est minuit et demi, dit Gérard.

— Oh! ton portier t'ouvrira!

— Je suis fatigué, dit Gérard.

— Tu n'as qu'une rue à traverser.

— Je ne m'attendais guère à une pareille réception! Moi qui me dépêche de revenir!

— Tu dois comprendre, Gérard, que ma mère loge avec moi, et que cela n'est pas convenable.

— Il y a deux chambres qui nous séparent.

— C'est égal, ma mère ne sait rien... Tiens, je l'entends grommeler d'ici; je vais voir ce qu'elle veut. »

Mariette revint.

« Je m'en vais, dit-elle, enlever un matelas de mon lit; j'ai des draps blancs : tu coucheras dans la salle à manger.

— Je veux bien, dit Gérard.

— Allons, aide-moi! »

L'action de faire le lit avait un peu réveillé Mariette, qui oublia que son lit dressé dans sa chambre était meilleur que le lit improvisé. Au petit jour seulement elle s'éveilla, et fit lever Gérard, qui croyait avoir assisté à un rêve, en se retrouvant dans une chambre où il n'avait pas eu souvent l'occasion de venir. Mariette prépara le déjeuner en toute hâte, et demanda à Gérard de la conduire respirer l'air du matin. En passant sur le quai, Gérard sentit Mariette tressaillir. Il se retourna pour voir ce qui avait pu causer sa frayeur : un jeune homme s'éloignait rapidement en sens contraire.

« Mais c'est Ernest, dit Gérard... Par quel hasard se trouve-t-il aussi matin sur le quai?

— Je n'en sais rien, dit Mariette; mais j'ai eu peur. Je crois qu'il me suit...

— Il s'en va d'un autre côté cependant.

— Oui, parce que tu es avec moi; mais il me guette, car je le rencontre partout sur mon passage.

— Je n'ai pas vu ta sœur? dit Gérard.

— Elle est repartie pour Lyon.

— Ah! s'écria d'un ton joyeux Gérard.

— C'est à cause de son départ que j'ai pris ma mère avec moi.

— Je m'en vais te quitter, dit Gérard, je ne peux pas traverser les ponts; il faut que j'aille mettre un peu d'ordre dans ma malle; maintenant, quand te reverrai-je?

— Demain, à deux heures, dit Mariette, chez moi. »

Gérard revint à son petit logement le cœur gai; chaque rencontre avec Mariette lui rendait l'esprit pour une journée; d'ailleurs l'annonce du départ d'Antoinette eût suffi à le mettre en fête; en amour, Gérard était jaloux même de l'amitié d'une femme; il ne comprenait pas que les mille petits secrets de sa maîtresse pussent être confiés à un autre qu'à lui. Indépendamment des rapports intimes qui existent naturellement entre sœurs, Gérard avait toujours regardé Antoinette comme une ennemie, comme celle qui avait porté le premier coup de pioche dans les fondements de son bonheur, et jamais il ne put revenir de cette prévention défavorable.

Antoinette était fainéante, coquette, quoique laide; elle jalousait les toilettes de sa sœur et la poussait en même temps vers un luxe sur lequel elle savait prélever sa part. Ce n'était pas la mère de Mariette qui pouvait accroître singulièrement les dépenses; ses habits étaient toujours les mêmes, elle ne bougeait pas de sa chaise; avec un peu de tabac à priser on satisfaisait ses désirs.

Débarrassée de sa sœur et de ses mauvais conseils, Mariette reviendrait à la vie simple et douce qui rendait si heureux Gérard dans la rue Saint-Benoît. Les beaux meubles de la rue des Marais auraient bien vite fatigué Mariette; le goût des toilettes splendides ne durerait pas plus longtemps que l'été.

Une fois que Mabille aurait eu connaissance des cinq ou six robes neuves, des châles de Mariette, Mabille perdrait son charme à ses yeux. Mariette ne voudrait plus de ses nouveaux appartements, trop grands pour elle; la vie séparée lui coûterait. A quoi bon aller faire son lit tantôt d'un côté, tantôt d'un autre? Mariette reviendrait elle-même rue Saint-Benoît; le logement est bien petit : mais il est si facile de trouver une habitation un peu plus grande, dans laquelle la mère de Mariette aurait une chambre écartée! Alors reviendraient les longues soirées d'hiver, les conversations avec Thomas. On élèvera cette fois avec plus de prudence un petit chat à qui on donnera moins de viande à manger, car c'est peut-être la viande qui l'a tué.

Gérard ne vécut que de plans et de pensées jusqu'au lendemain, jour de son rendez-vous avec Mariette; il fut exact à deux heures de l'après-midi. Il allait sonner, ne trouvant pas de clef à la porte, lorsque la mère de Mariette l'ouvrit, ayant un tapis à secouer.

Gérard entra sans lui parler et frappa à la porte de la chambre à coucher de Mariette, fort étonné de ne trouver de clef à aucune serrure. Gérard faillit tomber à la renverse en se voyant ouvrir par Ernest. L'avocat était seul, couché sur le lit et crotté comme quelqu'un qui revient de la chasse. Son carnier était sur une chaise.

« Est-ce que Mariette n'est pas ici? demanda Gérard après quelques minutes d'hésitation; car un moment il crut que sa langue était paralysée.

— Pardonnez, monsieur, elle va venir. »

Gérard restait debout, pétrifié, n'ayant pas eu le temps de réfléchir, tant il avait été bouleversé en entrant. Il ne voyait pas, n'entendait pas, ne raisonnait pas, et Mariette entra et ne parut pas déconcertée.

« Tiens, voilà Gérard, dit-elle. Tu ne t'assieds pas? »

Gérard tomba plutôt qu'il ne s'assit sur une chaise. Il y a des moments où l'émotion est si grande, qu'on est incapable de sentir le malheur qui vous arrive, de l'analyser et même de s'en souvenir. On sait qu'un grand malheur est arrivé, et on ne se rappelle pas les impressions du moment. Gérard était dans cet état qui touche à l'abrutissement et à l'idiotisme. Sa figure pouvait exprimer la colère, le désespoir, la haine, la vengeance; il ne le savait pas, et ne pouvait pas chercher à se rendre maître de ses traits. Il entendait qu'on lui parlait, et n'avait pas la force de répondre : il distinguait encore une voix d'homme et de femme, mais il était incapable d'y prêter attention. Dans cet état, Gérard aurait pu entendre la nouvelle de la mort de sa mère, qu'il serait resté indifférent.

Il était pris d'un abattement sourd, quelque chose d'analogue à ce qui se passe à l'abattoir dans le crâne d'un bœuf quand il a reçu les premiers coups de massue. Cependant l'état de Gérard n'était pas pénible, il ne souffrait pas; seulement l'intelligence avait disparu et laissait les sens inertes et sans action.

Quand il revint à lui, Gérard, honteux de son absence, releva la tête et aperçut Mariette, qui était assise dans son fauteuil, un bras sur l'oreiller autour de la tête d'Ernest.

« Est-ce que tu es souffrant? demanda Mariette.... As-tu besoin de quelque chose?

— Non, dit Gérard, je rêvais.... »

Et, sans réfléchir à ses paroles, parlant comme pour s'assurer qu'il le pouvait encore, il dit mille choses d'une extravagance froide : entre autres, qu'il se disposait à entrer dans un séminaire de province, qu'il avait assez des arts, et qu'il allait se mortifier par une retraite et une vie religieuse. Après quoi il salua et sortit, laissant Mariette et Ernest se demander s'il n'avait pas perdu la raison.

Ce n'étaient pas des larmes qu'il répandit en revenant chez lui; la raison froide et cruelle s'empara de son esprit. Pendant deux jours il se répéta : *Tout est fini*, d'une parole brève; il ne mangea ni ne sortit pendant deux jours, ayant encore un reste d'espérance, désirant atténuer la perfidie de Mariette.

Il ne pouvait se rendre compte que Mariette lui eût donné

rendez-vous à deux heures de l'après-midi, et qu'il eût trouvé l'avocat. Cette heure était contre les habitudes de Mariette : avait-elle voulu se donner le cruel plaisir de l'humilier en le faisant se trouver face à face avec un rival préféré, avec celui qui l'avait insulté grièvement à Asnières en prenant la défense des deux sœurs?

Par cette rencontre, Mariette avait-elle voulu rompre brutalement avec Gérard?

Tels étaient les motifs qui plaidaient contre Mariette; à sa décharge venaient les raisonnements suivants : Mariette me trompait et revoyait Ernest. Elle n'avait pas échappé à ses poursuites actives, elle avait cédé. L'avocat était revenu comme à l'improviste de la chasse et avait forcé Mariette à rester chez elle, se doutant qu'on le trompait. L'absence des clefs sur les portes prouvait d'un autre côté que Gérard ne devait pas être reçu, et qu'une maladresse de la mère lui avait seul permis d'arriver jusqu'à la chambre de Mariette.

Mais ces plaidoyers pour et contre n'amenaient pas la lumière dans l'esprit de Gérard, qui ne pouvait se séparer de l'idée de Mariette sans avoir avec elle une rupture décidée; ne la voyant pas revenir, au bout de deux jours, lui apporter quelques explications qu'il ne demandait pas mieux que d'admettre, Gérard réfléchit s'il retournerait à la rue des Marais, s'il guetterait Mariette à la sortie, ou s'il lui écrirait.

Retourner chez Mariette, c'était s'exposer à rencontrer de nouveau Ernest ou M. de Labouglise. Gérard ne craignait pas le danger; il ne craignait que ses violences, dont il n'était plus maître dans sa colère. Attendre Mariette au coin de sa porte était un sot métier, surtout ridicule.

C'est dans ces heures d'attente, au froid, au soleil, à la pluie, au vent, que l'esprit devient méchant et irritable, et qu'il est impossible de raisonner avec une femme. Gérard prit le parti d'écrire une petite lettre, dans laquelle il priait Mariette de venir le voir une fois encore, étant fort malade.

Mariette vint le lendemain et trouva Gérard extrêmement

pâli par les mauvaises nuits qu'il passait depuis cette dernière aventure. En voyant la femme qu'il avait tant aimée, Gérard sentit froid dans son cœur, car la figure de Mariette était glaciale et ses yeux muets. Cependant, il tenta de souffler sur le dernier tison de son amour.

« Mon cher, dit Mariette, c'est bien fini.

— Ah! dit Gérard. Et tu crois qu'il me suffit, à moi, de t'entendre parler avec une voix froide; tu crois que je vis avec toi depuis deux ans pour être brisé tout d'un coup sans pitié, et tu oses venir me le dire en face...! Moi, je t'aime encore, je te veux sans partage; tu me diras aujourd'hui, comme tu me l'as dit : « J'aime Ernest et je t'aime aussi, » cela ne me conviendrait plus. Ceux qui habituent leur conscience à ne pas être épouvantée d'aimer une femme entretenue, ceux-là se voient tous les jours; ils ont rencontré la femme ainsi protégée par un être dégoûtant, un vieillard, et ils s'arrangent à donner leur cœur tandis que l'autre donne son argent. Toi, Mariette, tu es venue à moi, seule; je ne t'ai pas demandé compte de ton passé, pourvu que l'avenir fût bon, et, depuis trois mois, tu me permets encore de grappiller, comme les pauvres qu'on laisse aller à la vigne après que les vignerons ont fait la vendange. Je t'aime encore, mais c'est infâme de ma part. Tu es perdue, corrompue, et je t'aime. Tu m'as trompé, et je t'aime, je t'aimerai toujours. Eh bien! je ne veux plus que tu sois à un autre qu'à moi.... »

En parlant ainsi, en criant des mots sans suite, Gérard courut après Mariette, qui venait de se sauver dans la chambre du fond, prévoyant le danger qui la menaçait.

« Grâce! dit-elle en s'agenouillant près du lit; grâce! Gérard, mon ami! »

Mais Gérard n'écoutait plus les supplications.

« Je m'en vais te tuer! » s'écria-t-il.

Il ne se connaissait plus.

Heureusement, Mariette, dans un suprême effort, se releva, traversa la chambre à coucher, renversa une chaise qui embarrassa Gérard et parvint à gagner l'escalier en poussant de tels cris, que Gérard n'osa la poursuivre plus loin. Quelques minutes après, Gérard, épouvanté de ce qui venait de se passer, descendit aussi pour rafraîchir sa tête brûlante à l'air, et il aperçut Mariette, étendue sur le lit de la portière. Il entra et lui prit les mains.

« Mon amie, dit-il, je t'aime, pardonne-moi.

— Laissez-la, monsieur, dit la portière, elle est très-malade.

— Vous me faites horreur, dit Mariette, je ne puis plus vous voir. »

Gérard se sauva en maudissant l'heure où il avait rencontré Mariette pour la première fois. Tout en marchant à grands pas, il cherchait à se justifier en reconnaissant sa faute. « Lâcheté pour lâcheté, pensait-il, il vaut mieux avoir fini ainsi que d'avoir continué ces relations déshonorantes que je ne pouvais briser. Au moins, maintenant, le charme est rompu; elle ne reviendra plus et je n'aurai plus la faiblesse de chercher à la revoir. »

XX.

Pauline reparaît.

Pendant huit jours, Gérard resta plein de remords, cherchant à chasser le souvenir de Mariette et n'y pouvant réussir; il avait rencontré Thomas et l'avait fui, craignant que le peintre n'eût appris ce qui s'était passé. Il avait peur de se trouver avec un de ses anciens amis et de s'entendre demander des nouvelles de Mariette; il marchait plié en deux, et semblait avoir vieilli de dix ans en un jour; il mettait ses habits sans les brosser, n'ayant plus de courage à rien.

Le temps, qui était beau à cette époque, lui paraissait plus sombre qu'en hiver par un ciel neigeux; il ne rentrait dans sa chambre qu'avec rage, et se levait le plus matin possible, afin d'échapper aux souvenirs qui l'emplissaient. La scène avait eu lieu dans la chambre à coucher, près du lit; il n'entra plus dans sa chambre à coucher et transporta sa couchette dans la pièce précédente.

Une après-midi, il revenait chez lui par les quais : l'image de Mariette se présenta à Gérard plus saisissante et plus douce que jamais. « Si elle avait oublié ma brutalité, pensait-il, si elle se disait que mon amour seul m'a conduit à un pareil acte de violence ! Elle est bien revenue après la scène d'Asnières; pourquoi ne reviendrait-elle pas aujourd'hui, qu'elle a pu oublier ce qui s'est passé il y a huit jours? »

De là, Gérard conclut que Mariette était peut-être rentrée pendant ses absences, et qu'elle avait défendu à la portière de le lui dire. D'ailleurs, après qu'il eut vu Mariette étendue sur le lit de la portière, il passa rapidement dès lors devant la loge, sans parler à la portière, craignant qu'un mot ne vînt faire allusion à l'aventure. Plein de l'idée que Mariette pouvait être revenue, Gérard se sentit revenir à la vie : il marcha rapidement et arriva à la porte de la rue.

Mariette était dans le corridor; Gérard tressaillit et n'osa pas parler le premier à la femme qu'il avait tant aimée. Il était tout ému de ce magnétisme qui l'avait fait rentrer pour rencontrer Mariette; il monta rapidement l'escalier et laissa sa porte ouverte, persuadé que Mariette, n'ayant osé s'expliquer sur le pas de la porte, allait monter; cinq minutes s'écoulèrent, longues et sans fin, pendant lesquelles Gérard passa par tous les degrés d'une émotion inquiète : Mariette n'entrait pas.

Gérard ouvrit la porte doucement et regarda avec précaution par la cage de l'escalier en spirale, qui permettait de suivre, malgré un jour douteux, les démarches d'une personne qui monterait au premier étage; mais il ne vit rien. Il descendit lentement un étage, avec la précaution d'un voleur; car il craignait, au cas où Mariette monterait, qu'elle ne s'aperçût combien il la cherchait; et il fit encore quelques pas en se tenant dans l'obscurité.

Gérard avait un suprême orgueil mélangé de timidité, qui l'empêchait dans n'importe quelle occasion de faire les premières avances; jamais il n'avait dit à une femme : « Je vous aime, » avant d'avoir la certitude de n'être pas repoussé. Dans les mille petites brouilles d'intérieur, il restait muet jusqu'à ce que Mariette vînt se jeter à son cou en signe de réconciliation. Aussi, quoiqu'il eût ressenti une vive émotion en rencontrant Mariette sur le pas de la porte, n'avait-il pas osé lui parler le premier, dans la crainte de s'entendre dire avec le souverain mépris des femmes outragées : *Que me voulez-vous, monsieur?*

D'autres sont trop heureux d'entendre une telle phrase, même plus méprisante, dans la persuasion qu'une femme qui répond amène une conversation, et qu'il est permis de se justifier dans une conversation; mais Gérard, quoiqu'il comprît les fausses colères des femmes, leurs finesses, l'avantage qu'il y a de leur parler longuement, était atterré par un début de conversation hostile : sa langue semblait paralysée, et il ne trouvait pas de réponse.

Il lui arrivait ordinairement dans ces affaires d'à-propos de ne rien dire et de s'en aller la figure triste et l'esprit irrité : car à peine avait-il passé le seuil de la porte qu'il songeait à ce qu'il aurait dû dire. Les idées abondaient dans sa solitude; il avait réponse à tout et raison sur tout, ce qui se traduisait par de longs monologues sur les trottoirs.

Au bout de quelques minutes d'attente dans l'escalier, Gérard remonta : « Elle ne viendra pas ! » dit-il en crispant les poings. Il regarda l'heure de l'horloge et résolut d'attendre Mariette pendant un quart d'heure. Quel quart d'heure mortel ce fut !

Gérard ne tenait pas en place; il arpentait en quatre enjambées ses deux chambres et revenait sur ses pas; il écoutait, il ouvrait la porte, la refermait; il regardait l'aiguille qui ne marchait pas. A la fin il prit son chapeau et descendit l'escalier, non sans jeter un grand coup d'œil dans la loge du portier : Mariette n'y était pas.

Dans la rue, il s'insulta violemment en faisant des gestes désespérés, qui faisaient retourner les passants. « Pourquoi, disait-il assez haut, n'ai-je pas pris la main de Mariette au lieu de passer froidement devant elle? Elle revenait pour moi, ma pauvre Mariette, et voilà comme je la traite! elle daignait oublier ma méchanceté; elle n'aura osé monter en me voyant une telle figure. »

Et Gérard se regarda sur la surface polie d'un daguerréotype pour se rendre compte de l'effet de sa physionomie quand il avait rencontré Mariette. Ses lèvres étaient plus serrées que d'habitude, ses sourcils froncés et son visage plissé. Le chagrin, les insomnies, ne contribuaient pas peu à lui rendre la figure amère, et il eut honte de sa figure devant ce miroir improvisé. La timidité, la gêne de se trouver pour la première fois devant des personnes qu'il ne connaissait pas, donnaient à Gérard une physionomie sérieuse, qui ne prévenait pas en sa faveur. Il fallait un extrême embarras pour amener une telle complication de grimaces qu'elles jetaient la curiosité sur sa personne. On ne le voyait rire en toute franchise qu'avec les personnes de son intimité. Gérard se rendait compte de ses défauts, mais il n'avait pas la force de se faire comédien pendant cinq minutes, et il laissait aller ses traits suivant les émotions intérieures qui l'agitaient.

A la suite de cette rencontre avec Mariette, Gérard devint plus triste que jamais, car il s'accusait de n'avoir pas profité d'une occasion qui ne se représenterait peut-être plus. Il vivait seul en ruminant ses souvenirs. S'il avait osé confier ses chagrins à quelqu'un, il eût été soulagé; mais la rigueur avec laquelle Thomas parlait de Mariette n'était pas propre à déterminer Gérard à s'en faire un confident.

Giraud ne vivait plus avec ses anciens amis; il avait compris que la société où il avait été mêlé à ses débuts n'était pas propre à lui ouvrir de nouveaux horizons : cherchant le sentiment populaire, amoureux fou de la nature, enthousiaste de liberté, il ne pouvait que perdre au contact des poëtes blasés, sans cœur, ne parlant que de théâtre et de peinture, comme de Villers et sa bande.

Giraud s'aperçut à temps, par l'exemple de ses confrères, que l'éducation par les arts est la pire des éducations : il alla se jeter au milieu des hommes sans instruction, pour se frotter de cette précieuse naïveté que la vie parisienne enlève si vite. Streich et le petit cénacle de la rue des Canettes ne s'occupaient pas autant d'art ; ils s'occupaient de leurs femmes et y trouvaient la corruption sans naïveté.

Ces fréquentations ne pouvaient plus convenir à Gérard : il rêvait une femme à qui confier tout ce qu'il souffrait, tout son ancien bonheur et tout son avenir. Comme Gérard avait vécu avec Mariette dans le plus grand isolement, il manquait de relations ; ses seules connaissances étaient l'avocat et le fils du marchand de couleurs, qu'il aurait évités aujourd'hui d'une lieue.

Feugères seul n'avait eu aucun rapport désagréable avec lui ; mais le peintre, dont les œuvres archaïques étaient en contradiction avec l'amour que portait Gérard à la vie moderne, ne pouvait lui offrir une intimité agréable.

La rue Saint-Benoît lui était insupportable : elle n'est pas une des rues les plus vivantes de Paris ; mais, depuis le départ de Mariette, elle semblait plus abandonnée qu'un cul-de-sac de province. L'appartement était encore plus chagrinant que la rue ; Gérard, pour échapper à ces funestes impressions, allait au café jusqu'à minuit, attendait ses amis, les reconduisait, et couchait chez eux sur un divan.

Il passa ainsi près de trois mois, traînant son corps sans âme dans les rues et tout prêt à se trouver mal lorsqu'il apercevait un châle jaune, car Mariette avait porté longtemps un châle de cette couleur. Cependant il fit connaissance de gens nouveaux qui n'avaient jamais entendu le nom de Mariette, et il quitta la rue Saint-Benoît pour une maison du quai Malaquais.

Dans les étages supérieurs sont de grands corridors, assez semblables à ceux des couvents, habités par des peintres, des architectes, des étudiants. Les chambres donnent les unes sur le quai, les autres sur de grands jardins. Gérard se sentit soulagé d'un grand poids en abandonnant la rue Saint-Benoît pour venir habiter cette maison.

Il prit une grande pièce qui donne sur la Seine, et il avait la jouissance des chambres de ses nouveaux amis, où le soleil entre dès le matin, où l'on voit les grands arbres verts et où l'on est réveillé par les chansons des oiseaux. Il pensait quelquefois combien il avait été heureux avec Mariette dans le trou de la rue Saint-Benoît, et quelle joie s'il pouvait la revoir dans son nouveau logement. Mais la chaîne était brisée à jamais : Gérard n'avait point laissé son adresse en quittant son dernier domicile, et il ne savait pas si Mariette demeurait encore dans la rue des Marais, car il évitait de passer par là.

Déjà six mois s'étaient écoulés depuis la séparation : le souvenir de Mariette ne s'envolait pas; le chagrin était moins vif, mais il se faisait toujours sentir sourdement, et Gérard l'entendait travailler en dedans. C'était surtout au matin en s'éveillant qu'il se trouvait isolé, et, à défaut de confident, il repassait seul, dans son lit, tout son passé heureux.

Il pensa un jour qu'il avait eu tort de ne pas aller dire ses peines à Pauline; elle avait aimé, elle avait souffert, elle devait comprendre. Amie intime de Mariette, elle avait dû la revoir, entendre parler de la séparation; l'idée de Pauline entra comme un clou dans l'esprit de Gérard. Mais il n'osait lui rendre visite, craignant de rencontrer de Villers.

Un soir, en allant dîner à sa table d'hôte, Gérard rencontra Pauline au moment où il y pensait : elle parut heureuse de le revoir.

« Voulez-vous venir dîner chez moi? lui dit-elle.

— Je le veux bien, à la condition que vous me permettrez de vous offrir à dîner. »

Ils s'en allèrent ainsi jusqu'à la rue Monsieur-le-Prince, où demeurait Pauline.

« Je ne vous amuserai pas beaucoup, dit-elle : j'ai une migraine violente; mais je suis si contente de vous voir, que j'essayerai d'oublier mon mal de tête. »

Elle alla commander le dîner dans un petit restaurant d'étudiants du rez-de-chaussée, fit un grand feu, dressa la table, alluma les bougies et tira les rideaux.

En ce moment on frappa à la porte. Pauline ouvrit à de Villers et lui fit un accueil froid. Il entra, parut surpris de voir Gérard au coin du feu et s'assit à l'autre coin. Il se passa un assez grand silence; tous les trois paraissaient embarrassés. Pauline échappa à cet ennui en rangeant, dérangeant et arrangeant la table; quand elle s'interrompait dans sa fausse besogne pour parler à de Villers, c'étaient quelques phrases sans intérêt auxquelles il répondait sur le même ton. A la fin, il se leva avec l'air d'un homme comprenant qu'il gêne.

« Il n'est pas content, dit Pauline.

— Peut-être voulait-il dîner avec nous?

— Oh! sans doute il sera formalisé que je ne l'aie pas invité, mais je ne l'aime plus.

— Vraiment! s'écria Gérard; ah! que vous faites bien, Pauline!

— N'est-ce pas? tout le monde le dit; mais parlons de vous. Comme il y a longtemps que nous ne nous sommes vus! dit-elle en prenant les mains de Gérard.

— C'est vrai, dit-il; est-ce que vous vous en êtes aperçue?

— Sans doute; j'ai demandé de vos nouvelles à tout le monde : on ne vous voyait plus.

— Je ne me croyais pas tant votre ami.

— Savez-vous que Mariette était jalouse de moi? »

Gérard était auprès de Pauline, il l'embrassa.

« Mais la soupe va refroidir, dit-elle.

— Tant pis pour la soupe, » dit Gérard.

En se mettant à table :

« Je ne m'attendais guère à ce qui arriverait aujourd'hui, dit Pauline; cependant je pensais à toi.

— Et moi, s'écria Gérard, tous les matins.

— Est-ce bizarre! dit-elle. Voilà que j'ai rompu avec la poésie.

— Est-ce que je suis le premier en prose?

— Oui, parce que, à part les poëtes, les autres ne pensaient pas plus en prose qu'en vers. Cela devait arriver tôt ou tard; mais que dira Mariette?

— Je ne vois plus Mariette, tu dois bien le savoir.

— On me l'a dit : c'est comme moi; nous voilà donc veufs tous les deux.

— Mais nous avons marié notre veuvage ensemble. »

Le lendemain, Gérard alla chercher à son logement quelque linge, des livres, du papier, et revint chez Pauline avec l'honnête intention de travailler; il ne sentait plus ses douleurs passées, oubliait tout et se bâtissait un avenir plein de tranquillité.

Pauline sortait le matin et préparait à son ami tout ce qu'il lui fallait jusqu'au soir; Gérard mangeait de la vie domestique comme un affamé de quatre jours qui tombe sur un morceau de pain. Il ne sortait pas, ne mettait pas le nez à la fenêtre et passait son temps à lire et à écrire. Au bout de huit jours, il commença à parler de Mariette, non pas d'une façon chagrine, mais en manière de souvenir. Pauline lui parla de de Villers; c'étaient des conversations sans fin, où les vices plutôt que les vertus des absents étaient en jeu.

« Comme elle te trompait! disait Pauline. Jamais je n'ai vu de femme si aimable avec autant d'amants à la fois. Quand vous étiez rue des Canettes et qu'elle m'emmenait chez Feugères, elle était charmante avec lui; elle rentrait, elle était aussi charmante avec toi. »

Cette révélation fit une blessure énorme à Gérard.

« Comment, dit-il, rue des Canettes? au commencement....

— Oui, peu après votre fuite de la rue du Regard.

— Est-ce possible?

— Puisque je te le dis.

— Mais Feugères ne venait pas.

— Qu'importe? tu ne le connaissais pas, mais Mariette le connaissait. »

Gérard se tut, car il avait toujours des illusions. L'aventure d'Asnières pouvait lui donner la clef de la conduite de Mariette; mais son amour-propre se refusait à accepter les perfidies de Mariette avant le moment où elle avait pris les habitudes du luxe. Il avait arrangé les événements de façon que l'arrivée de la mère et de la sœur de Mariette coïncidât avec sa mauvaise conduite; mais il ne pouvait supporter l'idée d'avoir vécu près d'un an dans l'aveuglement.

Jamais il ne s'était douté de la liaison de Mariette et de Feugères. Il se coucha, ce soir-là, de mauvaise humeur, se demandant s'il n'avait pas une ennemie à côté de lui; car il traitait de mensonges tous les propos de Pauline. Les preuves manquaient; il connaissait les méchancetés des femmes les unes contre les autres.

Mariette avait tant médit de Pauline! pourquoi, à son tour, Pauline ne se vengerait-elle pas de Mariette, de peur que Gérard ne se réveillât un matin avec sa passion mal éteinte et rallumée? En accusant Mariette, en donnant de tels détails sur sa vie passée, elle pouvait faire naître le mépris dans le cœur de Gérard.

Quelles que fussent les idées de Pauline, elle se trompait en accusant Mariette, car Gérard se sentait alors tout prêt à prendre sa défense : il comprenait que Mariette avait pu le tromper beaucoup, et il ne le croyait pas. Il aimait mieux croire à la malignité de Pauline. Voulant s'assurer de ce qui poussait Pauline à rappeler à tout instant le passé de Mariette, Gérard, étant sorti dans la journée, rentra en disant :

« J'ai rencontré Mariette. »

Ce qui n'était pas; mais il voulait se rendre compte si la jalousie n'entrait pas pour un grain dans les propos de Pauline.

« Lui as-tu parlé ? dit-elle assez indifféremment.

— Non, dit Gérard; elle a beaucoup rougi et a pressé le pas.

— Tu l'aimes encore, » dit Pauline.

Gérard secoua la tête.

« Je t'assure que tu l'aimes; tu ne fais qu'en parler.

— N'est-ce pas toi qui as toujours son nom à la bouche?

— Je ne t'en voudrais pas de l'aimer; c'est une fille amusante, spirituelle.

— Voilà que tu fais son éloge.

— Je dis ce qui est; seulement elle est froide comme un marbre, elle n'aime personne.

— C'est trop fort! dit Gérard; elle m'a aimé, j'en suis sûr.

— Elle t'a aimé comme les autres qu'elle avait en même temps que toi; elle était aussi bonne pour eux que pour toi.

— Cela n'est pas, dit Gérard.

— Vois-tu bien, que tu l'aimes encore! dit Pauline.

— Et toi, qui me parles perpétuellement de de Villers! alors je peux en conclure que tu l'adores.

— Je n'en dis que du mal.

— Tu en dis du mal, parce qu'il t'a abandonnée pour faire la cour à une autre; mais, s'il revenait un jour, tu en serais plus folle que jamais.

— Moi? dit Pauline, je ne me suis jamais laissé prendre à de fausses attaques de nerfs.

— Allons, assez! » dit Gérard, d'un ton qui prouvait que cette conversation lui déplaisait.

Pauline avait contracté, dans ses liaisons avec les poëtes, des manières de vers qui se traduisaient en un gros album, rempli de toutes sortes de sonnets et de pièces d'un goût douteux. Les poëtes les plus inconnus étaient les plus abondants. Gérard avait remplacé dans les bonnes grâces de Pauline un petit poëte qui ne se tenait pas pour battu; tous les matins il envoyait chez la portière son bulletin de cœur, rimé.

« Je serais capable de devenir jaloux, dit Gérard, si ces belles phrases étaient en prose. »

Et il continua à vivre tranquille, décidé à se réjouir du beau temps et à ne pas trop se fâcher contre les brouillards de l'amour.

Quelques jours après, Gérard, ne voyant pas rentrer Pauline à l'heure du dîner, eut une sorte de révélation. Il fit un paquet de ses livres et de ses habits, et s'en alla en laissant à Pauline un mot dans lequel il disait qu'il ne reviendrait pas.

Il comprit qu'il avait toujours aimé Mariette. Il y pensait plus que jamais et n'osait se confier à personne; il s'était senti heureux en prononçant seulement son nom auprès de Pauline: mais cet instant de bonheur fut payé bien cher par les révélations sur sa conduite. Gérard ne pouvait s'imaginer que les caresses de Mariette fussent fausses, et il les jugeait fausses si elle les avait prodiguées, les mêmes, une heure auparavant. Ou Mariette préférait Feugères à Gérard, ou Gérard à Feugères; l'un des deux devait être sacrifié : mais garder les deux semblait à Gérard le renversement le plus complet de toute espèce d'amour. Car tous deux étaient jeunes, tous deux artistes, tous deux dans une position de fortune médiocre qui ne pouvait attacher Mariette.

Gérard ne pouvait plus nier M. de Labouglise, vieillard riche, pouvant satisfaire les goûts luxueux de Mariette; il se rendait compte avec dépit des assiduités de M. Charles. Mais Feugères! mais Ernest! mais Gérard!

Comment trouver dans la nature de tels amours à trois, sinon dans ces ménages où un mari complaisant, pour avoir la paix, consent à vivre en bonne intelligence avec l'ami? Gérard avait donc joué le rôle de mari complaisant sans le savoir. Plus il pensait à cette idée, et plus elle le dévorait.

Par moments, une goutte d'eau fraîche lui tombait sur la tête : l'idée que Pauline s'était plu à le faire souffrir, en inventant la liaison de Mariette et de Feugères. Mais Gérard réfléchissait qu'il avait été sacrifié à Ernest, et que, de ce précédent, on pouvait conclure à la vérité des paroles de Pauline.

Seulement, en ce qui concernait sa liaison avec l'avocat, Gérard trouvait une excuse à la conduite de Mariette. C'était l'aventure d'Asnières qui légitimait sa fuite, les besoins qu'avait fait naître l'arrivée de sa mère et de sa sœur.

Un matin, Gérard fut tout étonné d'entendre dans le corridor une voix qui l'appelait et qu'il lui semblait reconnaître pour celle de Mme Pierre.

« Ah ! monsieur, je vous retrouve enfin ! dit-elle ; il y a assez longtemps que Mlle Mariette vous fait chercher !

— Mariette ! » s'écria Gérard d'un ton joyeux.

Puis il reprit avec plus de froideur :

« Que me veut-elle ?

— Monsieur, elle m'a commandé de faire votre chambre, parce qu'elle a su que vous étiez sans femme de ménage, et que ce n'est pas convenable. »

Mme Pierre parlait, et Gérard l'écoutait comme il eût écouté une symphonie de Beethoven. Elle parlait de Mariette, et ce nom, avec le parler long et traînard de la vieille, semblait comme la plus douce note de hautbois. Mariette ne l'oubliait donc pas, puisqu'elle s'inquiétait encore de ses actions et qu'elle veillait sur son intérieur.

Quelque temps après la séparation définitive de la rue Saint-Benoît, Mariette avait pris Mme Pierre pour faire ses commissions, et elle l'envoya chez Gérard pour prendre soin de lui ; mais Gérard étant parti sans laisser son adresse, Mme Pierre perdit sa trace. Comme elle vivait dans le quartier latin et qu'elle tirait les cartes à toutes les filles, elle était perpétuellement en route et rencontra Pauline, qui lui donna la nouvelle adresse de Gérard. Sans manquer, le lendemain elle vint frapper à sa porte.

Gérard la garda trois heures à causer; la vieille femme lui rappelait le temps le plus heureux de sa vie, le jour où elle lui avait tiré les cartes à une soirée chez Mariette. Que de choses s'étaient passées depuis lors! Gérard apprit que Mariette avait aussi changé de logement; elle demeurait rue d'Arcole, et avait été se loger si loin pour se rapprocher du Palais de Justice, où l'avocat allait tous les matins, et elle s'était encore séparée de sa mère. Mme Pierre faisait le ménage de la mère et les courses de Mariette.

Gérard fut heureux désormais de causer avec quelqu'un qui venait de voir Mariette. Il se plaisait au rabâchage de la vieille plus qu'à la parole la plus spirituelle, parce que le nom de Mariette reparaissait de temps en temps dans la conversation.

Mme Pierre disait que Mlle Mariette demandait souvent des nouvelles de M. Gérard, et les tourments de Gérard furent un peu apaisés par ce singulier trait d'union qui servait de télégraphe et d'observatoire à l'amoureux. Pauline reparut quelques jours; elle s'ennuyait, et Gérard oublia leur brusque séparation, ce qui fit que Mme Pierre parut très-étonnée, un matin, de rencontrer Pauline.

« Surtout, n'en dites rien à Mariette, » dit Gérard à sa femme de ménage.

Mais celle-ci était trop rusée pour trahir Gérard.

« Croyez-vous, lui demanda-t-il, que Mariette ait connu ma liaison d'un mois avec Pauline?

— Oui, monsieur.

— Qu'a-t-elle dit?

— Que vous aviez eu tort. »

Gérard eût préféré que Mariette se fût fâchée. Cette parole froide lui prouvait que son souvenir était bien mort dans l'esprit de Mariette. Il aurait été heureux d'un cri de colère, car la colère est encore un reste d'amour. Mais, sans y penser,

Mme Pierre jetait quelquefois le cœur de Gérard contre des rochers pointus, lorsque, dans son bavardage, elle parlait des hommes aimables qu'elle rencontrait chez Mariette.

Quand elle ne les connaissait pas, cela était indifférent à Gérard : il n'avait aucune jalousie contre des étrangers ; mais il craignait comme un coup de fusil d'entendre prononcer le nom de Feugères, de l'avocat, du marchand de couleurs, et cependant il recherchait cette amertume et se faisait donner tous les matins le signalement des personnes que Mme Pierre avait vues chez Mariette.

Un jour, Gérard donna à la mère Pierre une cravate de soie à porter chez le teinturier ; le lendemain, la vieille femme de ménage dit en entrant :

« Ah ! monsieur, qu'est-ce que vous allez dire? votre cravate.... »

Elle avait l'air si ému, que Gérard s'écria :

« Vous l'aurez perdue, sorcière !

— Non, monsieur, mais vous ne la reverrez plus.... Mlle Mariette l'a gardée.

— Est-ce bien vrai? s'écria Gérard en sautant dans son lit.

— Oui, monsieur; ce matin, je portais votre cravate dans mon cabas : Mariette l'a vue, est sautée dessus, et n'a plus voulu la rendre.

— Elle l'a donc reconnue ? dit Gérard.

— Je crois bien !

— Elle m'aime encore, pensa Gérard, qui n'écoutait plus un mot de ce que lui disait Mme Pierre ; je le sentais bien, que je l'aimais, et que nous devions encore nous rencontrer. Qu'a-t-elle dit? demanda Gérard.

— Elle m'a recommandé de ne pas vous en parler.

— Elle lutte, pensa Gérard.

— Censément, je devais dire qu'elle avait été changée chez le teinturier, et elle m'en a donné une autre à la place.

— Ah ! vous ne le dites pas tout de suite ! Vite ! donnez-la-moi !

— Mais, monsieur, j'ai laissé la cravate à la maison.

— Vieille folle, dit Gérard, vous n'en ferez jamais d'autres!

— Puisque j'étais censée avoir porté hier votre cravate chez le teinturier, je ne devais pas avoir l'air d'en rapporter une autre aujourd'hui! Je vous dis la tromperie, je ne devais pas vous la dire, et vous me maltraitez encore!

— Courez chez vous tout de suite, dit Gérard, et apportez-moi cette cravate! »

La vieille sortit, et Gérard fit les plus doux rêves pendant son absence. Il n'était donc pas indifférent à Mariette : elle avait gardé son souvenir. Elle n'était pas revenue par amour-propre, mais elle l'aimait toujours, ce que Gérard trouvait bien naturel en se comparant à l'avocat poli, mais ennuyeux, propre et rangé, au langage insipide. Le peintre Feugères, qui jouait le poitrinaire, n'était pas de nature à égayer la rieuse Mariette, et la société du marchand de couleurs, dont l'esprit pouvait tout au plus comprendre les farces des commis voyageurs, ne pouvait entrer en comparaison avec les douces causeries de Gérard dans l'intimité.

Du moins il raisonnait ainsi et retrouvait la Mariette des premiers jours, lorsque Mme Pierre entra. Elle tenait à la main un foulard blanc.

« Écoutez-moi, mère Pierre, et surtout n'en dites rien, car vous êtes une fameuse bavarde; vous emporterez ce foulard aujourd'hui; puisque vous faites le lit de Mariette, rien ne vous sera plus facile : vous le cacherez entre le matelas et le drap de lit, et vous le laisserez ainsi huit jours.

— Mais que dira Mlle Mariette?

— Dieu! que vous êtes naïve pour votre âge! Est-ce qu'elle le saura? Elle ne peut pas s'en douter, à moins toutefois que vous n'alliez lui en demander la permission.

— Laissez faire, monsieur, je sais ce que c'est que les amours, j'y ai passé. »

Quand la femme de ménage entrait dans le récit de ses amours, il n'y avait plus de fin. Gérard la laissait aller, prenant plaisir à ce bourdonnement de paroles; car il avait la faculté de ne pas entendre les ennuyeux. Seulement, Mme Pierre était devenue une habitude, et il ne se serait pas levé à moins d'entendre, pour la millième fois, comment l'amoureux de Mme Pierre avait sauté par-dessus les arbres dans un transport de passion campagnarde.

Depuis que Gérard eut connaissance de l'histoire de son foulard, il était tout à la fois plus triste et plus joyeux : plus joyeux, parce qu'il voyait revenir les premiers beaux jours de sa liaison avec Mariette. A son retour d'Auteuil, il avait oublié, en embrassant son amie, ses tristesses passées ; et aujourd'hui, qui était si loin d'il y a six mois, combien il se sentait heureux à l'avance d'entendre la jolie voix de cristal de Mariette, de l'entendre se plaindre même de lui, et de voir sa jolie bouche rieuse se tourner un peu à gauche, comme il ne l'avait retrouvée chez aucune femme!

De la joie, Gérard passait subitement à la tristesse : car il n'avait pas le courage d'aller chez Mariette sans y être appelé; il sentait gronder au dedans de lui ces paroles : « Mariette, je t'aime et je n'aimerai jamais que toi; tu m'as trompé et je t'ai battue, et malgré cela je t'aime encore. Je ne t'aurais pas battue si je ne t'avais aimée; pardonne-moi donc, et oublions le passé. »

Mais ces paroles ne voulaient pas sortir; elles étaient comme enfermées dans le tombeau de l'amour-propre, soulevaient la pierre de temps en temps, et la pierre retombait, les emprisonnant plus que jamais.

Tous les matins, son raisonnement prenait de nouvelles formes sans ramener Mariette, qui ne pouvait se douter combien elle remuait d'idées dans le cerveau de Gérard.

Pendant cette longue brouille, Gérard n'avait pas absolument perdu son temps; il trouva encore assez de force en lui pour se condamner au travail. Ayant essayé des fréquentations nouvelles, il oubliait Mariette tant qu'il était en compagnie; mais la solitude n'en était que plus cruelle. Alors il inventa des travaux tels que de copier des chapitres de la Bible, et de s'en pénétrer jusqu'au sang.

En même temps, il fit une espèce de féerie, sorte de spectacle qu'il adorait et dont il comprenait la forme nouvelle. Il ne se rendait pas compte que cette forme dramatique fût abandonnée à des esprits vulgaires, qui ne se souciaient aucunement de la fable, laissant les décorateurs, les costumiers et les machinistes mettre toute leur habileté à la place d'esprit et d'invention. Gérard travailla deux mois entiers à sa féerie, ayant confiance, parce que le souvenir de Mariette était au bout.

Décidé à tout braver pour faire autour de son nom ce bruit qu'aiment toutes les femmes, au lieu de chercher par des ruses, par des petits moyens, à revoir Mariette, il était certain qu'un grand succès amènerait une réconciliation durable. Quoique timide, il fit toutes sortes de démarches auprès des directeurs des théâtres, qu'il n'eût jamais tentées s'il n'avait été soutenu par son amour.

La féerie fut lue et acceptée sur un des théâtres du boulevard du Temple, et Gérard poussa un cri de joie; il s'en allait courant sur le boulevard comme s'il avait commis un vol; il se parlait de son grand succès, de Mariette, de l'effet que produirait son nom jeté dans la salle, des applaudissements enthousiastes.

Quelle est la femme qui saurait résister à un pareil triomphe? Gérard ne demandait que la présence de Mariette; il courrait à sa loge lui dire : « Je t'aime encore.... » Tous ces beaux rêves dansaient dans sa tête et menaçaient de la faire tourner, car il n'y avait pas la plus petite case de son cerveau qui fût vide du nom de Mariette.

XXI.

Souffrances de théâtre.

Un jour, Gérard rencontra Giraud, qu'il n'avait pas vu depuis longtemps.

« Je ne savais pas, dit Giraud, que tu étais fâché avec Mariette ».

Et il raconta que le plus grand des hasards l'avait fait rencontrer chez un artiste avec M. de Labouglise. En entendant ce nom, Gérard frissonna.

« Est-ce qu'il a été question de moi ?

— Oui; j'ai été obligé de prendre ta défense, sans savoir si j'avais raison. Ce vieillard prétendait que vous êtes brouillés depuis très-longtemps avec Mariette, qu'il t'a rencontré chez elle, mais que tu y allais en simple connaissance; que Mariette te souffrait, te supportait, parce que tu avais voulu te suicider depuis qu'elle t'avait quitté, mais qu'il n'existait depuis un an aucune relation entre vous.

— Quelle affreuse créature ! s'écria Gérard.

— Tu l'aimes donc encore ?

— Non, dit Gérard. Comment ! elle a eu le front de dire que je n'étais que son ami? elle a donc besoin de tromper M. de Labouglise ?

— Ne sais-tu pas qu'il l'entretient?

— Il l'entretient ! dit Gérard, c'est-à-dire qu'il s'en sert pour ratisser ses bronzes !

— C'est sa maîtresse.

— Cela n'est pas ! s'écria Gérard; Mariette m'a juré que non.

— Oh ! mon pauvre Gérard !

— Ainsi, elle me trompait encore de ce côté, pensa Gérard.... Elle était la maîtresse de M. de Labouglise, un homme âgé, et elle avait cet avocat, ce marchand de couleurs, et moi.... Oh ! c'est indigne !... je ne la reverrai jamais. Tant mieux, je veux avoir un grand succès, lui montrer que je vaux mieux que tous ces êtres qu'elle trompe; elle ira à la première représentation; je ne la saluerai pas, je veux l'humilier.... Quelle épouvantable créature! »

Gérard ne dormait plus : il était poursuivi par des souvenirs amers; en même temps un obstacle se dressait du côté du théâtre. Gérard avait créé, dans sa féerie, un rôle d'une grande importance qui tenait toute la pièce, sans se rendre compte qu'aucun acteur parisien ne pouvait jouer ce rôle, mélangé de clownerie et de pantomime. Il fallait un acteur non-seulement d'une rare intelligence, mais encore qui pût se rompre les os avec agilité.

Une troupe anglaise, que Gérard avait vue dans son enfance, lui avait donné l'idée de ce rôle important : n'ayant pas d'acteur, le directeur du théâtre déclarait la pièce impossible. Les acteurs sont pleins de vanité, et le plus indigne cabotin se serait cru déshonoré, après une scène mimée, de faire des tours d'agilité.

C'était un rôle de lutin, jeune et beau, de la famille d'Ariel. En un moment, Gérard vit tous ses beaux rêves envolés; adieu, son succès; adieu, sa vengeance; adieu, son triomphe. Les tromperies de Mariette, le refus de la pièce, l'avaient mis dans un tel état nerveux, qu'il ne pouvait plus tenir en place.

Il courait Paris, cherchant, dans des marches sans fin, un remède et une distraction à ses chagrins, lorsqu'un jour, à Montmartre, il s'arrêta, suivant son habitude, devant une troupe de saltimbanques, qui venait d'étaler dans la boue un pauvre tapis troué. C'était une troupe composée de deux enfants, d'un jeune garçon de seize ans, d'une femme brune et grêlée, et du chef de la troupe, qui paraissait le frère aîné.

Jamais on ne vit une troupe en plus piteux état. Les deux enfants avaient une mauvaise blouse, et leurs jambes grêles, couvertes d'un maillot sale, faisaient froid à regarder. Le garçon de seize ans s'enveloppait dans le tapis comme dans une mantille, et se drapait plus fier qu'un Espagnol déguenillé fumant à la porte d'une église.

Ses grands yeux noirs brillaient et lançaient des flammes. Quand les deux enfants, avec leurs bottines crottées, salissaient ses jambes et couvraient ses flancs de boue, il ne paraissait y prêter nulle attention, et apportait à ses exercices le contentement d'un homme heureux de prouver la beauté de son art.

« Que voilà des gens heureux ! se dit Gérard. Ils peuvent se casser les reins pour quelques sous ; ils n'ont pas d'autres habits que leurs maillots, et sont pleins de joie et de force ; ils ne craignent ni la pluie, ni la boue, ni la neige. »

Le jeune saltimbanque demanda que le public voulût bien ne pas oublier la troupe ; et il demanda d'un tel air et avec tant de confiance, que les gros sous tombèrent sans peine sur le tapis. En l'entendant parler, Gérard se sentit remué ; le sang lui monta à la tête comme à un avare qui a trouvé un trésor. « Voilà mon homme ! » se dit-il. Il attendit avec impatience la fin des exercices, s'approcha de la troupe des saltimbanques et leur proposa de venir se reposer un peu dans un cabaret.

« J'ai votre fortune, leur dit-il ; je me fais fort de vous faire engager dans un théâtre des boulevards. »

Le frère aîné et sa sœur se récrièrent, en disant que sans Coquinet ils ne pourraient plus gagner leur vie.

« Et si votre frère, dit-il, gagne à lui seul dix fois ce que vous gagnez à vous tous ?

— Dame ! ça le regarde, » dit la Nina, qui parut belle tout d'un coup à Gérard, dans l'idée de se séparer de Coquinet.

Coquinet reçut ces offres fièrement, comme un hommage qui lui était dû, en homme sûr de son talent. Gérard convint que le lendemain, à trois heures de l'après-midi, la troupe irait donner une représentation de ses exercices sur la place de la Bastille. Tout étant entendu, Gérard alla chez le directeur du théâtre qui avait reçu primitivement la féerie avec l'idée d'un immense succès, et qui était tout aussi chagrin que l'auteur de voir l'entreprise impossible.

Les répétitions finissaient à deux heures; jamais le directeur n'y avait manqué. Gérard rencontra justement son homme qui descendait l'escalier du théâtre.

« J'ai trouvé un moyen de sauver ma féerie, s'écria-t-il.

— Vraiment ?

— Avez-vous une heure à me donner ?

— Certainement, » dit le directeur.

Gérard le prit par le bras et l'emmena dans la direction de la Bastille sans lui rien dire. L'autre s'étonnait de n'entendre parler de rien.

« Tenez, dit Gérard en arrivant à un groupe qui s'était formé autour des saltimbanques, regardez ce gaillard-là ! Est-il beau ?

— Je n'ai jamais vu un amoureux pareil, dit le directeur.

— Eh bien ! il est aussi souple qu'il est beau, aussi fier qu'il est souple, et aussi intelligent qu'il est fier. C'est un trésor que j'ai découvert, je vous en demande la moitié : la moitié pour ma féerie, la moitié pour votre caisse.

— Est-ce qu'il a déjà joué la comédie ?

— Je n'en sais rien, dit Gérard; mais il la jouera.

— Vous parlez comme un homme qui a perdu la tête de joie, dit le directeur; il jouera la féerie, mais le drame ?

— A quoi bon le drame ? dit Gérard.

— Mais votre féerie ne se jouera pas toute la vie.

— Elle a cinquante ans dans le ventre, dit Gérard.

— Je crois à votre féerie, dit le directeur, et la preuve que j'y crois, c'est que je vous ai fait avancer de l'argent; mais, si elle tient quatre mois, c'est énorme.... J'engage votre saltimbanque pour quatre mois.

— Cela vous regarde, dit Gérard; mais ne serait-il pas possible, après le succès de Paris, d'envoyer votre queue de troupe avec le clown donner des représentations en province? Je crois à l'avenir dramatique de ce garçon; si vous ne l'engagez que pour quatre mois, un autre directeur est capable de vous l'enlever.

— Laissez-moi faire, dit le directeur, je m'en vais causer avec vos saltimbanques; venez ce soir au théâtre, je vous dirai où nous en sommes. »

Le lendemain l'engagement était signé pour un an; les répétitions de la féerie allaient commencer, et Gérard était aussi heureux que quelques jours auparavant il avait souffert. Tout contribuait à son bonheur : Mme Pierre lui avait dit que, le samedi suivant, Mariette devait aller au bal masqué de l'Odéon, et Gérard n'eut pas de peine à se persuader que c'était d'après les ordres de Mariette que la vieille le prévenait : c'était un rendez-vous sans les apparences.

De son côté, Gérard ne jouait-il pas la même comédie? Tous les matins il entretenait tellement sa femme de ménage de son futur succès, qu'il était impossible qu'elle n'en eût pas parlé à Mariette. Peut-être était-ce l'annonce de la féerie qui avait décidé Mariette à se rencontrer comme par hasard au bal avec Gérard. Il hésita longuement, se demandant s'il irait masqué, car il avait peur que son émotion ne le trahît en plein bal; et il balançait encore, lorsque Thomas vint l'inviter à un souper qui devait se donner ce soir-là dans son atelier, avant d'aller au bal.

« Est-ce que tu y vas? demanda Gérard.

— Oui, Mariette m'a fait prévenir de n'y pas manquer; et, comme je n'ai pas l'habitude de ces sortes de débauches, je pense qu'on est plus gai en bande que solitaire. »

La mode, à cette époque, était de ces déguisements d'une forme sauvage et bizarre, sortis de l'imagination de gens blasés sur tout, qui ont imaginé de s'habiller avec des guenilles.

Ce débraillé, dont ne se rendaient pas compte ceux qui l'endossaient, annonçait pourtant la fin de coutumes qui n'ont plus de raison d'être avec une époque froide et positive. Gérard entra dans les guenilles en se sentant pris de folie comme un nègre ivre de tafia. Son tempérament, ses chagrins, ses inquiétudes, le poussaient à s'abandonner à des plaisirs grossiers et à s'oublier, pendant une nuit, dans des excès qui semblaient bizarres chez un homme d'apparence froide et raisonnable. Au souper, il but à lui seul plus que tous les convives, pour arriver à cet état de convulsionnaire extatique qui ne redoute aucun péril et aucune blessure.

En entrant dans le bal de l'Odéon, il commença par sauter dans la salle du haut des secondes galeries : il y avait mille chances de se casser les jambes; mais il était comme les Arabes du désert, qui, après des danses sans fin et par des croyances particulières, peuvent avaler du poison et marcher sur des charbons ardents sans en ressentir les atteintes. Tout le bal prit attention à cet être en délire qui ne semblait plus un homme, qui inventait des danses inconnues, et qui parlait une langue étrange pleine de charme et de goguenardises.

Gérard n'avait plus conscience de lui-même; il ne sentait plus ses mouvements, et il lui semblait qu'il agissait par des fils invisibles. Tout d'un coup, au milieu d'une danse, il s'arrêta dans ses folies et parut changé en marbre. Il avait aperçu Mariette donnant le bras à Feugères. Il prit, comme un animal, une orange dont sa danseuse enlevait l'écorce et l'avala d'une bouchée. Il n'avait plus de salive, et sentit qu'il allait tomber.

Sans attendre la fin du quadrille, il se sauva dans le foyer et se promena d'un air hagard et tourmenté. Ce n'était plus le même homme; son feu était éteint. Il ne se croyait plus au bal, mais à l'enterrement. Il eut honte des guenilles qu'il avait sur le corps, et se leva comme pour s'en aller. Il descendait la première marche du grand escalier.

« Gérard! dit une voix douce qui le fit retourner subitement.

— Ah! c'est vous, Mariette!

— Est-ce que tu es malade?

— Je m'ennuie, dit-il.

— Oh ! que tu étais drôle à voir danser !

— Tu trouves ? dit-il d'une voix amère.

— Est-ce moi qui te fais sauver ? dit-elle en lui serrant les mains. Moi qui aimais tant à te revoir, méchant ! »

Gérard ne répondait pas.

« Pourquoi es-tu venue à ce bal, Mariette ?

— Je ne sais, Feugères le voulait.

— Et tu lui obéis ?

— Oh ! dit-elle, je n'obéis à personne, mais j'étais certaine de te rencontrer. Je voudrais bien pouvoir causer longtemps avec toi ; j'ai peur que Feugères ne me cherche : veux-tu, dans une heure, te trouver dans ma loge ? j'essayerai de rester un moment libre.

— Oui, dit Gérard.

— Vite, descends l'escalier, dit-elle ; je vois Feugères là-bas. »

Gérard descendit vivement l'escalier et remonta dans le bal par un autre côté. Il grinçait des dents et criait : « Feugères ! Feugères ! Encore lui ! quel supplice ! » Il alla seul dans un café de la place de l'Odéon, ouvert les nuits de bal, et resta une heure la tête dans les mains, sans s'inquiéter si on le regardait. Il se sentait devenir plus amoureux que jamais de Mariette, et comptait les minutes de l'horloge.

Il rentra dans le bal, et son entrée fut le signal d'une vive curiosité, car chacun s'attendait à voir répéter à l'étrange masque ses folies dégingandées ; mais il traversa la salle sans répondre à la foule qui le suivait et le tirait par les pans de son habit, comme pour l'exciter à la gaieté. Mariette n'était pas dans la salle ; Gérard en fit le tour soigneusement, regardant en même temps dans les loges ; il alla au foyer et grimpa l'escalier qui mène aux dernières galeries : car de là il espérait planer sur la foule masquée et découvrir son amie. Il n'aperçut pas Mariette ; il se décida alors à inspecter chaque loge l'une après l'autre.

Il dérangeait de temps en temps des couples mystérieux qui se parlaient à voix basse ; il ne restait plus qu'une loge, et il regardait par le petit œil qui donne sur le couloir, lorsqu'il entendit une voix de femme : « Voilà Gérard ! » Ce n'était pas la voix de Mariette ; mais la curiosité le poussa à entrer. Pendant ses recherches, il s'était dit que Mariette avait été emmenée par Feugères, ou bien qu'elle se reposait, comme lui, dans un des nombreux restaurants du quartier ; mais, blessé de ne pas la trouver exacte à son rendez-vous, Gérard saisit cette occasion de causer avec une femme qui semblait le connaître, afin d'être rencontré avec elle quand Mariette reviendrait.

La femme qui appelait Gérard ne l'avait jamais vu ; elle avait entendu prononcer son nom dans le bal et l'avait vu s'abandonner à ses danses exagérées, et elle paraissait faire des avances à celui qui attirait les regards de tout le bal. Ces liaisons de bal masqué sont sitôt faites !

Gérard lui dit qu'il n'avait regardé qu'elle dans le bal, et lui demanda de vouloir bien se promener avec lui. Il lui serra la main pour l'aider à sortir de la loge, et il l'embrassa sans façon ; mais il était triste au fond et ne portait que le masque de la gaieté et de la galanterie. Il fut pris d'un serrement de cœur en retrouvant tout d'un coup Pauline masquée, qu'il reconnut parce qu'elle donnait le bras à son amant. Cela lui rappela encore plus directement Mariette.

De rage, il se remit à danser d'une façon frénétique, et en tenant les discours les plus amoureux à sa danseuse, qu'il essayait de prendre pour Mariette. Il retrouva Thomas, qui s'amusait d'une façon plus calme, et tous ensemble allèrent déjeuner en face de l'Odéon. Sans qu'il eût rien dit, sa nouvelle conquête le suivit, et ils arrivèrent au logement de Gérard : là ses forces l'abandonnèrent, ainsi que sa gaieté factice.

« Ma chère, dit-il à la femme qu'il avait amenée, je suis triste à mourir ; vous auriez cette nuit un mauvais compagnon ; j'ai ri avec vous au bal, mais je ne vous aime pas, et je serais capable de vous chasser demain si je vous retrouvais ici ; ne m'en veuillez pas trop, et retournez chez vous. »

La femme pensa que son compagnon avait le vin triste, peut-être méchant, et, comme elle en connaissait les effets par ses fréquentations avec les étudiants, elle trouva ces paroles fort naturelles et laissa son adresse sur la cheminée, au cas où le lendemain Gérard se repentirait d'avoir laissé perdre une conquête facile.

Cette aventure de mardi gras aurait recouvert d'un nouveau crêpe le cœur de Gérard, s'il n'eût été occupé désormais par sa féerie; c'étaient des répétitions sans fin, des conseils à Coquinet, qu'il voulait dresser lui-même et montrer comme le type le plus accompli du clown.

Rien n'est plus fatigant et plus irritant que de monter une pièce de ce genre : il faut être doublé de fer pour pouvoir lutter tous les jours avec les cent ennemis qui se dressent devant vous sous la forme de directeur, d'acteurs, d'actrices, de costumiers, de dessinateurs, de machinistes et de régisseur.

Le directeur veut des mutilations, le régisseur des coupures, les acteurs des changements de phrases; tout le monde se ligue contre l'auteur. Aussi, ceux qui persévèrent dans la forme dramatique sont-ils des esprits inférieurs qui se soucient peu qu'on mutile leur pensée, pourvu que la pièce leur rapporte de l'argent; mais un véritable artiste ne peut tenir contre les discussions, les luttes et les combats derrière la toile.

A ce commerce, Gérard se sentait devenir irritable à l'excès; il était brisé après trois heures de répétition, non pas comme ceux qui commencent à faire des armes, mais brisé du cerveau. Il y avait des jours où il se sentait prêt à crier : « Rendez-moi ma féerie, vous me faites trop souffrir ! » Mais il était retenu par l'idée de Mariette, et il s'en retournait plié en deux, courbé sous son amour.

Mariette lui avait fait dire combien elle était fâchée de n'avoir pu l'attendre au bal de l'Odéon, et cette simple parole entra dans l'esprit de Gérard comme un rayon de soleil de printemps. Il continuait à entretenir Mme Pierre de son prochain succès au théâtre, et il faisait entrevoir à la brave femme de ménage pour la première représentation des places de *paradis* qui l'éblouissaient tellement, qu'elle ne parlait plus que de la féerie, avec un enthousiasme puisé dans son ignorance des spectacles parisiens.

Ces propos avaient eu l'effet que Gérard en attendait, de déterminer chez Mariette une vive curiosité. Elle fit demander des places pour la solennité qui se préparait.

XXII.

La féerie.

En sortant de l'avant-dernière répétition, Gérard aperçut Thomas qui suivait avec enthousiasme une musique militaire. Gérard pensa qu'il avait mal agi en évitant son ami depuis deux mois; mais à tout prix il ne voulait plus entendre parler de Mariette: chaque fois que quelqu'un prononçait son nom devant lui, il souffrait autant que si chacune des lettres qui le formaient eussent été des aiguilles rougies qu'on lui enfonçait dans le cœur. Autant jadis le nom de *Mariette* lui semblait gai, clair et cristallin, autant depuis sa séparation il le trouvait sec, aigu, semblable à ces sangsues mécaniques qui ouvrent la peau par dix petites lames tranchantes.

Maintenant, au contraire, l'espoir adoucissait son chagrin, et les teintes grises et âpres se doraient des rayons d'un avenir heureux. Plus vite le jour de la représentation arrivait et plus les fatigues et les inquiétudes s'emparaient de l'esprit de Gérard : mais en même temps il était pris d'une agitation fiévreuse qui lui aurait permis de soulever une montagne. Il se redressait le plus qu'il pouvait contre l'énervement de l'esprit, et ses yeux lançaient par moments des éclairs gris.

« Comme tu es changé! lui dit Thomas après lui avoir serré la main. Je t'aurais à peine reconnu.

— Ces comédiens me donnent un mal ! dit Gérard ; mais je suis content. »

Gérard avait été pris par la maladie du doute, qui est la mue de l'intelligence : bien peu se sauvent de cette maladie terrible qui paralyse tout, qui sèche l'encre dans l'encrier, qui fait cracher le bec des plumes, qui sème le papier blanc de mille petits filaments aussi irritants que les herbes d'une rivière pour un nageur, qui arrête le bras, qui alourdit la tête, qui hébète l'esprit, qui met des tons terreux à la figure, qui remplit les veines de fiel, qui fait que le soleil ne brille plus et que la vie est amère.

« Le doute est loin de moi maintenant, dit-il à Thomas, mais je vois encore sa terrible figure qui dansait sur mon lit la nuit. J'entendais une voix qui me criait : « Écris, écris toujours, ne te relis pas, laisse aller ta plume sans t'inquiéter « des misères qu'elle tracera sur ton papier. » Mais le fantôme était le plus fort ; il m'avait lié les bras et les mains sans que je pusse voir les liens, et je passais mes journées ainsi tristement enchaîné. Aujourd'hui je me réveille plus gai, je n'ai plus le cauchemar la nuit, je cours à ma table, les phrases coulent de ma plume, je relis et je suis souvent étonné de ce qui vient.... Le doute est envolé, je l'ai consigné à la porte de mon esprit, et j'espère bien ne plus revoir ses méchantes taquineries. »

Après qu'ils eurent quelque temps parlé de la féerie :

« J'ai vu dernièrement Mariette, dit Thomas.

— Ah ! ah ! s'écria Gérard, en s'efforçant de donner à sa voix un son dégagé et tout à fait indifférent. Elle se porte bien ?

— Trop bien, dit Thomas ; elle a peut-être plus changé que toi. Pauvre fille, pauvre Mariette, elle est finie....

— Qu'est-ce qu'il y a de nouveau chez elle ? demanda Gérard.

— Tout est neuf ; ses habits, ses meubles, son cœur.... Je ne sais quels gens elle voit maintenant, ils l'ont corrompue.... J'ai dîné chez elle avec Ernest.... »

Gérard se mordit les lèvres avec une telle rage en entendant ce nom, qu'il porta son mouchoir à sa bouche, car il s'était coupé la lèvre avec les dents.

« Tu saignes du nez? lui dit Thomas sans remarquer l'irritation de son ami.

— Oui, dit Gérard, n'importe!

— Mais l'avocat est bien bas, je le sens, le vieux de Labouglise aussi; ils n'étaient pas assez riches pour elle.... Elle m'a l'air de les recevoir avec pitié maintenant. Je ne l'aurais pas deviné, si elle ne m'avait fait quelques confidences avant le dîner, pendant que nous étions seuls.... J'ai vu chez elle, à ce dîner, un homme froid et glacial qu'elle m'a dit être un député; je ne sais si je dois la croire, elle ment tellement.... Ce député de province n'a pas dit trois mots pendant le repas; on a un peu parlé peinture, littérature, musique, et je crois qu'il entendait ces mots pour la première fois de sa vie.... Cet homme aurait fait un livre intitulé : *des Intérêts matériels en Europe*, que je n'en serais pas surpris..... Mariette doit être formée par lui; tu ne te douterais pas de ce qu'elle m'a fait? Devine....

— Dis-le-moi tout de suite, tu sais que je ne devine jamais rien.

— Je rencontre Mariette dans la rue de Seine; elle me prie de l'accompagner jusque chez elle; elle avait, disait-elle, quelque chose de curieux à me faire voir.... J'ai cru que c'était une peinture; elle ne voulait pas me le dire, elle me laissait le plaisir de la surprise. Nous arrivons chez elle; elle me fait passer par la cuisine, par la salle à manger, par le salon, pour me bien faire admirer son chez soi.... Pauvre fille!

— Ensuite....

— J'étais assez froid devant les rideaux, les tentures, les damas : il y en a bien plus dans les tableaux de Véronèse! Nous entrons dans le boudoir, où se trouvait une petite étagère près du lit.... remarque qu'on ne met pas ordinairement d'étagère près d'un lit.... Mariette me montre un coffret en acier reluisant qui était sur cette étagère. « Eh bien? » lui dis-je. Sans me répondre, la voilà qui saute sur le coffret, qui le secoue : il était plein d'or.

— De l'or! s'écria Gérard

— Oui, mon ami, de l'or; car elle l'a ouvert, s'est assise par terre et a renversé sur sa robe une quantité prodigieuse de louis.

— C'est affreux! dit Gérard.

— N'est-ce pas? Je suis resté morne, sans dire un mot.... Ce n'était pas l'or qui me blessait, c'était la joie de Mariette, qui tripotait toutes ces pièces comme un avare; j'ai cru voir ces femmes sauvages qui trouvent un collier de pierres fausses.... M'avoir fait venir pour me montrer de l'or...!

— Je me serais sauvé, dit Gérard.

— J'ai voulu rester jusqu'au bout, dit Thomas. Il me semblait que j'entendais un médecin qui me disait : « Si vous « ne buvez qu'un peu de cette drogue, l'effet sera nul; il faut « boire la tasse pleine. » Je suis resté pour me guérir tout à fait de Mariette. Bien certainement, la nuit elle se lève pour étaler son or sur le lit....

— Je ne le croirais pas, si un autre me le disait! s'écria Gérard.

— Et c'est toi, Gérard, qui es presque la cause de ce qui arrive.

— Moi? dit Gérard.

— Tu l'as trop aimée et tu ne la menais pas assez durement.

— Durement! s'écria Gérard; je ne te comprends pas.... Crois-tu que je m'en vais imiter de Villers, qui enfermait quelquefois Pauline une journée sans lui donner à manger? Et elle l'aimait, parce qu'il la faisait souffrir.... Je comprends la façon de mener une femme; j'aime mieux la laisser obéir à ses instincts. Il y a des femmes ainsi bâties, qui aiment parce qu'on les fait souffrir.... je saurais que je me ferais aimer longtemps d'une femme, en la traitant de la sorte, que j'aimerais mieux la quitter. Depuis que le monde est monde, il y a toujours eu une victime entre deux gens qui s'aiment : tant pis si je suis la victime! je me laisse aller, et je ne ferai rien pour changer mon rôle.

— Tu ne crois pas alors, dit Thomas, qu'on doive jouer la moindre comédie avec des femmes?

— Oh! non, dit Gérard, on n'est pas de force; tu ressemblerais à ces malheureux acteurs de province qui s'essayent à jouer un rôle d'empereur, en compagnie d'une grande tragédienne. Moi, je ne ruse pas avec les femmes; je ne les comprends pas et je m'égare dans leurs caprices, aussi compliqués que les pièces espagnoles; je crois qu'il faut agir sincèrement avec elles, et que c'est le meilleur moyen de les étonner.

— Ce n'est guère, que de les étonner, dit Thomas.

— Beaucoup, au contraire; mais qu'il est difficile de les étonner toujours! »

En quittant son ami, Gérard se sentit faiblir tout d'un coup, comme les cordes d'un violon que l'humidité fait détendre. La conversation de Thomas l'avait abattu en une seconde; si Thomas y eût pris garde, il eût remarqué la différence sensible qui s'était opérée chez Gérard, brisé, et la tête courbée sous l'émotion.

« De l'or! s'écria-t-il en rentrant chez lui; de l'or! je n'en aurai jamais assez pour Mariette. »

Il se mit à sa table, accoudé la tête dans les mains, devant son papier et enfonçant sa plume de fer dans le bois de la table. Puis il essaya des additions, des multiplications, comptant combien pouvait rapporter sa pièce, chaque soir, et la somme que lui procureraient cent représentations.

Mais le doute s'emparait de lui. La féerie aurait-elle cent représentations? Ferait-elle des salles combles? Au maximum, il se trouvait, au bout de trois mois peut-être, à la tête d'une dizaine de mille francs, et il avait assez longtemps vécu dans la misère pour connaître la valeur de dix mille francs, avec une femme aimant le luxe. . . . .

Cependant ces calculs avaient détourné le cours des nouvelles amertumes qu'il venait de boire; il en vint à raisonner la conversation de Thomas. Et le peintre se trouva avoir tort, quoique ayant rapporté des faits.

« L'or n'est rien à côté de la gloire, se dit Gérard.... Il y a des gens qui en donneraient un tonneau plein pour se trouver dans ma peau à la minute où on acclamera mon nom devant une salle pleine. Mariette y sera : une femme ne résiste pas à une telle gloriole.... D'ailleurs, elle se souvient encore de moi, elle y pense; la cravate qu'elle a prise à Mme Pierre le prouve assez.... »

Une nouvelle réflexion passa dans la tête de Gérard.

« Comment se fait-il que Thomas ne m'ait pas dit si Mariette lui avait parlé de moi? Thomas est encore jaloux de moi.... il aime toujours Mariette. »

Peu à peu, l'espérance revint dans le cœur de Gérard, qui regarda l'histoire de l'or comme un affreux cauchemar, qu'on oublie d'autant plus vite qu'il a été plus cruel.

Enfin le grand jour arriva. Ce fut réellement une vive curiosité dans le petit Paris composé d'un millier d'individus qui n'aiment que la primeur des œuvres dramatiques. Gérard avait perdu la tête au milieu des demandes sans nombre de places qui auraient pu remplir deux salles de spectacle. Il voulut que ses anciens amis fussent les mieux partagés. Toute la bande de la rue des Canettes vint s'asseoir aux places habituellement réservées à l'aristocratie de la finance. Thomas et Giraud, Rose et Streich, Pauline et son nouvel amant, emplissaient deux loges en vue.

L'avant-scène de droite, que des banquiers auraient enviée, avait été réservée à Mariette. Elle entra après la petite pièce de lever de rideau et fit honneur à l'avant-scène. Elle était enveloppée dans un grand burnous de cachemire blanc, dont le capuchon couvrait sa jolie tête rieuse. Quand elle se fut débarrassée de son burnous, tous les regards de l'orchestre et du parterre se portèrent sur cette belle fille, coiffée à rendre jalouses les femmes le plus à la mode. Ses épais cheveux noirs étaient tordus avec une feinte négligence et semblaient s'échapper à tout moment, comme des vagues, derrière la digue du peigne.

Il entre dans l'art du coiffeur des tournures de convention, des choses apprises, des façons académiques, qui sentent l'école. Mariette avait dans les cheveux quelque chose d'imprévu. Sa robe était plus décolletée d'un côté que de l'autre, et appelait une vive curiosité vers le sein gauche, qu'on devinait et qui paraissait devoir se soustraire aux exigences du corset.

Il y eut dans la salle, à la vue de Mariette, un de ces murmures qui sont bien plus flatteurs que les applaudissements. Gérard était en face, caché dans une petite avant-scène protégée par un treillage, de celles qui donnent près de la rampe. Il sentit un mouvement dans sa poitrine comme si son cœur s'était envolé auprès de Mariette. Divers hommes entrèrent dans la loge de Mariette : Gérard fut heureux, il ne les connaissait pas. Il se serait traîné aux genoux de Mariette pour la remercier de cette délicatesse qu'elle montrait en n'amenant pas ses anciens rivaux.

Mais combien Gérard souffrit pendant l'entr'acte, qui amenait du bruit dans la salle, des battements de pieds au parterre et des sifflets aigus dans le haut !

« Si la pièce ne réussissait pas, pensait Gérard, si on dirigeait contre moi ces terribles sifflets, Mariette me mépriserait !... je n'oserais plus la revoir ! »

Alors il sortait de sa loge et courait sur le théâtre, croyant que le retard indisposait le public et que sa présence donnerait un peu d'activité au nombreux personnel du théâtre.

Tout était en révolution dans les coulisses : l'appareil des décors et des changements à vue exigeait un nombre infini d'ouvriers. Le foyer des acteurs était encore plus en rumeur que le foyer des actrices. On discutait sur le débutant Coquinet, dont la direction avait fait sonner le talent à grand renfort de réclames dans les journaux. Le clown inspirait de vives jalousies aux comédiens, qui ne lui pardonnaient pas ses tours de force et qui attendaient sa chute avec impatience.

Gérard avait bien autre chose à faire qu'à discuter sur le mérite du clown : le grand moment arrivé, il craignait autant pour le débutant que pour la pièce; car Coquinet, aux répétitions générales, n'avait pas montré l'enthousiasme et le génie dramatique que Gérard lui supposait. Il alla à la loge du clown, qui se faisait habiller par sa sœur.

« Eh bien! Coquinet, dit Gérard, on va commencer. Rappelle-toi ce que je t'ai dit; surtout prends garde à ta scène d'amour, tu la dis froidement. Pense, mon garçon, à ta fortune : c'est ce soir qu'elle se décide.

— Il a bien travaillé depuis hier soir, dit la sœur de Coquinet; j'ai aussi peur que lui, mais il réussira.

— Donnez-moi la main, monsieur Gérard, dit Coquinet, et comptez sur moi. »

On entendit en ce moment le cri : *Place au théâtre!* du régisseur, et Gérard se sauva dans la petite loge, où il avait voulu demeurer seul et invisible. Après l'ouverture, la toile se leva sur un ballet. Le premier acte fut écouté avec l'attention que demande une exposition.

Gérard avait essayé une alliance entre le monde fantastique et le monde réel, qui se nouait au prologue, et le danger était là presque tout entier. Si le public n'entrait pas dans la pensée du poëte dès le commencement, la pièce pouvait être tuée; mais au contraire, d'unanimes applaudissements prouvèrent que l'idée était simple, claire et comprise de tous.

Coquinet n'entra qu'au milieu du premier acte; il était si beau dans son costume de jeune sylphe, couvert de paillettes d'argent comme de la rosée des fleurs, qu'il se fit un grand silence. La scène n'était pas terminée, que le saltimbanque annonçait une idole de plus dans le cœur des habitués des théâtres de boulevard.

Le clown disait d'une façon particulière, qui était à la fois simple et distinguée; ses mouvements souples étaient dans le goût de sa parole. Le rideau était à peine baissé sur le second acte, que Coquinet fut rappelé et salué trois fois de bravos de toute la salle.

Gérard ne respirait plus; il doutait de sa réussite, il doutait de sa création, il doutait de lui. Il applaudissait Coquinet comme s'il ne l'avait jamais vu, et riait à sa propre pièce comme si elle eût été d'un autre. Entre le quatrième et le cinquième acte, le directeur se fit ouvrir la porte de Gérard.

« Mon cher, dit-il en lui prenant les mains, demain, passez chez moi signer un traité pour une prochaine féerie.... C'est le plus grand succès de l'année!

— Vraiment! dit Gérard, qui n'avait plus la tête à lui.

— Oui, vos amis vous cherchent au foyer; tout le monde veut vous voir, vous complimenter. Vous pouvez gagner vingt mille francs par an sans vous gêner.

— Je vous en prie, dit Gérard, laissez-moi ici seul.

— Je n'ai pas encore vu d'auteurs dramatiques comme vous.

— J'aime, dit Gérard.

— Ah! Et vous regardez jouer votre pièce dans les yeux de celle que vous aimez.... Vous aime-t-on, au moins?

— Je ne sais, dit Gérard.

— C'est tout comme. On n'a plus rien à vous refuser après ce grand succès.

— Vous croyez? dit Gérard.

— Demandez à la Paquita, qui est tellement enchantée de son rôle, qu'elle veut vous emmener souper.... Ah! mon cher, à votre place, j'en profiterais! Paquita est une fille pleine de caprices; demain il ne sera peut-être plus temps. Pensez qu'elle vous sacrifie son Russe, qui l'attend ce soir comme d'habitude.

— Dites à Mlle Paquita combien je lui suis obligé; mais il m'est impossible d'accepter son invitation.

— Allons, dit le directeur, vous êtes jeune encore, je vois que vous gagnerez difficilement vos vingt mille francs par an : vous aimez sans doute quelque bourgeoise ?

— Tenez, dit Gérard en montrant Mariette, regardez celle que vous appelez bourgeoise.

— C'est une belle créature, dit le directeur, je l'avais déjà remarquée ; toute la salle se demande quelle est cette princesse qui fait si bonne mine à l'avant-scène. Vous n'avez pas mauvais goût, et la Paquita en sera jalouse. Je vous quitte, mon cher Gérard. Bonne nuit donc. »

Gérard soupira, et continua à regarder Mariette, qui avait reçu, pendant l'entr'acte, Thomas dans sa loge, et qui semblait chercher quelqu'un dans la salle. Un moment Gérard eut l'idée de baisser la grille de sa loge ; mais il craignit de faire montre d'amour-propre en s'exposant trop directement aux regards de la salle.

Le cinquième acte commença : il y eut un moment d'hésitation dans le public ; une scène longue et inutile faisait oublier les applaudissements du commencement ; le public est un tyran qu'il faut toujours amuser. Gérard sentait une sueur froide sur tout son corps ; il ne respirait plus, il entendait comme un murmure ennemi parcourir l'assemblée. Ses amis, qu'il avait placés à l'orchestre, étaient froids ; Mariette passait sa main sur sa figure, comme pour comprimer un bâillement.

Heureusement, cette scène, jouée par deux acteurs médiocres, fut coupée brusquement par Coquinet, qui changea en un clin d'œil les dispositions du public. Depuis son entrée jusqu'à la fin, la féerie marcha joyeusement.

Coquinet, rappelé par deux mille voix, vint prononcer avec émotion le nom de Gérard, qui, à ce moment, disparut de sa loge grillée dans un état fiévreux, tel qu'il n'en avait jamais éprouvé de pareil. Il avait besoin d'air : il courut sur le boulevard ; à peine eut-il franchi le seuil du théâtre, qu'il se trouva entouré de ses amis et d'une foule de gens qu'il n'avait jamais vus, qui se disaient ses intimes, qui l'appelaient par son petit nom, et lui serraient les mains à les rompre.

Les vingt personnes qui entouraient Gérard formèrent un groupe considérable, par la raison que tous ceux qui sortaient du théâtre s'arrêtaient. On n'entendait dans l'air que voltiger des compliments et d'énormes flatteries, qui mettaient Gérard mal à son aise; mais il donna un violent coup de coude à ses admirateurs, qui allaient l'étouffer, et parvint, non sans peine, à sortir du groupe. Mariette était là : Gérard l'avait devinée.

« Ah! mon ami, lui dit-elle, quel plaisir tu m'as fait! »

Et elle lui tenait la main en la pressant doucement à plusieurs reprises. Gérard aurait voulu mourir sur la place, tant il était heureux! Il pouvait à peine répondre à Mariette.

« Eh bien! Mariette, dit tout à coup un élégant jeune homme qui la suivait, la voiture vous attend. »

Gérard fut brisé en deux par ce mot.

« Adieu! lui dit Mariette, tandis que de sa petite main gantée elle lui disait : Au revoir! »

A partir de ce moment, le boulevard, qui était si animé encore à cette heure, parut à Gérard un affreux désert, froid et noir. Il se sauva dans la direction de la Bastille, heureux de porter ses mélancolies dans l'obscurité.

C'en était fait de Mariette pour la vie. Après un an de souffrances cachées, de travaux, de peines, de chagrins, il arrivait à un succès, et Mariette ne récompensait pas ce succès. Lui qui aurait donné toutes les femmes de la terre pour dire à Mariette combien il l'aimait encore, voilà quelle était sa récompense! Son nom avait été salué par une foule immense, et Mariette n'était pas venue se jeter à ses pieds!

A partir de cette soirée, il était un nouvel homme, plein de santé et de joie, pouvant vivre d'une vie facile, et Mariette était restée à l'écart!

« Qu'est-ce qu'il faut donc aux femmes? » se disait Gérard.

Une voix lui répondait :

« Tu t'es perdu par ton amour-propre; Mariette t'aime encore, mais tu devais aller à elle, la mettre de moitié dans ton triomphe ; si elle aime l'argent, maintenant tu pouvais satisfaire ses goûts, ses fantaisies. Pourquoi es-tu resté dans ta loge, solitaire? »

Alors les plans les plus beaux se dessinaient dans l'esprit de Gérard. C'était une voiture qu'il fallait à la porte du théâtre; profiter du succès de la pièce, dès le début, pour faire sa paix avec Mariette ; ne pas la quitter d'un moment, l'inviter à sortir pendant un entr'acte, l'enlever et l'emmener dans une petite maison, meublée avec luxe, où Mariette aurait logé désormais.

Mais l'argent, pour ces beaux plans !

Car Gérard avait vécu, depuis un an, des avances faites sur sa féerie; quoique menant une vie simple, les trois mille francs prêtés, joints à quelques mille francs de dettes indispensables que nécessite tout début dans les arts, n'étaient pas loin d'engloutir ce que rapporterait la féerie, malgré son grand succès.

Il n'y a point de succès moins productif que le premier grand succès au théâtre : il sert tout au plus à éponger le passé. Gérard était malheureusement dans la position de tous les gens sans aucune fortune, qui dépensent dix ans de leur vie à crever de faim, à se nourrir d'illusions, et qui font leur chemin, au bout de cette dure étape d'épreuves, si l'estomac a résisté.

Ainsi les rêves d'argent étaient de simples rêves : il ne restait que de la gloire à offrir à Mariette. En ce moment, Gérard se souvint de la Paquita et des confidences du directeur du théâtre; pourquoi avait-il refusé l'invitation de cette folle créature qui, peut-être, lui aurait fait oublier Mariette?

Alors il pensa qu'il n'avait pas vu les acteurs et que l'usage était de les remercier après la représentation; il courut à toutes jambes dans la direction du théâtre, avec l'espoir de rencontrer encore la Paquita. Il arriva tout effaré chez le concierge, qui lui apprit que Mlle Paquita venait à l'instant de partir en voiture.

Gérard s'en alla plus triste que tout à l'heure.

« Je remercierai les acteurs demain, se dit-il. Aujourd'hui je suis de trop mauvaise humeur, et je me sens capable de leur dire qu'ils sont réellement exécrables. »

Pendant les huit premières représentations de la féerie, Gérard, qui allait presque tous les jours faire un tour au théâtre, aperçut Mariette, qui ne manquait pas une représentation. Elle applaudissait comme si elle avait été payée par l'administration, et Gérard sentait l'espoir renaître dans son cœur; malgré tout, il n'osait aller la trouver dans sa loge, car elle amenait à chaque représentation des figures nouvelles. Gérard se disait que Mariette était fière du succès de la féerie, qu'elle était heureuse de prouver qu'elle avait été aimée par l'auteur.

Chaque représentation apportait un nouveau succès à Coquinet, qui, maître de lui, se surpassait chaque soir. C'était à lui maintenant que s'adressaient les bouquets réservés habituellement aux actrices; Gérard s'amusa plus d'une fois, dans la loge de l'acteur, à lire de nombreux petits billets de femmes cachés dans les fleurs adressées à Coquinet.

Rien n'est plus facile aux comédiens que de se laisser embarquer dans toutes sortes d'aventures galantes devant lesquelles ne reculent ni les riches bourgeoises ni les grandes dames. Mais les comédiens de talent qui ont pu, dans leur jeunesse, être entraînés à de telles aventures, sentent bien que leur talent ne saurait tenir contre des nuits toujours nouvelles et imprévues.

Coquinet, tout en riant des amours faciles qu'allumait son œil noir, n'eut pas la force d'y résister. Il passa bientôt, du boulevard du Temple au boulevard des Italiens, pour le plus intrépide séducteur du théâtre : on parlait de ses bonnes fortunes et de sa beauté plus encore que de son talent.

Gérard seul occupait autant de place dans les cancans des

coulisses du théâtre que Coquinet; car le directeur avait parlé de sa passion pour la femme de l'avant-scène; la Paquita en fut blessée, et bientôt tout le théâtre, depuis le souffleur jusqu'à la dernière figurante, remarqua que Mariette n'avait pas manqué une des huit premières représentations de la féerie. Chacun disait à Gérard son petit mot sur la passion profonde qu'il inspirait à la jolie femme inconnue; et Gérard soupirait, sentant combien Mariette l'aimait encore, mais combien la réconciliation serait difficile.

Un matin, Mme Pierre prévint Gérard de ne pas manquer d'aller le soir au théâtre, que Mariette l'avait bien recommandé, qu'elle l'attendait seule dans la petite avant-scène grillée du rez-de-chaussée. Gérard poussa un cri tel que la vieille le jugea fou.

Enfin Mariette revenait la première!

Quelle joie! Gérard courait par sa chambre, remuait tout, ne trouvait rien pour s'habiller; à dix heures du matin, il avait fait une toilette comme s'il était invité à la cour. Il courut chez tous ses amis avec la mine heureuse d'un homme qui n'aurait jamais souffert de sa vie,

Mariette l'attendait *seule!*

Ce jour-là il dînait en ville; malgré sa joie, il fut désagréable aux gens qui l'invitaient. Il ne tenait pas sur sa chaise, regardait la pendule à toute minute; il se plaignait de la lenteur du repas. Enfin il se sauva au dessert, ne voulant rien entendre.

Il arriva au théâtre bien avant l'ouverture, et il fit au directeur de grands reproches sur le retard qu'on faisait subir aux curieux qui faisaient queue à la porte. Le directeur, ne comprenant rien à cette extravagance, laissa Gérard sur la scène, l'œil collé au judas de la toile. On jouait une petite pièce avant la féerie; plus d'une fois les gamins du paradis crièrent après Gérard, qui, dans les coulisses, se montrait presque en scène pour s'assurer si Mariette était arrivée.

Le premier acte était à peine commencé, que Mariette baissa

elle-même la grille de sa loge, afin que Gérard, s'il était dans la salle, pût la remarquer. En une seconde il fut auprès d'elle.

« Que tu es gentil, Gérard, d'être venu ! dit-elle en lui prenant les mains.

— Tu as quelque chose à me dire ? »

Mariette ne répondit pas et regarda Gérard, qui baissait les yeux.

« Sais-tu que tu es mieux depuis ton succès? tu as meilleure mine.

— J'ai pourtant bien souffert ! dit Gérard.

— Je t'ai beaucoup aimé, dit Mariette, et je ne m'en repens pas ; à la première représentation, les applaudissements m'allaient au cœur.... Tu as eu du bonheur d'avoir un pareil acteur.

— N'est-ce pas ? dit Gérard. C'est un garçon qui ira loin.

— Est-il bien à la ville ? demanda Mariette.

— Charmant ! ».

Mariette passa brusquement à un autre ordre de questions, se fit raconter dans de grands détails la mort du petit chat, et, pendant une heure, le passé se déroula, doré, aux yeux de Gérard. Comme Gérard parlait à voix basse à Mariette, il était obligé de s'approcher d'elle ; quelquefois les cheveux de Mariette lui touchaient la figure, et il frissonnait comme pour une femme aimée, qui lui eût accordé ses plus grandes faveurs ; la voix de Mariette l'enivrait. Il ne se savait plus au spectacle, mais dans un septième ciel. Cependant le tumulte du public, qui sortait pendant un entr'acte, le rappela à la réalité. Il demanda à Mariette pourquoi elle l'avait fait appeler.

« J'ai quelque chose à te demander.

— Vraiment ! dit-il en lui pressant la main.

— Mais je n'ose.

— Puis-je te refuser quelque chose ?

— Eh bien ! dit-elle en se penchant à son oreille de sorte

que ses cheveux brûlaient les joues de Gérard, me promets-tu que tu me rendras le service que je te demande?

— Je te le jure!

— Mon ami, dit Mariette, je voudrais souper avec Coquinet.

— Quelle drôle d'idée! dit Gérard en riant. C'est facile: je vais commander en face le souper, et ce soir nous irons tous les trois.

— J'aurais mieux aimé, dit Mariette en hésitant un peu, souper seule avec Coquinet. »

Paris. — Janvier 1851.

FIN.

TABLE.

PRÉFACE .... Page I

A MISS G—C 1

I. Le bal d'étudiants 3
II. Deux soirées bien employées 16
III. De l'amitié dans ses rapports avec l'amour 24
IV. De la sincérité chez la femme 30
V. Intérieur de journal 38
VI. Amours méconnues 50
VII. Clarisse Harlowe au rabais 57
VIII. Le cabaret nocturne 70
IX. Mariette a des attaques de nerfs 77
X. La vie de province 84
XI. Convalescence 97
XII. Causeries du coin du feu 106
XIII. Paysages 119
XIV. Départ de mademoiselle Mariette 130
XV. La famille 150
XVI. Profil de vieillard 161
XVII. Une partie de campagne 173
XVIII. Une soirée au bal 191
XIX. Amours éteintes 210
XX. Pauline reparaît 224
XXI. Souffrances de théâtre 241
XXII. La féerie 250

FIN DE LA TABLE.

TYPOGRAPHIE DE CH. LAHURE
Imprimeur du Sénat et de la Cour de cassation
rue de Vaugirard, 9.

BIBLIOTHÈQUE DES CHEMINS DE FER

500 VOLUMES

VOLUMES PUBLIÉS OU PRÊTS A PARAITRE.

(1er MAI 1856.)

1. GUIDES DES VOYAGEURS.

1° GUIDES AD. JOANNE, RICHARD, etc.

Guide du Voyageur en Europe, par *Richard*. 2e édition. 1 très-fort vol. in-12, broché.......................... 15 fr.

Guide du Voyageur aux Bains d'Europe, par *Richard*. 1 fort vol. grand in-18, broché......................... 8 fr.

Tableau des monnaies d'Europe, comparées à la monnaie française. 1 vol. in-18, broché................. 1 fr.

Guide classique du Voyageur en France et en Belgique, par *Richard*. 24e édit. 1 fort vol. in-12, broché....... 8 fr.

Guide classique du Voyageur en France (abrégé du précédent), par *Richard*. 1 vol. in-18, broché.......... 5 fr.

Conducteur du Voyageur en France (abrégé du précédent), par *Richard*. 1 vol. in-32, broché............ 3 fr.

Guide du Voyageur dans la France monumentale (*Itinéraire archéologique*), par *Richard* et *E. Hocquart*. 1 vol. in-12, broché............ 9 fr.

Guide alphabétique des rues et monuments de Paris, par *Fr. Lock*. 1 vol. in-12, broché................ 3 fr. 50

Petit guide de l'étranger à Paris, par *Fréd. Bernard*. 1 vol. grand in-32, relié.......................... 1 fr.

Guide du Voyageur aux Pyrénées, par *Richard*. 1 fort vol. in-18, br.. 7 fr.

Autour de Biarritz, par *A. Germond de Lavigne*. 1 vol. gr. in-18, br. 1 fr. 50

Itinéraire de Paris à Marseille, par *Richard*. 1 vol. grand in-18, br.. 3 fr.

Conducteur de l'Étranger dans Marseille par *Richard*. 3e édit. 1 vol. grand in-18, broché................... 3 fr.

Guide du Voyageur en Belgique et en Hollande, par *Richard*. 1 fort vol. in-18, broché................. 8 fr.

Guide du Voyageur en Belgique, par *Richard*. 1 fort vol. in-18, br.. 6 fr.

Guide du Voyageur en Hollande, par *Richard*. 1 vol. in-18, broché. 4 fr. 50

Spa et ses Environs, par *Ad. Joanne*. 1 vol. in-18, broché............ 2 fr.

Itinéraire des bords du Rhin, du Neckar et de la Moselle, par *Ad. Joanne*. 1 fort vol. in-18, broché....... 7 fr.

Les trains de plaisir des bords du Rhin, par *Ad. Joanne*. 1 vol. in-18, br. 2 fr. 50

Bade et la forêt Noire, par *Ad. Joanne*. 1 vol. in-18...................... 2 fr.

Itinéraire descriptif et historique de l'Allemagne :
— ALLEMAGNE DU NORD, par *Ad. Joanne*. 1 fort vol. in-12, broché... 10 fr. 50
— ALLEMAGNE DU SUD, par *Ad. Joanne*. 1 fort vol. in-12, broché... 10 fr. 50

Itinéraire de la Suisse et du Jura français, par *Ad. Joanne*. 2e édit. 1 fort vol. in-12, broché............ 11 fr. 50

NOUVEL-EBEL. **Manuel du Voyageur en Suisse**, par *Ad. Joanne*. 1 fort vol. in-18, broché.................. 6 fr. 50

Itinéraire descriptif et historique de l'Italie, par *A. J. Du Pays*. 1 fort vol. in-12, broché............ 11 fr. 50

Voyage dans le Midi de la France et en Italie, par *A. Asselin*. 1 vol. in-12, broché......................... 3 fr.

Rome et ses Environs, par *G. Robello.* 1 vol. in-12, broché........ 7 fr. 50

Rome vue en huit jours, par *Richard.* 1 vol. in-18, broché.......... 2 fr.

Guide du Voyageur en Espagne et en Portugal, par *Richard.* 1 fort vol. in-18, broché................ 9 fr.

Itinéraire de la Grande-Bretagne: Angleterre, Écosse et Irlande, par *Richard* et *Ad. Joanne.* 1 fort vol. in-12, broché.................... 12 fr.

Itinéraire descriptif et historique de l'Écosse, par *Ad. Joanne.* 1 vol. in-18, broché.................... 7 fr. 50

Guide du Voyageur à Londres et dans ses Environs, par *Lake.* 1 fort vol. in-18, broché............ 7 fr. 50

Londres tel qu'il est, par *Richard.* 1 joli vol. in-18, broché...... 2 fr.

Guide du Voyageur en Orient, par *Richard* et *Quétin.* 1 fort vol. in-12, broché.................. 10 fr. 50

Guide du Voyageur à Constantinople et dans ses Environs, précédé de la route de Paris à Constantinople, par *Ph. Blanchard.* 1 fort vol. in-12, broché.................... 7 fr. 50

La Terre sainte. — Voyage des quarante Pèlerins de 1853, par *L. Énault.* 1 vol. in-12, broché.......... 4 fr.

Guide du Voyageur en Algérie, par *Richard.* 1 vol. in-18, broché.... 5 fr.

L'Algérie en 1854. — Itinéraire de Tunis à Tanger, par *Joseph Bard.* 1 vol. in-8, broché.............. 5 fr. 50

Belgique, par *Félix Mornand*, avec une belle carte de la Belgique. 1 vol. in-16, broché...................... 2 fr.

2° ITINÉRAIRES ILLUSTRÉS.

Volume à 30 centimes.

Le Parc et les grandes Eaux de Versailles.

Volumes à 50 centimes.

De Paris à Corbeil (40 vignettes par Champin et une carte).

Enghien et la vallée de Montmorency, par *E. Guinot* (in-32, 18 vignettes).

Le Parc et les grandes Eaux de Versailles (in-32, 20 vignettes). 2e édit.

Petit itinéraire de Paris à Nantes (16 vignettes et une carte).

Petit itinéraire de Paris à Rouen (in-32, 33 vignettes et une carte).

Petit itinéraire du chemin de fer de Paris au Havre (in-32, 55 vignettes et une carte).

Promenades au château de Compiègne, et aux ruines de Pierrefonds et de Coucy, par *Eug. Guinot* (11 vignettes).

Volume à 75 centimes.

Petit guide de l'étranger à Paris, par *Fr. Bernard* (grand in-8, 40 vignettes par Lancelot et Thérond, et un plan de Paris). 2e édit.

Volumes à 1 franc.

De Paris à Orléans, par *Moléri* (45 vignettes par Champin et Thérond, et une carte).

De Strasbourg à Bâle, par *Frédéric Bernard* (50 vignettes et une carte).

Dieppe et ses environs, par *E. Chapus* (12 vignettes et un plan).

D'Orléans à Tours, par *A. Achard* (15 vignettes dessinées par Daubigny, et une carte).

D'Orléans à Nevers, à Châteauroux et à Varennes, par *A. Achard* (45 vignettes et une carte).

Fontainebleau et ses environs, par *Fr. Bernard* (21 vignettes par Lancelot).

Le Château, le Parc et les grandes Eaux de Versailles, par *Fréd. Bernard* (30 vignettes et 3 plans). 2e édit.

Les ports militaires de la France (Cherbourg, Brest, Lorient, Rochefort et Toulon), par *E. Neuville* (14 vignettes et 5 plans).

Mantes et ses environs, par *A. Moutié* (in-8, une lithographie).

Petit guide illustré de Paris, édition allemande, par *Wilhelm* (gr. in-8 avec un plan).

Petit guide illustré de Paris, édition anglaise, par *Fielding* (gr. in-8 avec plan).

Vichy et ses environs, par *Louis Piesse* (23 vignettes et un plan).

Volumes à 2 francs.

De Lyon à Marseille, par *Fr. Bernard* (80 vignettes par Lancelot, et une carte).

De Paris à Bruxelles, y compris l'embranchement de Saint-Quentin, par *E. Guinot* (70 vignettes par Chapuy et Daubigny, 5 plans et une carte).

De Paris à Calais, à Boulogne et à Dunkerque, par *Eugène Guinot* (60 vignettes, 4 plans et une carte).

De Paris à Dieppe, par *Eugène Chapus* (40 vignettes, 2 plans et une carte).

De Paris à Lyon et à Troyes, par *F. Bernard* (80 vignettes par Lancelot, et une carte).

De Paris à Strasbourg, par *Moléri* (80 vignettes par Chapuy, Rénard, Lancelot, etc., et une carte).

De Paris au centre de la France, contenant : 1° *De Paris à Corbeil et à Orléans ; 2° d'Orléans à Nevers, à Châteauroux et à Varennes*, par *Moléri* et *A. Achard* (90 vignettes par Champin et Lancelot, et une carte).

De Paris au Havre, par *Eugène Chapus* (40 vignettes, 2 plans et une carte).

De Paris au Mans, par *A. Moutié* (50 vignettes par Thérond, et une carte).

Guide du voyageur à Londres, précédé d'un itinéraire historique et descriptif des chemins de fer de Paris à Londres (100 vignettes par Daubigny et Freemann, cartes et plans).

Les bords du Rhin, par *Frédéric Bernard* (80 vignettes par Daubigny, Lancelot, etc., cartes et plans).

Volumes à 3 francs.

De Paris à Bordeaux, par *A. Joanne* (120 vignettes par Champin, Lancelot et Varin, et 3 cartes).

De Paris à Nantes, par *A. Joanne* (100 vignettes par Champin, Thérond et Lancelot, et 3 cartes).

Volume à 7 francs.

Paris illustré, son histoire, ses monuments, ses musées, son administration, son commerce et ses plaisirs, nouveau guide des voyageurs où l'on trouve les renseignements pour s'installer et vivre à Paris, de toutes manières et à tous prix; publié par une société de littérateurs, d'archéologues et d'artistes (280 vignettes par Lancelot et Thérond, et 18 plans). Prix.......................... 7 fr.

5° GUIDES DE LA CONVERSATION.

Dialogues à l'usage des Voyageurs.

Volumes à 1 franc 50 cent.

Français-allemand, par *Richard* et *Wolters*.

Français-anglais, par *Richard* et *Quétin*.

Français-espagnol, par *Richard* et *de Coróna*.

Français-italien, par *Richard* et *Boletti*.

Anglais-allemand, par *A. Horwitz*.

Anglais-italien, par *Wahl* et *Brunetti*.

Anglais-espagnol, par *de Coróna* et *Laran*.

Volumes à 2 francs.

L'interprète anglais-français pour un voyage à Londres, ou conversations dans les deux langues sur les points les plus essentiels et les plus curieux du voyage, par *C. Fleming*.

L'interprète français-anglais pour un voyage à Paris, ou conversations dans les deux langues sur les points les plus essentiels et les plus curieux du voyage, par *C. Fleming*.

Volume à 3 francs.

L'interprète français-allemand pour un voyage à Paris, ou conversations dans les deux langues sur les points les plus essentiels et les plus curieux du voyage, par MM. *de Suckau*.

Tous ces guides se vendent aussi reliés. La reliure se paye en sus des prix ci-dessus indiqués.

II. HISTOIRE ET VOYAGES.

(Couvertures vertes.)

Volumes à 50 centimes.

Assassinat du maréchal d'Ancre, relation anonyme attribuée au garde des sceaux *Marillac*, avec un Appendice extrait des Mémoires de *Richelieu* (24 avril 1617).

Gutenberg, inventeur de l'imprimerie, par *A. de Lamartine* (1400-1469).

Héloïse et Abélard, par le même (1079-1142).

Histoire du siége d'Orléans et des honneurs rendus à la Pucelle, par *J. Quicherat*.

La conjuration de Cinq-Mars, récit extrait de *Montglat, Fontrailles, Tallemant des Réaux, Mme de Motteville*, etc. (1642).

La conspiration de Walstein, épisode de la guerre de Trente ans, par *Sarasin*, avec un Appendice extrait des Mémoires de *Richelieu* (1634).

La Jacquerie, précédée des insurrections des Bagaudes et des Pastoureaux; d'après *Mathieu Paris, Froissart*, etc. (1270-1380).

La mine d'ivoire, voyage dans les glaces de la mer du Nord, traduit de l'anglais.

La Saint-Barthélemy, récit extrait de *L'Estoile, Brantôme, Marguerite de Navarre, de Thou, Montluc*, etc. (24 août 1572).

La vie et la mort de Socrate, racontées par *Xénophon* et *Platon* (470-400 avant J. C.).

Légende du bienheureux Charles le Bon comte de Flandre, récit du XIIe siècle, par *Galbert de Bruges*.

Pitcairn ou la nouvelle île fortunée.

Volumes à 1 franc.

Campagne d'Italie, par *P. Giguet*, avec une carte gravée sur acier (1796).

Charlemagne et sa cour, portraits, jugements, etc., par *B. Hauréau* (742-814).

Christophe Colomb, par *A. de Lamartine* (1436-1506).

Deux années à la Bastille, récit extrait des Mémoires de Mme *de Staal* (Mlle de Launay) (1717-1720).

Édouard III et les bourgeois de Calais (1346-1558).

Fénelon, par *A. de Lamartine* (1651-1715).

Guillaume le Conquérant, ou l'Angleterre sous les Normands (1027-1087).

Histoire d'Henriette d'Angleterre, duchesse d'Orléans, par Mme *de La Fayette* (1661-1670).

Jeanne d'Arc, par *J. Michelet* (1412-1432).

L'amour dans le mariage, étude historique par *M. Guizot*. 3e édit.

Le Cid Campéador, chronique extraite des anciens poëmes espagnols, des historiens arabes et des biographies modernes, par *C. de Monseignat* (1040-1090).

Les convicts en Australie, voyage dans la Nouvelle-Hollande, par *P. Merruau*.

Les émigrés français dans la Louisiane (1800-1804).

Les îles d'Aland, avec une carte et deux gravures, par *Léouzon Le Duc*.

Louis XI et Charles le Téméraire, par *J. Michelet* (1461-1477).

Le cardinal de Richelieu, par *H. Corne*, ancien représentant (1623-1642). 2e éd.

Le cardinal Mazarin, par le *même*, (1642-1661).

Nelson, par *A. de Lamartine* (1758-1805).

Pie IX, par *E. de Saint-Hermel* (1792-1853).

Saint Dominique et les Dominicains, par *E. Caro*.

Saint François d'Assise et les Franciscains, par *Frédéric Morin*.

Voyage du comte de Forbin à Siam, suivi de quelques détails extraits des Mémoires de l'abbé *de Choisy* (1685-1688).

Voyage de Levaillant (abrégé du) dans l'intérieur de l'Afrique.

Voyage en Californie en 1852 et 1853, par *Ed. Auger*.

Volumes à 2 francs.

Alfred le Grand, ou l'Angleterre sous les Saxons.

Aventures de Robert Fortune en Chine, dans ses voyages à la recherche du thé et des fleurs.

François Ier et sa Cour, portraits, jugements et anecdotes (1515-1547), par *B. Hauréau*. 2e édit.

La grande Charte ou l'Établissement du gouvernement constitutionnel en Angleterre, par *Camille Rousset*.

La Nouvelle-Calédonie. Voyages, — missions, — colonisation, — par *Charles Brainne*.

Law, son système et son époque, par *A. Cochut* (1716-1729).

Le Régent et la cour de France sous la minorité de Louis XV, portraits, jugements et anecdotes, extraits littéralement des Mémoires authentiques du *duc de Saint-Simon* (1715-1723). 2e édit.

Louis XIV et sa cour, portraits, jugements et anecdotes, extraits littéralement des Mémoires authentiques du *duc de Saint-Simon* (1694-1715). 2e édit.

Madame de Maintenon, par *G. Héquet* (1635-1719).

Mœurs et coutumes de l'Algérie. — (Tell, Kabylie, Sahara), par le général *Daumas*, conseiller d'État, directeur des affaires de l'Algérie.

Origine et fondation des États-Unis d'Amérique, par *P. Lorain* (1497-1620).

Scènes de la vie maritime, par le capitaine *Basil Hall*, traduites par *Amédée Pichot*.

Souvenirs de l'empereur Napoléon Ier, extraits du *Mémorial de Sainte-Hélène* de M. le comte *de Las Cases* (1769-1821).

Un chapitre de la révolution française, ou Histoire des journaux en France de 1789 à 1799, précédée d'une introduction historique sur les journaux chez les Romains et dans les temps modernes, par *Ch. de Monseignat*.

Voyages dans les glaces du pôle arctique, à la recherche du passage nord-ouest, extraits des relations de sir John Ross, Edward Parry, John Franklin, Beechey, Back, Mac Clure et autres navigateurs célèbres, par MM. *A. Hervé* et *F. de Lanoye*.

Volumes à 3 francs.

Caprices et Zigzags, par *Th. Gautier*.

Italia, par le même.

La Baltique, par *Léouzon Le Duc*.

La Russie contemporaine, par le même. 2e édit.

La Grèce contemporaine, par *Edmond About*. 2e édit.

La Turquie actuelle, par *A. Ubicini*.

L'Inde contemporaine, par *F. de Lanoye*.

Voyage d'une femme au Spitzberg, par Mme *L. d'Aunet*. 2e édit.

III. LITTÉRATURE FRANÇAISE.

(Couvertures cuir.)

Volumes à 50 centimes.

La bourse, par *H. de Balzac*.

La métromanie, par *Piron*.

L'avocat Patelin, par *Brueys* et *Palaprat*.

Le joueur, par *Regnard*.

Le philosophe sans le savoir, par *Sedaine*.

Scènes de la vie politique, par *H. de Balzac*.

Zadig ou la destinée, par *Voltaire*.

Volumes à 1 franc.

Clovis Gosselin, par *Alph. Karr*.

Contes et nouvelles, par *le même*.

Contes excentriques, par *Charles Newil*.

Ernestine — Caliste — Ourika, par Mmes *Riccoboni*, *de Charrière* et *de Duras*.

André, par *George Sand*.

François le Champi, par la même.

La mare au diable, par la même.

La petite Fadette, par la même.

Graziella, par *A. de Lamartine*.

La colonie rocheloise, nouvelle extraite de l'Histoire de Cléveland par *l'abbé Prévost*.

La dernière bohémienne, par Mme *Ch. Reybaud*.

Mademoiselle de Malepeire, par la même.

Le lion amoureux, suivi de l'orage et des deux aveugles, par *Frédéric Soulié*.

Les arlequinades, par *Florian*.

Les lettres d'un homme de lettres au XIXe siècle, par *Demogeot*.

Les Matinées du Louvre, par *Méry*.

Nouvelles Nouvelles, par le même.

Les oies de Noël, par *Champfleury*.

Militona, par *Théophile Gautier*.

Palombe ou la femme honorable, roman, par *Jean-Pierre Camus*, évêque de Belley; précédée d'une étude littéraire sur Camus et le roman au XVIIe siècle, par *H. Rigault*.

Paul et Virginie, par *Bernardin de Saint-Pierre*.

Pierrette, par *H. de Balzac*.

Théâtre choisi de *Lesage*.

Tolla, par *Edmond About*.

Vittoria Colonna, par *Le Fèvre Deumier*.

Volumes à 2 francs.

Eugénie Grandet, par *H. de Balzac*.

Fables de Viennet.

Le tailleur de pierres de Saint-Point, par *A. de Lamartine*.

Théâtre choisi de *Beaumarchais*, contenant le Barbier de Séville et le Mariage de Figaro, avec préfaces et notices.

Ursule Mirouët, par *H. de Balzac*.

Volumes à 3 francs.

Atala, René, les Natchez, par *de Chateaubriand*.

Le génie du christianisme, par le même.

Les martyrs, par le même.

Costal l'Indien, scènes de l'indépendance du Mexique, par *Gabriel Ferry*.

Le coureur des bois, ou les chercheurs d'or, par le même. 2 vol.

Scènes de la vie mexicaine, par le même.

Le presbytère, par *Töpffer*.

Menus propos, par le même.

Nouvelles genevoises, par le même.

Rosa et Gertrude, par le même, avec des notices par MM. *Sainte-Beuve* et *de La Rive*.

IV. LITTÉRATURES ÉTRANGÈRES.

(Couvertures jaunes.)

Volumes à 50 centimes.

Costanza, ou l'illustre servante, par *Cervantès*, traduit de l'espagnol par *L. Viardot*.

Jonathan Frock, par *Henri Zschokke*, traduit de l'allemand par *E. de Suckau*.

La bohémienne de Madrid, par *Cervantès*, trad. de l'espagnol par *L. Viardot*.

Voyage en France à la recherche de la santé, extrait et traduit de Sterne, par *A. Tasset*.

Volumes à 1 franc.

Aladdin ou la lampe merveilleuse, conte tiré des Mille et une Nuits.

Contes merveilleux d'*Apulée*, traduits du latin.

Contes d'*Auerbach*, traduits de l'allemand par M. *Boutteville*.

Cranford, par Mme *Gaskell*, traduit de l'anglais par Mme *Sw.-Belloc*.

Histoire de Djouder le pêcheur, conte traduit de l'arabe, par *Cherbonneau* et *Thierry*.

La bataille de la vie, par *Ch. Dickens*, traduit de l'anglais par *A. de Goy*.

La fille du capitaine, par *Alexandre Pouschkine*, traduit du russe par *L. Viardot*.

La mère du déserteur, par *Walter Scott*, traduit de l'anglais par *F. Colincamp*.

Le grillon du foyer, par *Ch. Dickens*, traduit de l'anglais par *F. Colincamp*.

Le mariage de mon grand-père, suivi du Testament du juif, trad. de l'anglais.

Lettres choisies de lady *Montague*, traduites de l'anglais.

Nouvelles choisies d'*Edgard Poë*, contenant : 1° le Scarabée d'or, 2° l'Aéronaute hollandais; traduites de l'angl.

Nouvelles choisies de *Nicolas Gogol*, contenant : 1° les Mémoires d'un fou; 2° un Ménage d'autrefois; 3° le Roi des gnomes, traduites du russe par *L. Viardot*.

Nouvelles choisies du *comte Sollohoub*, contenant : 1° Une Aventure en chemin de fer; 2° les deux Étudiants; 3° la Nouvelle inachevée; 4° l'Ours; 5° Serge; traduites du russe, par *E. de Lonlay*.

Tarass Boulba, de *Nicolas Gogol*, traduit du russe par *L. Viardot*.

Werther, de *Gœthe*, traduit de l'allemand, par *L. Enault*.

Volumes à 2 francs.

La fille du chirurgien, de sir *Walter Scott*, traduction de *L. Michelant*.

Mémoires d'un seigneur russe, ou tableau de la situation actuelle des nobles et des paysans dans les provinces russes, traduits du russe d'*Ivan Tourguénief*, par *E. Charrière*. 2e édit.

Nouvelles danoises, traduites par *Xavier Marmier*.

Ruth, par Mme *Gaskell*, trad. de l'anglais par Mme *de Witt*.

Volume à 3 francs.

L'esclave blanc, traduit de l'anglais par *L. de Wailly*.

V. AGRICULTURE ET INDUSTRIE.

(Couvertures bleues.)

Volumes à 1 franc.

La télégraphie électrique, par *Victor Bois*, ingénieur civil, 2e édit.

Le jardinage, ou l'art de créer et d'entretenir un jardin, par *A. Ysabeau*. 2e édit.

Les chemins de fer français, par *V. Bois*.

Volumes à 2 francs.

La pisciculture, par *Aug. Jourdier*, ancien fermier à Villeroy et au Vert-Galant, membre du Conseil d'administration de la Société d'encouragement pour l'industrie nationale, etc., avec 120 gravures.

Les abeilles et l'apiculture, avec 20 vignettes, par *A. de Frarière*.

L'hygiène ou l'art de conserver la santé, par le Dr Beaugrand.

Maladies de la pomme de terre, de la betterave, du blé et de la vigne de 1845 à 1853, avec l'indication des meilleurs moyens à employer pour les combattre, par *A. Payen*, de l'Institut, avec 4 planches dont 3 coloriées.

Volume à 3 francs.

Des substances alimentaires et des moyens de les améliorer, de les conserver et d'en reconnaître les altérations, par *A. Payen*, de l'Institut, secrétaire perpétuel de la Société impériale d'agriculture. 3e édit.

Volume à 4 francs.

Le matériel agricole, ou description et examen des instruments, des machines, des appareils et des outils, au moyen desquels on peut : 1° Sonder, défricher, défoncer, drainer; 2° Labourer, remuer et aérer, alléger, fouiller, plomber, nettoyer, ensemencer, façonner le sol ; 3° Récolter, transporter, abriter et emmagasiner les produits; 4° Tirer parti de chacun d'eux, soit pour les consommer, soit pour les vendre, etc., par *A. Jourdier*. 2e édit.

VI. LIVRES ILLUSTRÉS POUR LES ENFANTS.

(Couvertures roses.)

Volumes à 1 franc.

Enfances célèbres, par Mme *L. Colet* (16 vignettes).

Fables de Fénelon, archevêque de Cambrai (8 vignettes).

Voyages de Gulliver à Lilliput et à Brobdingnag, par *Swift*, édition abrégée à l'usage des enfants (10 vignettes).

Volumes à 2 francs.

Choix de petits drames et de contes tirés de Berquin (35 vignettes).

Contes choisis d'*Andersen*, traduits du danois par *Soldi* (40 vignettes par Bertall).

Contes choisis des frères *Grimm*, traduits de l'allemand par *Fréd. Baudry* (40 vignettes par Bertall).

Contes de fées tirés de *Perrault*, de Mme *d'Aulnoy* et de Mme *Leprince de Beaumont* (40 vignettes).

Contes de l'adolescence choisis de miss *Edgeworth*, et traduits par *A. Le François* (22 vignettes).

Contes de l'enfance choisis de miss *Edgeworth*, et traduits par *A. Le François* (26 vignettes).

Contes moraux de Mme *de Genlis* (8 vignettes).

Contes nouveaux, par Mme *de Bawr* (40 vignettes par Bertall).

Histoire de l'admirable don Quichotte de la Manche, par *Cervantès*, édition à l'usage des enfants (17 vignettes).

Histoire d'un navire, par *Ch. Vimont* (vignettes par Alex. Vimont).

La caravane, contes orientaux traduits de l'allemand de Hauff, par *A. Talon* (46 vignettes par Bertall).

La petite Jeanne ou le devoir, par Mme *Z. Carraud* (20 vignettes).

Légendes pour les enfants, par *P. Boiteau* (40 vignettes).

Les exilés dans la forêt, par le capitaine *Mayne-Reid*, traduits de l'anglais par Mme *Henriette Loreau* (12 vignettes).

L'habitation du désert, par le capitaine *Mayne-Reid*, traduite de l'anglais par *A. Le François* (24 vignettes par Doré).

Les jeux des adolescents, par *Belèze* (140 vignettes).

VII. OUVRAGES DIVERS.

(Couvertures saumon.)

Volumes à 1 franc.

Anecdotes historiques et littéraires, racontées par *L'Estoile*, *Brantôme*, *Tallemant des Réaux*, *Saint-Simon*, *Grimm*, etc.

Anecdotes du règne de Louis XVI.

Anecdotes du temps de la Terreur.

Anecdotes du temps de Napoléon Ier, recueillies par *E. Marco de St-Hilaire*.

Aventures de Cagliostro, par *J. de Saint-Félix*.

Aventures du baron de Trenck par *P. Boiteau* (1726-1794).

La sorcellerie, par *Ch. Louandre*.

Le guide du bonheur, par M. ***.

Le tueur de lions, par *Jules Gérard*. 2e édition.

Mesmer et le magnétisme animal, par *E. Bersot*. 2e édit., augmentée d'un chapitre sur les tables tournantes.

Volumes à 2 francs.

Études biographiques et littéraires

sur quelques célébrités étrangères, par *J. Le Fèvre Deumier* : — I. Le Cavalier Marino ; II. Anne Radcliffe ; III. Paracelse ; IV. Jérôme Vida.

Les chasses princières en France de 1589 à 1839, par *E. Chapus.*

Le Sport à Paris, ouvrage contenant : Le Turf, — la Chasse, — le Tir au pistolet et à la carabine, — les Salles d'armes, — la Boxe, — le Bâton et la Canne, — la Lutte, — le Jeu de Paume, — le Billard, — le Jeu de Boule, — l'Équitation, — la Natation, — le Canotage, — la Pêche, — le Patin, — la Danse, — la Gymnastique, — les Échecs, — le Whist, etc., par *E. Chapus.*

Œhlenschläger, le poëte national du Danemark, par *J. Le Fèvre Deumier.*

Souvenirs de chasse (sixième édition), par *L. Viardot.*

Voyage à travers l'Exposition des beaux-arts, par *Edmond About.*

Volumes à 3 francs.

La chasse à tir en France, par *J. L. Vallée* (30 vignettes par *F. Grenier*).

Les cartes à jouer et la cartomancie, par *Paul Boiteau* (40 vignettes).

Les musées de France, par *Louis Viardot.*

Les musées d'Italie, par le même.

Les musées d'Espagne, par le même.

Les musées d'Allemagne, par le même.

Les musées de Belgique, de Hollande, de Russie, par le même.

Le Turf ou les courses de chevaux en France et en Angleterre, par *Eugène Chapus.*

VIII. ÉDITIONS COMPACTES ET ÉCONOMIQUES.

(Couvertures chamois.)

Volumes à 1 franc.

Aventures d'une colonie d'émigrants, en Amérique, traduites de l'allemand par *Xavier Marmier.*

Geneviève, histoire d'une servante, par *A. de Lamartine.*

Jane Eyre, imitée de l'anglais de *Currel-Bell*, par *Old-Nick.*

Le diamant de famille et la jeunesse de Pendennis, par *Thackeray.*

Opulence et misère, de Mrs. *Ann S. Stephens*, traduit de l'anglais par Mme *Henriette Loreau.*

Stella et Vanessa, par *L. de Wailly.*

Tancrède de Rohan, par *H. Martin.*

Volumes à 2 francs.

De France en Chine, par le Dr. *Yvan.*

La case de l'oncle Tom, ou vie des Nègres en Amérique, par Mrs. *Harriet Beecher Stowe*, traduction de *L. Enault.*

L'allumeur de réverbères, par miss *Cumming*, roman américain, traduit par *MM. Belin de Launay* et *Ed. Scheffter.*

Volumes à 3 francs.

La foire aux vanités, par *Thackeray*, traduction de M. *Guiffrey.*

Visite à l'Exposition universelle de 1855, publiée sous la direction de M. *Tresca.* 2e édition.

Les volumes qui composent la Bibliothèque des chemins de fer *se trouvent à la librairie des éditeurs, rue Pierre-Sarrazin, n° 14, chez les principaux libraires de Paris et de l'Étranger, et dans les gares des chemins de fer.*

Ch. Lahure, imprimeur du Sénat et de la Cour de Cassation
(ancienne maison Crapelet), rue de Vaugirard, 9.

www.ingramcontent.com/pod-product-compliance
Ingram Content Group UK Ltd.
Pitfield, Milton Keynes, MK11 3LW, UK
UKHW021057220726
13924UKWH00005B/2135

9 782019 692421